城乡融合与乡村振兴：
构建城乡统一建设用地系统论

肖 云 著

吉林大学出版社

·长春·

图书在版编目(CIP)数据

城乡融合与乡村振兴：构建城乡统一建设用地系统论 / 肖云著. —长春：吉林大学出版社，2020.11
ISBN 978-7-5692-7771-5

Ⅰ.①城… Ⅱ.①肖… Ⅲ.①城乡建设－土地利用－研究－中国 Ⅳ.①F299.232

中国版本图书馆 CIP 数据核字(2020)第 228089 号

书　　名：城乡融合与乡村振兴：构建城乡统一建设用地系统论
　　　　　CHENG-XIANG RONGHE YU XIANGCUN ZHENXING：
　　　　　GOUJIAN CHENG-XIANG TONGYI JIANSHE YONGDI XITONGLUN

作　　者：肖　云 著
策划编辑：黄国彬
责任编辑：田茂生
责任校对：马宁徽
装帧设计：姜　文
出版发行：吉林大学出版社
社　　址：长春市人民大街 4059 号
邮政编码：130021
发行电话：0431－89580028/29/21
网　　址：http://www.jlup.com.cn
电子邮箱：jdcbs@jlu.edu.cn
印　　刷：北京军迪印刷有限责任公司
开　　本：787mm×1092mm　　1/16
印　　张：16
字　　数：250 千字
版　　次：2020 年 11 月第 1 版
印　　次：2020 年 11 月第 1 次
书　　号：ISBN 978-7-5692-7771-5
定　　价：64.00 元

版权所有　　翻印必究

前　言

随着我国工业化、城市化、信息化和农业现代化进程的加快发展，我国生产力也得到迅猛发展，政治、经济、文化等方面的综合国力也大大增强。但是我国正处于二元经济结构向一元经济结构转换的过渡时期，城乡之间的悬殊和差距很大，城乡关系、工农关系还没有形成协调发展的良性互动机制。"三农"问题一直是困扰我国经济发展的顽疾，制约着我国全面实现小康社会和实现城乡全面现代化的进程。"三农"问题绝对不是农业内部的孤立问题，它和社会其他单元和部门的发展状态密切相关。"三农"问题要靠走城乡融合与乡村振兴的路子彻底解决。

马克思、恩格斯、列宁早在19世纪就认识和分析了城乡对立现象，并提出了城乡融合思想。城乡融合与乡村振兴密不可分，相辅相成。党的十九大进行了乡村振兴战略重大决策部署，2018年1月，中共中央、国务院发布了《中共中央国务院关于实施乡村振兴战略的意见》，这是决胜全面建成小康社会、全面建设社会主义现代化国家的重大纲领性文件，是"三农"工作的总抓手。实施乡村振兴战略，制度建设必不可少，重点是要完善产权制度和要素市场化配置，增强改革的整体性、系统性和协同性，进而在激活劳动力、土地、技术、资金、市场等生产要素的同时提高要素之间的匹配度和适应度，消除整个要素匹配不好带来的不经济现象。制度建设要求深化农村土地制度改革和推进农村集体产权制度改革，系统总结全国各地农村土地制度改革试点经验，加快包括《土地管理法》在内的相关法律法规的修改与完善，建立完善的农村土地利用管理政策体系。城乡融合与乡村振兴的目标是要使农业结构得到根本性改善，农民就业质量较高，农业农村实现现代化，城乡基本公共服务实现均等化，建立完善的城乡融合发展机制和乡村治理体系，建立农村良好的农村生态环境，让农村真正成为成为美丽宜居之所。

长期以来，我国一直实行城乡土地二元管理体制，这种体制阻碍了城乡经济的良性互动发展，使得城乡土地、劳动力、资金、技术等资源的相互交流和融合出现体制障碍，构建城乡统一建设用地系统是城乡融合与乡村振兴的重要内容之一，这个系统既包括统一的权利系统、统一的用途系统、统一的市场系统、统一的价格系统、统一的规划系统，同时还包括一系列的配套制度，如户籍制度、集体土地产权制度、社会保障制度、土地税收制度、农村金融制度等。

本书研究目标主要包括：对农村集体建设用地和城市国有建设用地的同一性和差异性进行比较；探究形成上述两类建设用地差异性的根本原因；对农村集体建设用地的制度变迁进行分析和研究，探究构建城乡统一建设用地系统的路径目标和方向；采用计量经济学方法对构建城乡统一建设用地系统进行实证分析，并对城乡统一建设用地系统的架构及其各子系统的建设提出政策建议；研究如何为构建城乡统一建设用地系统建立科学合理的配套社会制度。

本书采用的研究方法大致有三种：一是定性研究与定量研究相结合的方法；二是系统分析的研究方法；三是对比分析的研究方法。本书的主要研究内容如下：

农村集体建设用地和城市国有建设用地的同一性主要体现在：两类土地都不能直接用作农作物生产，土地利用影响很难逆转；两类建设用地相关产权权利都适用依法登记发证制度；两类土地的布局都必须符合土地利用规划。差异性体现为：两类建设用地的所有权不对等；两类建设用地的使用权人享有的权利大小不同；两类建设用地的价格不同；农村集体建设用地因违法违规严重而形成了灰色土地交易市场；两类建设用地市场的法律法规健全程度与配套中介服务机构的数量和种类有很大差异。我国计划经济时期的制度安排和现实国情是形成目前城乡土地二元管理体制的根本原因。

随着社会经济发展，各种要素相对价格逐渐发生了改变，人们的偏好也在无形中慢慢发生了变化，这是构建城乡统一建设用地系统进而变迁相关制度的制度变迁源泉。构建城乡统一建设用地系统的必要性已经凸显。本书采用成本收益法对制度变迁中各利益相关主体的制度变迁需求进行了分析对比。研究结果为：农民对现行农村土地管理制度改革的需求为正，农民是现行农村土地制度变迁的推动者和响应者。乡村干部对建立城乡统一建设用地系统制度的需求也是大于零的。特别是从长期来看，乡村干部也支持建立城乡统一建设用地系统，是制度变迁的支持者。城乡用地单位和城市居民也有强烈的改变二元化的建设用地管理制度的意愿，他们对目前的土地制度变迁需求也大于零。因此，用地单位和城市居民也是建立城乡统一建设用地系统的支持者和响应者。从长期来看，地方政府对制度变迁的需求同样是大于零的。在构建城乡统一建设用地制度的同时，地方政府可以建立和完善市场规则，地方财政的收支平衡和持续的经济发展目标从长期看可以同时达到。中央政府在城乡统一的建设用地市场构建中的制度变迁需求值随着管理和技术的进步，是逐渐向正的方向发展的，也即制度变迁的成本随着各地试验区在土地制度方面改革探索深度和广度的不断拓展、管理经验和技术的不断累积，制度变迁的成本逐渐减小，制度变迁收益不断上升，制度变迁的需求大于零是必然的。总之，与城乡土地二元分隔管理制度变迁相关的各利益集团的制度变迁总需求大于零，可见改革我国当前土地管理制度的制度变迁动力很足，目前的城乡土地二元管理体制已经到非改不可的时候了。

采用对比分析法，作者对构建城乡统一建设用地系统的目标路径选择进行了研究，研究结果为：必须坚持我国目前土地所有权公有制不动摇，重点在于对土地产权运行机制进行优化和改良。这种选择既可以避免制度变迁的社会成本和大的冲突，维持社会的稳定和谐，又可以达到土地资源的优化整合利用并增加社会总福利水平的目的。我国城乡土地管理制度的改革目标和方向是：以产权经济学理论作指导，对我国农村土地制度产权体系进行优化和改良，实现符合现代企业特征的土地产权结构体系，构建城乡统一的建设用地系统。

本书还对农村土地管理制度改革方面具有典型性和代表性的苏州、芜湖、成都和重庆四个地区进行了研究，对这几个地区的改革模式进行了评析。作者认为，以"增减挂钩""地票""宅基地换住房，承包地换社保"等方式巧妙规避了政策限制，盘活了农村集体经济和农民的土地财产，使农村居住环境和风貌向好的方向改变，使城市土地资源和农村土地资源有机联系在一起，在改变城乡土地二元管理制度上有很大的进步。但是这些制度创新仍然避免不了国家对农村集体所有土地的征收和征用矛盾，农民的土地产权权利仍然得不到根本的和有效的保护。而且这种各自为阵的局部试验无法在更高和更广层次上为城乡土地管理制度改革提供可以借鉴的改革蓝本。某些地方的制度创新在"土地财政"的驱使下产生了不良影响，偏离了改革的大方向，和国家基本土地政策产生尖锐冲突，无法得到中央政府的认可。因此，在构建城乡统一建设用地系统上，还需要进一步探索和思考。

本书适合高等院校土地资源管理专业、房地产管理方向、土地经济学方向的学生、教学人员及科研人员作为研究用书，并可供相关管理部门从业人员作为管理参考用书。

本书写作时间紧，工作量大，作者水平有限，书中难免有疏漏，恳请广大读者与专家批评指正。

目 录

1 导论 …………………………………………………………… (1)
  1.1 本书选题的背景和意义 ……………………………………… (1)
  1.2 研究目的与方法 ……………………………………………… (5)
    1.2.1 研究目的 ………………………………………………… (5)
    1.2.2 研究方法 ………………………………………………… (5)
  1.3 数据来源 ……………………………………………………… (6)
  1.4 概念的界定、本书的结构和内容 …………………………… (6)
    1.4.1 概念的界定及分类 ……………………………………… (6)
    1.4.2 本书的结构和内容 ……………………………………… (7)

2 理论范畴及文献综述 ………………………………………… (10)
  2.1 城乡二元经济结构相关理论 ………………………………… (10)
    2.1.1 马克思、恩格斯和列宁的城乡对立与融合思想 ……… (10)
    2.1.2 刘易斯的二元经济结构理论 …………………………… (11)
    2.1.3 国内研究综述 …………………………………………… (13)
    2.1.4 小结 ……………………………………………………… (16)
  2.2 资源配置经典理论和土地资源配置理论 …………………… (16)
    2.2.1 资源配置经典理论 ……………………………………… (16)
    2.2.2 土地资源配置理论 ……………………………………… (17)
    2.2.3 小结 ……………………………………………………… (21)

2.3 城镇化相关理论 (21)
2.3.1 国内外研究综述 (22)
2.3.2 小结 (25)

2.4 地租地价理论 (25)
2.4.1 西方地租地价理论 (25)
2.4.2 马克思的地租地价理论 (28)
2.4.3 国内外研究现状 (29)
2.4.4 小结 (32)

2.5 土地市场理论 (32)
2.5.1 土地市场一般理论 (32)
2.5.2 我国土地市场 (34)
2.5.3 国内外研究现状 (35)
2.5.4 小结 (38)

2.6 产权经济学理论 (38)
2.6.1 经典产权经济学理论 (38)
2.6.2 国内外文献综述 (41)
2.6.3 小结 (43)

2.7 制度变迁理论 (44)
2.7.1 经典制度变迁理论 (44)
2.7.2 国内外文献综述 (46)
2.7.3 小结 (49)

3 我国城乡建设用地制度现状分析：同一性、差异性及其成因 (50)

3.1 农村集体建设用地和城市国有建设用地的概念 (50)
3.2 城市国有建设用地和农村集体建设用地的同一性分析 (51)
3.2.1 两类建设用地的利用影响很难逆转 (51)
3.2.2 两类建设用地相关产权权利都适用依法登记发证制度 (52)
3.2.3 两类土地的布局都必须要符合土地利用总体规划 (52)

3.3 两类土地的差异性分析 (53)
3.3.1 两类建设用地的所有权地位不对等 (53)
3.3.2 两类建设用地的使用权人享有的权利不对等 (55)
3.3.3 两类建设用地的价格不同 (57)
3.3.4 农村集体建设用地交易混乱 (61)
3.3.5 两类建设用地的法规健全度和市场发育度差异大 (63)
3.4 形成两类建设用地差异性的原因研究 (65)
3.4.1 形成两类建设用地差异性的历史原因分析 (65)
3.4.2 土地管理法律法规改革滞后于社会经济发展的需要 (66)
3.4.3 由我国现实国情决定 (70)
3.4.4 我国土地管理体制落后，土地违法成本低 (71)
3.5 本章小结 (74)

4 构建城乡统一建设用地系统的制度变迁分析与目标路径选择 (76)

4.1 土地制度变迁的源泉分析：构建城乡统一建设用地系统的必要性 (76)
4.1.1 优化完善社会主义市场经济体制和城乡融合与乡村振兴的需要 (76)
4.1.2 建立公平公正的社会主义市场环境的需要 (77)
4.1.3 走新型城镇化道路的需要 (78)
4.2 各利益相关主体的制度变迁需求分析 (80)
4.2.1 农民对农村集体建设用地制度变迁的需求分析 (81)
4.2.2 农村集体经济组织对农村集体建设用地制度变迁的需求分析 (83)
4.2.3 城市用地单位、城镇居民对农村集体建设用地制度变迁的需求分析 (85)
4.2.4 地方政府对农村集体建设用地制度变迁的需求分析 (87)
4.2.5 中央政府对农村集体建设用地制度变迁的需求分析 (91)

4.3 构建城乡统一建设用地系统的制度供给路径分析 ……………… (95)
 4.3.1 中央政府是制度变迁的主导者和供给者 ……………… (95)
 4.3.2 构建城乡统一建设用地系统的路径选择 ……………… (96)
4.4 本章小结 ……………………………………………………… (102)

5 城乡统一建设用地系统的架构研究：五位一体 ……………… (103)
5.1 基于系统动力学方法构建城乡统一建设用地系统 …………… (103)
5.2 城乡统一建设用地系统评价指标体系构建 …………………… (108)
 5.2.1 城乡统一建设用地系统评价指标选取 ………………… (108)
 5.2.2 城乡统一建设用地系统评价指标数据收集 …………… (111)
5.3 城乡统一建设用地系统综合评价模型 ………………………… (121)
 5.3.1 综合评价指标标准化 …………………………………… (121)
 5.3.2 建立综合评价指标的相关分析模型 …………………… (122)
 5.3.3 综合评价指标因子分析 ………………………………… (124)
5.4 城乡统一建设用地子系统的线性相关分析模型 ……………… (125)
5.5 城乡统一建设用地系统的相关分析模型 ……………………… (130)
5.6 构建城乡建设用地统一的权利系统 …………………………… (132)
 5.6.1 关于农村集体土地所有权和集体经济组织成员权的探讨
  ……………………………………………………………… (132)
 5.6.2 创新城乡土地所有权行使主体 ………………………… (136)
 5.6.3 创新我国农村集体宅基地使用制度 …………………… (139)
 5.6.4 关于修建在农村集体土地上的"小产权房"的解决方案 …… (143)
 5.6.5 关于乡镇、村办企业，公用事业用地及经营性用地使用权
  制度的探讨 ……………………………………………… (146)
 5.6.6 构建城乡建设用地统一的权利系统 …………………… (147)
5.7 构建城乡建设用地统一的用途系统 …………………………… (149)
 5.7.1 土地用途管制的涵义和作用 …………………………… (149)
 5.7.2 我国城乡建设用地用途划分标准与土地用途管制现状 …… (150)

  5.7.3 构建城乡建设用地统一的用途系统 …………………… (152)
  5.7.4 建立复耕地质量评价体系是实现城乡土地统一用途系统的制度
     保障 ………………………………………………………… (155)
 5.8 构建城乡建设用地统一的市场系统 …………………………… (156)
  5.8.1 构建城乡建设用地统一的使用权出让市场 ……………… (156)
  5.8.2 构建城乡建设用地统一的使用权转让市场 ……………… (158)
  5.8.3 构建城乡建设用地统一的征地市场 ……………………… (159)
 5.9 构建城乡建设用地统一的价格系统 …………………………… (165)
  5.9.1 统一城乡建设用地使用权出让价格形成机制 …………… (166)
  5.9.2 统一城乡建设用地使用权转让价格形成机制 …………… (169)
  5.9.3 统一城乡建设用地的征地价格形成机制 ………………… (170)
  5.9.4 统一城乡建设用地的基准地价评定方式 ………………… (171)
 5.10 构建城乡建设用地统一的规划系统 ………………………… (173)
  5.10.1 提高规划的科学性和权威性 …………………………… (174)
  5.10.2 提高广大民众在规划制定和监督执行当中的民主参与度
      ………………………………………………………… (175)
  5.10.3 切实保护耕地，建立农村集体建设用地入市交易准入审查
      制度 ……………………………………………………… (176)
 5.11 关于农村集体建设用地入市交易的收益分配问题 ………… (177)
 5.12 本章小结 ……………………………………………………… (180)

6 关于各地农村土地制度改革探索的评价与分析 ……………… (183)

 6.1 苏州农村集体所有建设用地使用权流转模式 ………………… (1843)
 6.2 对苏州模式的评析 ……………………………………………… (186)
 6.3 芜湖市农村集体建设用地使用权流转模式 …………………… (188)
 6.4 对芜湖模式的评析 ……………………………………………… (190)
 6.5 成都模式 ………………………………………………………… (192)
 6.6 对成都模式的评析 ……………………………………………… (196)
 6.7 重庆地票模式 …………………………………………………… (199)

6.8　对重庆地票模式的评析 …………………………………… (201)
　　6.9　本章小结 ………………………………………………………… (203)

7　构建城乡统一建设用地系统的步骤和配套措施 ……………… (206)
　　7.1　构建城乡统一建设用地系统的步骤 ……………………… (206)
　　7.2　修订相关法律法规，为建立城乡统一建设用地系统提供法律保障
　　　　………………………………………………………………………… (208)
　　7.3　建立城乡建设用地统一的税收制度 ……………………… (209)
　　7.4　建立不附带任何利益分配功能的城乡统一的户籍制度 …… (213)
　　　　7.4.1　我国城乡二元户籍制度形成的历史原因 ……………… (213)
　　　　7.4.2　我国城乡二元户籍制度的弊端 ………………………… (214)
　　　　7.4.3　建立新型的城乡统一的户籍管理制度 ………………… (216)
　　7.5　建立城乡居民统一的社会救济和保障制度 ……………… (219)
　　　　7.5.1　我国现行社会保障体系的现状及问题 ………………… (220)
　　　　7.5.2　建立城乡统一的社会保障体制，加大社会保障力度 …… (221)
　　7.6　提高农村集体建设用地入市交易服务水平 ……………… (222)
　　7.7　本章小结 ………………………………………………………… (224)

研究结论 ……………………………………………………………………… (225)

参考文献 ……………………………………………………………………… (226)

致　谢 ………………………………………………………………………… (241)

1 导 论

1.1 本书选题的背景和意义

改革开放40多年来，我国社会经济体制改革取得了巨大成就，社会生产力水平得到极大发展，城乡居民的生活水平极大提高，社会政治、经济体制等领域的改革卓有成效，国家综合国力空前增强。国家工业化、城市化、信息化和现代化都取得了举世瞩目的成就。我国的国际政治和经济影响力也大大提高。但是，在取得成就的同时我们也看到，目前我国还处于中等收入阶段和城乡经济二元经济结构转变的中期。中国经济体制改革目前已经进入了深水区，如果要继续进行有效改革，将面临比较大的利益格局的调整。随着工业化和城市化的进一步深入发展，中国计划经济时期遗留下来的很多经济制度对中国经济改革步伐的阻碍越来越凸显，中国社会的改革开放也由此进入攻坚克难时期。其中一个难点就是我国经济体制城乡二元化的结构特点依然没有改变，特别是城乡土地二元管理体制不利于我国工业化、城市化和农业现代化的健康发展和顺利进行，造成了很大的社会问题。

当今任何国家的现代化都是和工业化和城市化的飞速发展分不开的，国家人均收入的提高也是工业化和城市化发展的结果。我国也不例外，20世纪80年代初确定了农村土地的家庭联产承包责任制，让农村生产力极大发展，农村劳动力从农业土地上解放出来，农村剩余劳动力开始大批向城市转移。工业在得到农村剩余农产品和剩余劳动力支持的情况下，也得到迅猛发展。城市化和工业化相互促进，我国目前正在从落后的农业国向先进工业国转变。农村现代化也要靠城市化和工业化的带动。生产力的发展同时也促使政治、法律制度等上层建筑进一步完善和改良。因此，城市化和工业化是我国社会政治、经济全面现代化的必由之路。

20世纪90年代初，我国城镇国有建设用地制度进行了市场化改革。1990年国务院出台了《城镇国有土地使用权出让和转让暂行条例》，这标志着我国城镇土地使用权市场的市场化和现代化管理体制开始形成。该条例的颁布和实施为我国城市房地产市场的繁荣发展提供了良好条件。笔者认为，该条例的颁布和施行也同时标志着我国形成了城乡建设用地二元化管理体制。当初农村农用地虽然进行了家庭联产承包责任制改革，但这是不彻底的改革，并没有形成以市场机制配置农村土地资源的体制，行政手段还是农村土地资源配置的主要方式。特别是农村建设用地，仍然保留了计划经济时期的无偿、无期和无流动的管理制度，我国城乡统一的建设用地市场并未形成。在利益机制的驱动下，农村出现了土地利用方面的大量违法违规现象，形成了灰色土地市场。这对我国切实保护耕地的国策造成了不小威胁。农村建设用地布局混乱，城乡结合部的非法违规用地现象更为严重。而家庭联产承包责任制让农业土地的耕种过于细碎化，不利于农村土地的规模化经营，从而影响了农业现代化进程，当初创建的家庭联产承包责任制的改革红利已经基本释放完毕。因此，不管是农村集体建设用地还是农村集体农业用地管理制度，都急待新一轮的改革和创新。我国农村土地管理体制的弊端与城市化和工业化的发展水平已经不相适应。目前我国经济、社会已经发展到了新的阶段，即到了工业反哺农业和城市带动乡村的阶段，如果不改革落后的二元化土地管理体制，我国城乡融合与乡村振兴战略目标将无法实现，经济与社会将无法协调发展。目前我国城乡土地二元化管理体制带来的弊端具体表现为以下几个方面：

一是我国土地公有制形式分为两种。一种是城市土地的全民所有制，另一种是农村集体土地的集体所有制。农村集体土地所有权主体不明确，农村集体土地所有权主体"虚置"，造成了农村集体土地所有权常常被政府公共权力侵犯。最突出的表现是征地市场上时常发生政府对农村集体土地突破"公共利益"的强制性征收和征用，造成了农村和农民利益的损害。因征地问题引发了不少社会矛盾和冲突，有时候甚至发展成为群体性事件。这不利于形成安定和谐的社会稳定局面。这也让土地的城市化率高于了人的城市化率，城镇化质量堪忧。[①]

二是农村集体建设用地使用权有限入市交易。在 2019 年修改《土地管理法》之前，包括农村经营性建设用地在内的农村集体建设用地不能直接入市交易，采用的是无偿、无期和无流动的使用方式。在城市化和工业化迅猛发展的今天，农村人口为了寻找更好的工作机会和更好的工作报酬而大量往城市迁移。农村住房长期无人居住，形成了"空心村"。有数据显示，2013 年，我国进城务工的农民大约有 2.69 亿[②]，他们长期处于离土不离乡的人户分离状态。他们长期和家人分离，父母和儿童被留在老家无人照管，老人的赡养和儿童的教育成了很大的问题。2013 年，我国留守在农村的留守儿童大约有 6 000 多万[③]。有目共睹的事实是，农民工对中国经济乃至世界经济都作出了巨大贡献。但是，这几亿劳动人口却因在城市消费不起住房，必须长期在城乡间往返以便和家人团聚。"春运"交通问题也就成了中国特有的问题。

大城市因大量外地人口的涌入而拥挤不堪，城市基础设施难以承载过多的人口。城市出现了污染、拥挤、房价畸高等城市病问题。农民工在城市里住不起房，只得拥挤在堪称城市"贫民窟"的地下室、城中村或者集体宿舍内，甚至租住和聚集在城乡结合部，这些城乡结合部常常违法违规修建农村出租房而谋利。与城市住房状况形成鲜明对比的是，农村建设用地却大量粗放利用，闲置和浪费土地。《土地管理法》等相关法律法规禁止农村集体建设用地直接进入国有建设用地市场进行流转。农民的农村住房的经济价值不能实现，导致他们丧失了一部分财产性收入。农村的住房无法让他们在城市置换到所需的住所，他们在城市买不起房。他们无力承担起照顾和陪伴家庭成员的责任。

三是国家除了垄断农村土地征收征用市场，还垄断了城市国有建设用地一级出让市场。地方政府形成了靠收取土地出让金维持财政收支稳定的"土地

[①] 马林靖，周立群. 快速城市化时期的城市化质量研究——浅谈高城市化率背后的质量危机[J]. 云南财经大学学报. 2011，152(6)：119-125.
[②] 中国新闻网. 2013 年中国农民工总量达到 2.69 亿人，月均收入 2 609 元[DB/OL]http：//www.chinanews.com/gn/2014/02-20/5860836.shtml.
[③] 新华网. 全国妇联：中国农村留守儿童数量超 6 000 万[DB/OL] http：//news.xinhuanet.com/politics/2013-05/10/c_115720450.htm.

财政"。这种状况是形成城市房地产价格过高的原因之一,也是影响民生的重大问题之一。中央政府曾一直试图控制房价的过快上涨势头,甚至不惜采用"限购"、"限贷"等极端手段,但是调控效果仍然不是很理想。

四是由于城乡土地的二元管理体制的存在,城市居民要想迁移到农村很难。主要是因为城市居民不能到农村购买住房。如果不能保障城市居民在农村拥有长久和稳定的住房,城市居民对农村和农业进行长期投资的行为将受到影响。目前农村出现了各种形式的土地违法违规使用,比较典型的则是"小产权房"难题。这也是城乡居民和现行城乡土地二元化管理体制进行抗争的表现之一。

总之,我国城乡土地二元化管理体制在让农村建设用地浪费和闲置的同时,阻碍了城乡土地、人才、资金、技术等各种生产要素的融合和交流,不利于社会的稳定和谐,不利于城乡融合与乡村振兴目标的实现。只有构建城乡统一的建设用地系统,才能彻底改变我国先进工业和落后农业同时存在的城乡二元经济结构,才能让城市与农村真正互动,才能消除城乡之间收入差距,才能实现全面的工业化、城市化、信息化和农业现代化。鉴于城乡二元化土地管理制度改革对于解决"三农问题"的深远和重大意义,党的十七届三中全会和十八届三中全会都明确提出了建立城乡统一的建设用地市场的目标。2019年8月,根据第十三届全国人民代表大会常务委员会第十二次会议决议,《土地管理法》被修订。新修订的《土地管理法》删去了从事非农业建设必须使用国有土地或者征为国有的原集体土地的规定。并增加了新的规定,对土地利用总体规划、城乡规划确定为工业、商业等经营性用途,并经依法登记的集体经营性建设用地,允许土地所有权人通过出让、出租等方式交由单位或者个人使用。新修改的《土地管理法》意味着集体经营性建设用地入市不再局限于个别试点地区,可以全面铺开,这在很大程度上为加快建立城乡统一的建设用地市场扫清了制度障碍,这是制度上的进步。但是,集体经营性建设用地出让、出租等,应当经本集体经济组织成员的村民会议三分之二以上成员或者三分之二以上村民代表的同意。这些附加规定也意味着农村集体与城市建设用地的出让和出租等在体制和制度上并没有真正完全统一。表现在两个方面:首先,可以转让的建设用地在性质上有别于城市建设用地,如果是非经营性的集体建设用地,仍然不能出让或者出租。关于农村集体建设用地是经营性的或非经营性的鉴别在实践中容易发生误解与纷争;其次,即便是农村集体经营性建设用地,集体所有的建设用地比国有的建设用地在转让上还受到更多限制,表现在需要集体成员投票表决。因此,更深入和系统的研究构建城乡统一的建设用地系统及其配套制度,对于实现城乡融合与乡村振兴的战略目标具有重要的理论意义和现实意义。

1.2 研究目的与方法

1.2.1 研究目的

本书的研究目的如下:

一是对农村集体建设用地和城市国有建设用地的同一性和差异性进行比较。

二是探究形成上述两类建设用地差异性的根本原因。

三是对农村集体建设用地管理制度的变迁进行深入分析,探究构建城乡统一建设用地系统的路径目标和方向

四是采用计量经济学方法对构建城乡统一建设用地系统进行实证分析,并对城乡统一建设用地系统的架构及其各子系统的建设提出政策建议。

五是研究如何为构建城乡统一的建设用地系统建立科学合理的配套社会制度。

1.2.2 研究方法

(一)本文采用了对比分析的研究方法。在对城乡土地管理制度变迁的需求和供给进行分析时,对比分析了制度变迁中各利益集团的制度需求和供给,通过对比分析方法最终确定了制度变迁的路径和目标。

(二)本文采用了定性研究与定量研究相结合的方法,对城乡建设用地制度运行效果进行了评价。根据数据分析结果,对城乡统一建设用地系统的构建和各子系统的优化提出了政策建议。

(三)本文采用了系统分析的研究方法。城乡土地管理制度的变迁与整个社会政治制度、经济制度、基本法律制度、户籍制度、社会保障制度等紧密联系,绝对不是一个孤立的问题。本书研究了构建城乡统一建设用地系统的

相关配套制度，从六个方面进行了论述。

1.3 数据来源

本书中采用的所有数据均注明了出处。其中，绝大部分来自中国经济与社会发展统计数据库（http：//tongji.cnki.net/kns55/index.aspx），其余部分来自文献资料或互联网数据。

1.4 概念的界定、本书的结构和内容

1.4.1 概念的界定及分类

1.4.1.1 农村集体建设用地的概念

农村集体建设用地是指权属为集体所有，用于建造建筑物、构筑物的非农建设的土地。

1.4.1.2 农村集体建设用地的分类

农村集体建设用地可以分为四大类：农民宅基地、农村公共管理和公益事业用地、乡镇和村办企业用地（包括联营企业用地）、经依法办理了合法的农用地转用手续的其他建设用地以及土地整理中的配套用地。

1.4.1.3 城乡统一的建设用地系统

本书中提出的城乡统一的建设用地系统，是指农村集体所有的建设用地和城市国有的建设用地在土地权利系统、土地用途系统、土地市场系统、土地价格系统和土地规划系统五个方面相统一相协调，这五个子系统五位一体，共同组成城乡统一的建设用地系统。

1.4.1.4 本书的研究范围

农村土地包括了农村集体建设用地、农村集体农业用地和农村集体的未利用地。本书的重点是研究农村集体建设用地管理制度如何和城市国有建设用地管理制度接轨，改革包括征地制度在内的现行城乡土地管理制度和建立健全相关社会配套制度，从而形成城乡统一的建设用地系统。在研究农村集体建设用地使用权的转让和继承问题时，也涉及到对农村农业承包地的转让和继承问题的论述。因为上述两种类型的土地和农村居民的生活紧密相关，很难分割。上述问题还关系到农村集体经济组织成员身份的确定与退出以及

农村户籍制度的改革问题。

1.4.2 本书的结构和内容

本书围绕着构建城乡统一的建设用地系统的中心主题，运用管理学和经济学分析方法从各个层面对这一主题进行了探究。首先，书界定和论述了对本文主题有指导意义的理论范畴，查阅了汗牛充栋的文献资料，选择了与本书主题相关的文献进行了梳理和分析，从中发掘出对主题有启发意义的思想。然后，分析比较了我国农村集体建设用地和城市国有建设用地的异同，并在此基础上从历史和现实两个方面对城乡土地二元管理体制形成的深层次原因进行了分析。本书以马克思经济学理论为指导，并运用西方新制度经济学理论和产权经济学理论，以及计量经济学方法对城乡建设用地利用效果进行了分析评价，在此基础上提出了构建城乡统一建设用地系统的改革思路和架构设想。追踪研究了苏州、芜湖、成都、重庆等地城乡土地管理制度改革实践，对各地试点情况进行了介绍和评析，运用规范分析方法指出各地土地管理制度改革探索的成果与不足。最后，笔者进一步研究了与城乡统一建设用地系统的建立相配套的步骤与保障措施。整个研究内容突破了现行法律法规的不少规定，因此对现行法律法规的修订建议比较多。凡是涉及到突破的地方，笔者均一一作了列举。

本书共分为7个章节，结构如下：

第一章"导论"，论述了本书的研究背景和意义，整体介绍了本书的研究方法、研究目的、本书的创新、不足与文章结构等。

第二章"理论范畴及文献综述"，提出了本书的理论范畴，大致包括城乡二元结构理论、城镇化理论、土地资源配置理论、土地市场理论、马克思地租地价理论、新制度经济学理论、产权经济学理论等。对与本书相关的众多文献进行了综述。

第三章"农村集体建设用地和城市国有建设用地的差异性、同一性及其成因分析"。笔者认为，两类土地的同一性主要体现在：两类土地都不直接用于农作物生产，土地利用影响很难逆转；两类建设用地相关产权权利都适用依法登记发证制度；两类土地的布局都必须要符合土地利用规划。差异性体现为：两类建设用地的所有权不对等；两类建设用地的使用权人享有的权利大小不同；两类建设用地的价格不同；农村集体建设用地因违法违规严重而形成了灰色土地交易市场；两类建设用地市场的法律法规健全程度和配套中介服务机构有很大差异。我国计划经济时期的制度安排和现实国情是形成目前城乡土地二元管理体制的根本原因。

第四章"构建城乡统一建设用地系统的制度变迁分析与目标路径选择"，本书运用西方新制度经济学理论，首先分析了我国现行城乡土地二元分割管理体制的制度变迁源泉，得出结论为：改变现行城乡土地二元化管理制度具有很强的现实必要性。然后分别分析了土地制度变迁的各相关利益主体的制度变迁需求，分析结论为：我国改变现行城乡二元化土地管理制度的变迁总需求大于零。最后从制度供给角度出发，对比分析了构建城乡统一建设用地系统的路径选择和目标方向，分析结论为：在构建城乡统一建设用地系统的路径选择上，必须坚持我国目前土地所有权公有制不动摇，采用渐进型改革路线，让农村集体所有制逐步缩小规模和范围，在若干年之后通过市场机制的自然选择，农民集体土地所有制逐渐消亡，城乡土地全面回归国有，实现城乡土地的全面国有化。目前的改革重点在于对土地产权结构和运行机制进行优化和改良。这种选择既可以避免制度变迁的社会成本和引起社会冲突，维持社会的稳定和谐，又可以达到土地资源的优化整合利用并提升社会总福利水平的目的。

第五章"构建城乡统一建设用地系统的架构研究：五位一体"，采用系统动力学方法绘制了城乡统一建设用地系统因果图。运用了相关分析方法对城乡统一建设用地系统进行了实证研究。分别对各子系统的建设提出了政策建议。第一，构建城乡建设用地统一的权利系统，科学界定农村土地市场产权体系中的市场经济主体，赋予各经济主体平等的法律和经济地位。基于政府行政职能和经济职能相分离的原则，笔者提出农村集体土地所有权由农村土地管理委员会代表农村集体经济组织行使。乡政府或者村委会不再代表农村集体经济组织行使土地所有权，其只对农村集体土地的利用有监督管辖权。国家资产管理部门代表国家行使国有土地的所有权，国家土地行政管理部门统一行使城乡土地的行政管理职能。按照所有权与使用权相分离的原则，建立和完善农村土地市场的现代产权体系，明确各市场经济主体的权、责、利关系，让农村集体建设用地和城市国有建设用地实现权利上的统一。第二，构建城乡建设用地统一的用途系统。城乡土地的用途只与土地的承载功能有关，与权属关系无关。加强增量建设用地和存量建设用地的用途管制，实行土地用途动态监测机制，促使城乡建设用地集约和节约利用。第三，构建城乡建设用地统一的市场系统，进行城乡建设用地使用权出让和转让制度创新，改革土地征用和征收制度，统一城乡建设用地的出让权市场、转让权市场和征地市场。第四，构建城乡建设用地统一的价格系统，让市场机制对土地资源配置起基础作用。根据建设用地具体用途差异采用多种方式形成合理的土地价格体系。第五，构建城乡建设用地统一的规划系统，建立农村集体建设用地入市交易严格的许可审查制度，提高城乡统一规划的权威性、科学性和民主参与度。第六，对农村集体建设用地入市收益分配原则进行讨论，科学调节各相关主体经济利益关系。

第六章"关于现阶段各地农村土地制度改革探索的评价与分析"。本书选取了农村土地管理制度方面具典型性和代表性的苏州、芜湖、成都、重庆四个地区作为研究对象，对这几个地区的改革模式进行了追踪分析。总结了这几个地区在农村土地制度改革方面的成就与不足，力图找到建立城乡统一建设用地系统的难点和重点所在，为建立健全与构建城乡统一建设用地系统相关的其他社会保障制度打下基础。

第七章"构建城乡统一建设用地系统的步骤和配套措施"。完善和健全的社会配套制度是城乡统一建设用地系统健康、有序和良性运转的支持和保障。本章选取了五个方面的社会制度改革，包括社会法律制度改革、土地税收制度改革、户籍制度改革、城乡社会保障制度改革、建立健全农村集体建设用地交易中介服务制度等。这五个方面的社会制度在某些现行条款规定上分别有与工业化、城市化、农业现代化和城乡融合与乡村振兴要求不相符合甚至相抵触的地方，本章对这些制度的改革进行了探讨，提出了建设性改进意见。建立健全城乡土地制度改革的配套制度，才能形成全体社会一致的改革合力，为城乡统一建设用地系统的健康运转提供制度环境支撑。

2 理论范畴及文献综述

2.1 城乡二元经济结构相关理论

2.1.1 马克思、恩格斯和列宁的城乡对立与融合思想

马克思说:"物质劳动和精神劳动的最大的一次分工,就是城市和乡村的分离。城乡之间的对立是随着野蛮向文明的过渡、部落制度向国家的过渡、地方局限性向民族的过渡而开始的,它贯穿着全部文明的历史并一直延续到现在……. 城市本身表明了人口、生产工具、资本、享乐和需求的集中;而在乡村里所看到的却是完全相反的情况:孤立和分散。"[①]

1847年,恩格斯在《共产主义原理》一文中指出,"根据共产主义原理组织起来的社会,将使自己的成员能够全面地发挥他们各方面的才能,而同时各个不同阶级也就必然消失。……. 由此可见,城市和乡村之间的对立也将消失。从事农业和工业劳动的将是同样一些人,而不再是两个不同的阶级。……,乡村农业人口的分散和大城市工业人口的集中只是工农业发展水平还不够高的表现,它是进一步发展的阻碍……. 通过消除旧的分工,进行生产教育、变换工种、共同享受大家创造出来的福利,以及城乡的融合,使社会全体成员的才能得到全面发展……"。[②]

列宁说:"如果城市的优势是必然的,那么,只有把居民吸引到城市去,才能削弱(正如历史所证明的,也确实在削弱)这种优势的片面性。如果城市必然使自己处于特权地位,使乡村处于从属的、不发达的、无助的、闭塞的

[①] 马克思恩格斯全集,第3卷[C]. 北京:人民出版社,1960:57.
[②] 马克思恩格斯全集,第4卷[C]. 北京:人民出版社,1958:370-371.

状态,那么,只有农村居民流入城市,只有农业人口和非农业人口融合起来,才能使农村摆脱孤立无援的地位。………正是农业人口和非农业人口的生活条件接近才创造了消灭城乡对立的条件。"①

由此可见,马克思恩格斯列宁早都认识到城乡之间出现的对立,并指出了城乡对立的原因和危害性,而且对如何消除这种对立进而达到城市和农村的融合提出了见解。

2.1.2 刘易斯的二元经济结构理论

1954 年,刘易斯(Lewis,W.A.)发表了《无限劳动供给下的经济发展》。在该论文中,他对发展中国家存在着二元经济结构进行了详尽的阐述和分析:一个是以传统的农业为代表的部门(B 部门),这个部门仅仅能满足糊口,只能维持最低生活水平,一般以原始人力方法进行生产,这个部门通常存在较多的剩余劳动力;另一个是以现代化方法进行生产的城市工业部门(A 部门),这一部门的劳动生产率和工资远比前一部门高。由于城市工业部门的工资水平高于农业劳动者的收入水平,农业劳动者如果不受干涉自然会有向城市流动的倾向,农业部门的剩余劳动力会向城市工业部门流动,它为城市工业部门扩大生产提供了丰富的劳动力。他提出的经济发展模式有一个无限剩余劳动供给的前提条件,即在现行的工资水平上,现代工业部门的劳动供给是无限的,具有完全弹性。A 部门将随着社会的发展和生产力的提高而逐渐扩大,B 部门将随着社会的发展和生产力的提高逐渐缩小,在这个发展和变化过程中,B 部门的劳动力不断向 A 部门转移,二元经济结构最终被消除。②

在发展中国家,农业人口维持最低生活水平的收入是现代工业部门工资水平的基础和边界,会影响现代工业部门的工资水平。因为现代工业部门不可能出现劳动边际生产率低到等于零或者负数的情况,所以现代工业部门的最低薪酬不会低于农业部门的最低生活收入水平。在劳动力要素可以自由转移的情况下,现代工业部门的薪酬水平也不可能比农业部门的收入高太多。因为竞争会让农业部门的劳动力在经济利益驱使下大量涌向城市,现代工业

---

① 列宁全集,第 2 卷[C]. 北京:北京人民出版社,1984:197.
② (美)阿瑟. 刘易斯. 二元经济论[M]. 北京:北京经济学院出版社,1989.

部门在短期内无法负载过多的就业量，造成的后果就是工业部门的劳动力供给过剩导致工业部门薪酬水平下降。在发展中国家，农业人口占的比例大，农业部门边际劳动生产率极为低下，接近于零甚至成为负数的状况在一定时期内不会消失，因而农业中的大量剩余劳动力将继续存在。[1] 因此，在发展中国家，农业部门会在相当长的时期内为工业部门的发展提供源源不断的劳动力。

1961年，拉尼斯(G·Ranis)和费景汉(J·C·H·Fen)发表论文《经济发展理论》，提出了拉尼斯-费模型。1964年他们又发表论文《劳动剩余经济的发展》，提出了农业产量剩余的概念。农业生产率的提高使农业部门产生了剩余产品，农业剩余产品的出现是农业劳动力向工业部门流动的前提条件。刘易斯提出的二元经济论，是以农业部门的不发展为隐含假定的。拉尼斯和费景汉则对刘易斯的这一假定进行了修订，他们认为农业部门也是在不断发展的，由此形成了著名的刘易斯-拉尼斯-费模型。根据刘易斯-拉尼斯-费模型，发展中国家经济发展的第一阶段为农业经济占主导地位的时期，在这一时期，农村人口的边际劳动生产率等于零或者负数，农村存在着广泛的隐蔽性失业。发展中国家经济发展的第二个阶段表现为社会经济结构二元化，农业部门落后，现代工业部门非常先进，这两个部门并存于社会中。农村剩余劳动力被城市现代工业部门较高的薪酬所吸引，大量涌入城市寻找工作机会。在发展中国家经济发展的第三阶段，现代经济部门高度发展，农村剩余劳动力被现代先进经济部门完全吸收，社会生产率极大提高，社会经济文化高度一元化，城乡二元经济结构消失。

拉尼斯和费景汉认为，在工业化的第二阶段，农业总产量随着劳动力的转移而开始下降，逐渐导致了粮食短缺、工资上涨、工业贸易条件恶化、工业劳动供给曲线逐渐陡峭而缺乏弹性等问题。农村劳动力向现代工业部门的转移也因此受到很大阻碍。现代工业部门在还拥有丰富农业剩余劳动力供给的情况下却不得不放慢扩张的步伐。它们认为只有同时提高农业和工业劳动生产率，才能解决农业部门因劳动力流失和转移产生的问题，才能走出农业

---

[1] 谭崇台.发展经济学概论[M].武汉：武汉大学出版社，2001：80-81.

化第二阶段的困境。①

2.1.3 国内研究综述

王志伟(1989)认为,经济发展周期波动是由经济运动本身的不平衡性以及调整过程的时滞引起的。我国二元体制下的经济周期波动表现为各级政府对经济活动的过度干预与微观经济主体低效率之间的矛盾。在我国二元体制下,中央集权体制和经济波动机制同时存在②。周其仁(1997)认为,在我国改革进程中,城乡二元分割体制正在被突破,农村居民的就业率正在逐步提高。农村劳动力越来越多地从农业内部向城市转移。这合乎社会公平的要求,还有利于提高社会生产力和促进社会经济体制结构的合理化③。萧竞华(2001)认为,为了创造就业载体、合理利用社会资源、增加农民收入和激活农民消费需求,必须加速城市化进程和消除城乡二元经济结构。"三农"问题的解决不能仅仅依靠农村内部制度的调整来解决④。通过对城乡差距逐渐拉大的现象进行研究,刘炜等(2004)认为,应该建立城乡统一的市场制度,赋予农民平等的国民待遇,让农民有能力和权力成为真正的市场经济主体,在经济活动中发挥主观能动性。只有城乡统筹协调发展,社会的均衡发展才能实现⑤。王国敏(2004)认为,我国的城乡二元结构表现为二元经济结构和二元社会结构并存,城乡二元结构导致了"三农"问题。城乡发展机制应该形成城乡互动和工农互促的良性发展机制;城乡市场体系应该是统一、开放和有序的。同时,推进农业产业化发展对改变城乡二元结构有重要作用⑥。杨继瑞(2005)认为,推进城乡一体化的保障在于制度安排。推进城乡一体化的内容和手段包括促使农业产业化、发展都市农业、走新型工业化和城镇化道路、让农地合理流

---

① 龚建平. 费景汉和拉尼斯对刘易斯二元经济模式的批评[J]. 求索,2003,(1):35.
② 王志伟. 二元体制下中国经济周期波动理论[J]. 经济学家,1989,(4):106-114.
③ 周其仁. 体制转型、结构变化和城市就业[J]. 经济社会体制比较,1997,(3):8-15.
④ 萧竞华. 改善城乡二元经济结构是农民增收的强大动力——以江苏省为例[J]. 南京社会科学,2001,(11):79-84.
⑤ 刘炜,黄忠伟. 统筹城乡社会发展的战略选择及制度构建[J]. 改革,2004,(4):10-18.
⑥ 王国敏. 乡统筹:从二元结构向一元结构的转换[J]. 西南民族大学学报(人文社科版),2004,(9):54-58.

转、加强农村基层干部执行力等。[①] 吕萍(2005)认为,增加农民收入要靠大力推进城乡一体化建设。农村内部结构的调整应与工业化和城市化有机结合,才能有效解决农民收入问题。[②] 张红宇(2005)认为,城乡统筹应该让效率和公平很好结合。在先提高效率并增强经济实力后,再进行旨在公平的国民收入分配格局调整。农业现代化发展对城乡统筹的实现至关重要。[③] 蒋永穆(2005)认为,我国城乡二元经济结构和农村内部二元经济结构之间存在强化效应和反弹效应,共同制约着我国经济的发展。[④] 邹小蓉等(2005)认为,城市化是消除城乡二元经济结构和统筹城乡经济协调发展的根本出路。以城市发展带动农村发展,才能提高农业生产力和增加农民收入。[⑤] 杜受祜(2006)认为,成都市的城乡一体化探索是成功的,准确地反映了城市和农村、工业和农业之间的内在联系。统筹城乡发展中还要注重在财政上增加对农村的扶持、优化农村生态环境、尊重村民的意愿和科学规划等[⑥]。朱宝树(2006)认为,城乡二元结构矛盾集中体现为农民工问题。解决农民工问题是城乡统筹发展的突破口。[⑦] 李晓冰(2007)认为,城乡统筹的具体表现形式在于城乡协作、城乡协调、城乡互通和城乡融合。城乡统筹发展的难点在农村,根本在于体制和机制的改革,最重要的是要以人为本。同时,产业发展和产业布局、城乡劳动就业与人口布局也是统筹城乡发展中应该注意的问题。[⑧] 李忠民(2008)认为,我国城市化进程拉大了社会贫富差距,原因在于我国存在城乡二元经济结构。在土地农转非的利益驱使下,农民被排除在城市化进程之外,地方政府与民

[①] 杨继瑞. 城乡一体化:推进路径的战略抉择[J]. 四川大学学报(哲学科学版),2005,(4):5-10.

[②] 吕萍. 统筹城乡发展,促进农民增收[J]. 贵州师范大学学报,2005,(2):70-74.

[③] 张红宇. 城乡统筹推进过程中若干问题的思考(之二)[J]. 管理世界,2005,(9):59-69.

[④] 蒋永穆. 双重二元经济结构下的城乡统筹发展[J]. 教学与研究,2005,(10):22-29.

[⑤] 邹小蓉,蓝光喜. 城市化:统筹城乡经济协调发展的根本出路[J]. 江西行政学院学报,2005,(3):52-54.

[⑥] 杜受祜. 城乡统筹建设社会主义新农村——对成都市深入推进城乡一体化的思考和建议[J]. 西南民族大学学报(人文社科版),2006,182(10):52-54.

[⑦] 朱宝树. 人口城镇化与城乡统筹发展[J]. 华东师范大学学报:哲社版,2006,(4):28-34.

[⑧] 李晓冰. 推进城乡统筹发展建设社会主义新农村的思考[J]. 经济问题探索,2007,(11):98-102.

2 理论范畴及文献综述

争利,广大农民权益得不到足够的重视与保护[①]。杨继瑞(2010)认为,为了实现城乡统筹,应该推进农业现代化,让农民职业化与市民化。应该鼓励农民在新农村建设的实践中探索适度集中居住的各种模式[②]。刘成玉(2010)认为,我国目前进行的城乡统筹建设是外驱式的,不具备制度上的彻底性和可持续性。构建内驱式统筹模式才科学和合理。应该注重从决策平等参与、资源和要素自由流动、所有制公平、弱势保护与扶持等方面入手进行城乡统筹建设。[③] 曾福生(2010)认为,城镇化和新农村建设协调发展才能实现城乡统筹发展目标。我国目前社会经济状况大致表现为城乡公共产品供给不平衡、城市群发展不充分、生产要素不能自由流动和以工促农、以城带乡运作乏力等[④]。成都是全国城乡统筹综合配套改革试验区之一,程又中等(2011)以成都的城乡统筹改革实践作为分析样本,认为我国正在实行的城乡统筹发展改革措施的作用和效果不明显,城乡差距仍在继续扩大。城乡分割的社会管理体制、城乡分割的市场体制以及城乡不均的投入机制使城乡二元结构的矛盾依然无法解决[⑤]。通过对推进城乡统筹发展的研究,杜明义(2011)认为产权权益应该通过产权正义进行保障,农地产权正义缺陷是损害农民土地权益的根本原因。完善我国农地产权正义应从农地产权制度正义、产权行为正义、产权程序正义等方面着手[⑥]。陈学彬(2012)等认为,解决我国城乡二元经济结构应该从提升农村生产力、重视城乡 CPI 差异变动等方面入手[⑦]。高帆(2012)采用因素分解法得出:二元经济结构可被分解为收入产出比差距、资本产出比差距、资本劳动比差距和劳动参与率差距这四种因素。二元经济结构集中表现为城乡

---

① 李忠民,周弘. 基于发展视角的社会贫富差距分析[J]. 经济学家,2008,(1):124-125.
② 杨继瑞. 统筹城乡背景的农民集中居住及其制度重构:以四川为例[J]. 改革,2010,(8):91-99.
③ 刘成玉. 内驱式城乡统筹:概念与机制构建[J]. 经济理论与经济管理,2010,(10):27-33.
④ 曾福生. 论我国目前城乡统筹发展的实现形式——城镇化和新农村建设协调发展[J]. 农业现代化研究,2010,(1):19-23.
⑤ 程又中,李睿. 城乡统筹发展试验:成都"样本"考察[J]. 华中师范大学学报:人文社会科学版,2011,(1):15-21.
⑥ 杜明义. 城乡统筹发展中农地产权正义与农民土地权益保护[J]. 现代经济探讨,2011,(6):20-24.
⑦ 陈学彬,李忠等. 二元经济下中国城乡 CPI 差异变动及其原因探究[J]. 西南民族大学学报(人文社会科学版),2012,(6):105-111.

居民存在收入差距。由于农村资本形成相对迟缓以及农村人口迁移相对滞后，我国二元经济结构转化的主要影响因素是劳动生产率差距和劳动参与率差距。因此，政府必须优化农村的资本形成和资本使用市场环境，探索土地经营权的资本化途径来拓展资本形成渠道，构建新型农村金融新格局。实现农村人口的城市化要依靠深化户籍制度改革和社会保障体系改革，让农民获得正规社会保障，减弱农村土地承载的农民社会保障功能。而通过土地使用权再配置则可以提高农业生产率并成为农民换取社会保障的途径之一[①]。白永秀等(2013)认为，中国在经济、社会、政治、文化等四个层面都存在城乡二元结构。城乡二元结构产生原因在于自然经济与市场经济的差别和对立。让城乡市场经济发展一体化、集中农村生产要素、发展农村现代产业和推进农村城镇化是改变城乡二元结构的路径[②]。

2.1.4 小结

各个时期的国内外学者都认识到了城市和乡村经济结构和社会结构的差异，并从理论层面或实践应用层面进行了分析论证，很多学者还对缓解直至消除城乡之间的不合理差异提出建设性的政策措施。很显然，在所有的差异当中，我国城市土地制度和农村土地制度（尤其是城乡建设用地市场制度）之间的差异以及由此造成的社会弊端相当显著，这也是本书要研究的主要内容之一。

2.2 资源配置经典理论和土地资源配置理论

2.2.1 资源配置经典理论

亚当·斯密是西方古典经济学家，他在其著作《国民财富的性质和原因的研究》中，探讨了分工的原由及分工受市场范围的限制等等。对于如何合理配置资源问题，他认为每个人"他只是盘算他自己的安全……他所盘算的也只是他自己的利益……他受着一只看不见的手的指导，去尽力达到一个并非他本

[①] 高帆. 中国城乡二元经济结构转化的影响因素分解：1981－2009年[J]. 经济理论与经济管理，2012，(9)：5-18.

[②] 白永秀，王颂吉. 城乡发展一体化的实质及其实现路径[J]. 复旦学报（社会科学版），2013，(4)：149-171.

意想要达到的目的。"①即在完全自由经济中，经济人出于自身利益考虑进行的各种决策和活动会导致资源的优化配置。经济人受"看不见的手"的引导，使市场交换成为资源配置的最优方式。政府只是一个"守夜人"。政府的职责是制定相应的法律法规并维护社会的法律制度和社会秩序，把经济人的自利行为严格限定在法律许可的范围内。

新古典经济学以资源稀缺性为假设前提，以边际价值分析取代传统的劳动价值分析，其不但延续了古典经济学理论，而且更加强化单一市场机制配置资源的作用。认为在完全竞争市场中，市场机制的充分作用可以实现瓦尔拉斯一般均衡，即社会资源能实现"帕累托最优"。但是，后来事实证明，单一的市场机制分配资源模式解决不了恶性竞争、周期性经济危机、资源浪费、失业、经济滞胀等问题。19世纪30年代，凯恩斯的《就业、利息和货币通论》出版，这成为"凯恩斯革命"的标志。凯恩斯批判了古典学派关于宏观经济问题的理论观点，提出了国家干预经济的理论。在这之后，以萨缪尔森为代表的新古典综合派在凯恩斯政府干预经济的思想基础上，提出市场机制和政府都可以参与资源配置，二者结合才能实现社会资源的优化配置。市场对资源配置起基础作用，市场失灵需要政府适时进行矫正，比如限制法规限制垄断、消除外部经济影响、提供公共物品、用税收利率等经济杠杆调节宏观经济等等，减少失业、抑制通货膨胀，等等。

2.2.2 土地资源配置理论

2.2.2.1 土地相关理论

土地本是一个很广泛的概念，对其的定义也根据研究的需要具多样性。归纳起来其区别主要在于广度和深度的不同。土地既可以指土壤、陆地、地球表面(包括陆地和水面)，也可以扩展到地球表面、地下部分和地上的空间等。马歇尔(A·Marshall)指出："土地是指大自然为了帮助人类，在陆地、海上、空气、光和热各方面所赠与的物质和力量。"②美国土地经济学家伊利(R·T.Ely)认为："经济学家所使用的土地这个词，指的是自然的各种力量，

---

① (英)亚当·斯密. 国民财富的性质和原因的研究[M]. 北京：商务印书馆，2007：27.
② (英)马歇尔. 经济学原理，上卷[M]. 北京：商务印书馆，1964：157.

或自然资源……经济学上的土地是侧重于大自然所赋予的东西。"①联合国粮农组织1976年制定的《土地评价纲要》中，对土地作了如下定义："土地是由影响土地利用潜力的自然环境所组成，包括气候、地形、土壤、水文和植被，以及反面的结果，如土壤盐碱化。然而纯粹的社会特征并不包括在土地的概念之内，因为这些特征是社会经济状况的组成部分。"然而到目前为止，学术界倾向于把土地定义为"自然综合体"，即土地是由地球陆地一定高度和深度范围内的土壤、岩石、矿藏、水文、大气和植被等要素构成的自然综合体②。

土地的重要性是毋庸置疑的。威廉·配第（W·Petty）说过："劳动是财富之父，土地是财富之母。"③马克思认为土地是"一切生产和一切存在的源泉"④，是人类"不能出让的生存条件和再生产条件"。土地既是资源又是资产，它是特殊商品。首先，其"特殊"性是由土地的自然属性和社会属性决定的。土地的自然属性表现为位置不可转移性、数量有限性、功能永久性、用途难以改变性、不可人工制造等。土地的社会属性表现为土地价格的特殊性、土地具有报酬递减性、利用后果有社会性、受政府管制程度大等。因此在对土地资源的配置上要注意把握经济效益、社会效益和生态效益相结合的原则。土地价格的特殊性表现在：从总体上讲，土地的价格是地租的资本化，用公式可表示成：$P=\dfrac{L}{i}$（P表示土地价格，L表示每年的土纯收益或者地租，i为土地还原利率）。地租根据产生方式的不同可以分为垄断地租、级差地租和绝对地租。人类劳动不能创造土地，没有经过开发的土地是一种天然资源。马克思主义劳动价值论认为，自然界产生和存在的没有经过开发的土地没有人类一般劳动的凝结，因此不具有价值。但是在人类历史进程中，大部分土地都进行了开发，天然的土地被人们进行投资和改良，土地当中凝结了人类的一般劳动，土地因而具有价值。这种经过开发过的土地是土地物质和土地资本的结合体。因此，土地就成了有价值有价格的特殊商品。土地作为一种

---

① （美）伊利等. 土地经济学原理[M]，北京：商务印书馆，1982：19.
② 毕宝德. 土地经济学[M]. 北京：中国人民大学出版社，2005：3.
③ 马克思恩格斯全集，第23卷[C]. 北京：人民出版社，1995：916.
④ 马克思恩格斯全集，第2卷[C]. 北京：人民出版社，1995：24.

稀缺资源，其具有珍贵的使用价值，土地作为财产，体现了土地的归属关系，土地作为资产，可以给所有人或使用人带来经济利益[①]。

2.2.2.2 土地资源配置国内外研究综述

由于土地具有的特殊性和对社会生活的重要意义，土地资源的配置具有了与一般商品配置不同的内涵和特征，其研究意义尤其重大。国内外学者本着优化土地资源配置的目的，从不同角度对土地资源配置进行了研究。

Nancy McCarthy(1998)等对墨西哥的合作农场及私人农场土地配置问题进行了研究，在面临把土地配置到私人土地耕种农作物或者配置到合作农场放牧这个选择问题上，家庭会根据这两种土地利用形式带来的边际效用来作出决定。如果合作农场管理成功，形成规模经济和正的外部性经济，那么家庭倾向于把个人拥有的土地配置到合作农场。反之，家庭则倾向于把土地留做个人经营土地，从而导致农作土地的粗放耕种和公共牧场的过度使用而带来生态环境和经济方面的损失。[②] Christopher P. Chambers(2005)利用效用函数对土地资源配置原则进行研究，并在效用叠加分析基础上提出了"土地划分独立性"概念，土地划分独立性体现了效用原则。[③] Futian Qu，Nico Heerink和Wanmao Wang(1995)对我国自1978年以来进行的土地管理体制改革进行了研究和评价，认为这项改革在取得积极进步的同时，也带来了不少负面影响。如土地资源过多配置于非农用途，导致耕地快速流失；土地利用规模过小和土地质量下降等。因此，提高土地资源配置效率是土地改革的重要目标之一，具体措施包括进一步进行土地管理制度改革、建立健全科学的土地产权制度和完善土地交易市场机制、提高宏观土地利用管理水平等。[④] M. Raggi，L. Sardonini，D. Viaggi(2013)运用统计方法和数学概率模型对欧洲9个国家进行了调查研究，其对普通农业政策(CAP)对土地的重新配置作

[①] 周诚. 土地经济学原理[M]，北京：商务印书馆，2003.

[②] Nancy McCarthy，Alain de Janvry，Elisabeth Sadoulet. Land Allocation under Dual Individual-collective Use in Mexico[J]，Journal of Development Economics，1998，56(2)：239-264.

[③] Christopher P. Chambers. Allocation Rulesfor Land Division[J]. Journal of Economic Theory，2005，121(2)：236-258.

[④] Futian Qu，Nico Heerink，Wanmao Wang. Land Administration Reform in China[J]. Land Use Policy，1995，12(3)：193-203.

用进行了分析和研究，指出农业政策对农户是否退出农业经营有非常重要的影响，而且认为土地租赁机制和土地所有制度的完善也对土地配置起很重大的作用。[1] 近年来，农业在以色列经济发展中的重要性逐渐降低，在未来的数年里，土地更多会向非农产业配置。Yoav Gala 和 Efrat Hadas(2013)认为，农业的作用及其应该配置的土地数量和社会成本效益研究有很大的关系，有必要对交通、娱乐和城市化用地需求量进行预测，而情景规划和情景思考将是土地配置一个非常好的工具。[2] Sènakpon. E. Haroll Kokoye, SilvèreD. Tovignan, Jacob A. Yabi(2013)研究了西非农场土地配置的驱动机制，认为影响土地配置的主要因素有区位、户主个人情况、家庭规模、家庭当中从事农业耕作的人数以及信用渠道等。其指出，农业政策的制定应有利于提高农户获取资金的能力。这主要靠扩大获取信贷的渠道并从农业服务站获取更多的支持和农业技术咨询等。[3]

周诚(1994)认为，在城镇土地资源配置上，要把国家的自觉调节与市场的自发调节有机结合起来，才能够合理地配置城镇土地资源。中央政府要掌握好经济调控的力度，注意处理好中央政府与地方政府的关系[4]。杨继瑞(1996)认为，市场化配置农村土地资源是主导性机制。地价在农村土地资源配置市场中起到枢纽作用。应对农村土地分等定级，充分考虑地价构成因素，开展农村土地基准地价和宗地地价的评估工作。应通过土地价格调控乡镇企业用地面积，实行乡镇企业用地的有偿、有限期和有流动制度。[5] 李中(2012)认为，农地入市流转是市场进行资源优化配置的表现。其提出了与完善农地入市流转配套制度相关的政策建议：深化集体土地产权变革、明确产权主体

---

[1] M. Raggi, L. Sardonini, D. Viaggi. The Effects of the Common Agricultural Policy on Exit Strategies and Land Re-allocation[J]. Land Use Policy, 2013, (31): 114-125.

[2] Yoav Gala, Efrat Hadas. Land Allocation: Agriculture vs. Urban Development in Israel[J]. Land Use Policy, 2013, (31): 498-503.

[3] Sènakpon. E. Haroll Kokoye, SilvèreD. Tovignan, Jacob A. Yabi. Econometric Modeling of Farm Household Land Allocation in the Municipality of Banikoara in Northern Benin[J]. Land Use Policy, 2013, (34): 72-79.

[4] 周诚. 论我国城镇土地资源配置的宏观调控和市场调节[J]. 中国土地科学, 1994, (3): 1-6.

[5] 杨继瑞. 农村土地产权制度创新与市场化配置[J]. 经济理论与经济管理, 1996, (3): 42-46.

及权能、培育农地市场和发展市场中介组织等。① 王万茂(1996)认为,应该在各种竞争性用途之间合理分配土地资源。合理分配土地资源的目的是增大土地资源的利用效益。引进市场机制是土地资源合理配置的关键所在。在各用地部门之间优化配置土地资源的评价标准和原则为:增大土地因素对国民收入的贡献、国民经济折算费用最小、减少土地尤其农业土地的非农业占用量、国民收入的土地占用率最低。② 杨继瑞(1996)认为,土地的市场配置机制不应该依据所有权和用途不同而产生根本性的变异,农村集体所有的土地资源和城市国有的土地资源都应该以市场机制进行配置。农村和城市土地资源市场化配置机制相互影响、拓展和渗透。③ 曲福田(2003)认为,土地资源配置方式的落后状态和公共政策的低效状态是造成土地资源低效利用和产生生态环境问题的原因所在。优化土地资源配置的突破点在于明晰土地财产权权利、培育市场竞争主体以及适时调整政策目标。④

2.2.3 小结

正是因为土地资源的稀缺性和重要性,导致了国内学者们从各个角度和层次对土地资源配置进行了全方位的研究,提出了很多独到的见解。土地资源配置的原则可概括为:坚持节约集约,市场机制配置和政府调控相结合,经济效益与社会效益、生态效益相结合。同时,土地产权制度与政府制定的土地管理政策也会对土地资源优化配置产生重大影响,因此要优化土地资源配置的宏观政策以及制定各种科学合理的配套措施等。

2.3 城镇化相关理论

城镇化(城市化)是指第二、三产业在城镇集聚、农村人口不断向非农产业和城镇转移,使城镇数量增加、规模扩大、城镇生产方式和生活方式向农

---

① 李中. 农地入市流转对土地资源配置效率的影响[J]. 财经问题研究, 2012, (12): 139-143.
② 王万茂. 市场经济条件下土地资源配置的目标、原则和评价标准[J]. 自然资源, 1996, (1): 24-28.
③ 杨继瑞. 我国农村土地资源配置市场化的理论思考[J]. 四川大学学报(哲学社会科学版), 1996, (1): 14.
④ 石晓平, 曲福田. 土地资源配置方式改革与公共政策转变[J]. 中国土地科学, 2003, (12): 18-22.

村扩散、城镇物质文明和精神文明向农村普及的经济社会发展过程。[①] 城镇化伴随着工业化的发展而发展,城镇化水平是衡量国家社会经济发展水平的重要标志之一。城市化率=城市人口总量/人口总数。城市化率越高,说明城市化城市程度越高,从而城市化进程也越快。城镇化和工业化共生共存,城镇化的起步阶段就是工业化的初期,城镇化率由10%左右提高到30%左右。当城镇化率由30%提高到60%左右时,就是城镇化基本实现的阶段,这个阶段也是工业化的中期阶段。当城市化率提高到70%左右时,即为高度城市化阶段,这也是高度发达的工业化阶段。在城镇化进程中,城乡二元结构也逐渐转变为城乡融合的一元模式,城乡之间在制度体制上不再对土地、资金、劳动力等资源流动和交换设置障碍。

2.3.1 国内外研究综述

柳随年(2001)认为,与我国经济发展水平相当的国家比较,我国城镇化水平是滞后的。我国城镇化滞后的根源在于计划经济时期的重工业优先发展战略造成了严重的城乡二元分割经济体制。主要表现在户口政策和其他影响城镇化的政策很难及时彻底进行调整。[②] 朱莉芬.黄季(2007)利用中国科学院的土地利用遥感数据和社会经济统计数据,建立计量经济模型对我国东部14省城镇化对耕地的影响进行实证分析。研究结果表明,20世纪90年代中期以来,城镇化发展迅速,建设用地总面积增长很快。不同城镇化发展模式对耕地的影响不同。在相同条件下,城镇化对耕地减少能起到一定程度的缓解作用。[③] 梁书民(2009)研究了中国城市位序规模规律的演化和城市建成区人口密度同城市规模关系的变化,对未来城镇化发展占用耕地情况进行预测。研究结果表明:中国城市建成区人口密度随城市人口规模的增大而增大,中国城镇化同耕地保护之间的矛盾日益突出。我国应以发展大城市为主导,推行人口密度高的城镇化发展政策,走紧凑型城镇化道路。[④] 简新华、黄锟(2010)对中国城镇化情况进行了实证分析。得出研究结论:中国城镇化水平不但滞后

---

① 简新华、何志扬、黄锟.中国城镇化与特色城镇化道路[M].济南:山东人民出版社,2010:1.
② 柳随年.关于推进城镇化进程若干问题的思考[J].管理世界,2001,(6):1-5.
③ 朱莉芬,黄季.城镇化对耕地影响的研究[J].经济研究,2007,(2):137-144.
④ 梁书民.基于耕地保护的中国城镇化发展战略研究[J].土地科学,2009,23,(5):41-46.

2 理论范畴及文献综述

于国内经济发展水平和工业化发展水平，同时也滞后于国外同样发展阶段国家的城市化水平。中国城镇化目前的发展速度正常适中。采用定性分析和时间序列预测法，文章还对中国城镇化发展趋势进行了预测，认为中国城镇化率的发展速度仍将维持在每年1%的增长速度。到2020年，中国的城镇化率预计将达到60%左右。[①] 杨勇、郎永建(2011)对比研究了内陆地区与沿海地区城镇化对土地利用效率的影响及机制的差异性。研究结果表明：在内陆地区，区位因素对土地利用效率的作用没有沿海地区显著；内陆地区土地利用效率高低很大程度上依赖于物质资本投入密度，而并不是依赖于人力资本的投入密度；城市土地的利用效率因为极低的人力资本积累和缺乏培训的劳动力大量涌入而被降低，经济系统的脆弱性也由此增强；城镇化对土地利用效率提高的作用显著，但是开放度对土地利用效率的促进作用却不明显。城镇化和开放度没有形成提升土地利用综合效率的合力。[②] 国家统计局发布的与城镇化率相关的现行数据，是以居住地统计的。2010年城镇化率已经达到了49.68%，这比1978年的城镇化率提高了31.76个百分点，平均每年提高近1个百分点。而如按传统的以户籍统计的城镇化率，2010年城镇化率却只达到28.11%。造成对城镇化率的统计差距的原因，是把离乡半年以上的近2.9亿农业户籍人口统计到了城镇人口之中。陈锡文(2011)认为，这部分人口虽然在城镇工作、生活，但他们实际上处于边缘状况，没有在城镇扎根。因此，他们家乡的村落、住宅的布局和耕地的经营规模等难以发生真正的变化，这是目前快速城镇化背景下仍难以全面实现农业、农村和农民现代化的症结所在[③]。乔志敏(2012)利用1978—2010年的全国数据，分析了工业化、城镇化对农业现代化的影响。其构建的向量自回归模型研究结果显示：城镇化、工业化对农业现代化发展的影响持续时间较长，但是城镇化发展比工业化发展

[①] 简新华，黄锟. 中国城镇化水平和速度的实证分析与前景预测[J]. 经济研究，2010，(3)：28-38.

[②] 杨勇，郎永建. 开放条件下内陆地区城镇化对土地利用效率的影响及区位差异[J]. 土地科学，2011，25(10)：19-26.

[③] 陈锡文. 工业化、城镇化要为解决"三农"问题做出更大贡献[J]. 经济研究，2011，(10)：8-10.

城乡融合与乡村振兴：构建城乡统一建设用地系统论

对农业现代化的贡献度要高很多。[①] 徐宪平(2012)认为，中国城镇化已经进入新的转型发展阶段，主要表现在三个方面：一是城市化率提高幅度大，城镇人口持续增加；二是形成了具有国际影响力的城市群，城市数量和规模不断扩大；三是人居环境逐步改善，城市公用设施服务能力明显提升。走公平共享、集约高效、可持续的城镇化道路和推进基本公共服务均等化是我国城市化发展的目标和方向。[②] 李国平(2013)认为，农民进城从事非农产业才是真正的城镇化。我国土地城市化率大于人的城市化率，每年土地城市化增长率为6%，而人口城市化增长率只有4%。城市化进程要进行多中心发展，同时要约束行政力量对于城镇化进程的干预作用，增强市场的力量[③]。根据城市化和工业化之间的发展关系，世界城市化发展模式可以分为三种：一是以欧美国家为代表的城市化和工业化同步发展型；二是以拉美国家为代表的城市化超前型；三是城市化发展滞后型。李圣军(2013)结合世界城市化发展进程和中国城镇化发展模式进行分析，提出了新型城镇化的建设模式与路径：必须推进农村财产确权化和资本化、通过耕地流转推进农业现代化和推进农村集体建设用地入市交易等。[④]

Pengjun Zhao(2013)研究了北京城市边缘地带在城市化过程中出现的种种问题，外地受过良好教育的年轻人积聚到北京城市边缘地带居住的人越来越多，这些人接受到的社会服务很差，居住环境很差，大多租住村民修的非法小产权房内。这些地方建筑物布局混乱，形成了新的城市贫民区。要想改变这种状况，则需要加强城乡统筹的城市规划工作，进行管理和立法创新，改变歧视性的户口制度等。[⑤] Mingxing、Chena、Weidong、LiuXiaoli Tao (2013)研究了中国1960—2010年城市化进展，认为城市化可分为三个阶段：1960—1978年为快速衰落阶段，1979—1995年为稳定提升阶段，1996—2010年为快速提升阶段。与世界上其他国家相比，中国的城市化和经济增长是协

[①] 周战强，乔志敏. 工业化、城镇化与农业现代化[J]. 城市发展研究，19，(10)：12-15.
[②] 徐宪平. 面向未来的中国城镇化道路[J]. 求是，2012，(5)：37-39.
[③] 李国平. 新型城镇化与收入倍增[J]. 河南社会科学，2013，21(7)：1-5.
[④] 李圣军. 城镇化模式的国际比较及其对应发展阶段[J]. 改革 2013，(3)：81-90.
[⑤] Pengjun Zhao. Too Complex to Be Managed? New Trendsin Peri-urbanisationand Its Planning in Beijing[J]. Cities，2013，(30)：68-76.

调的，中国的城市化速度是合适的。但是中国应该更加重视提升城镇化的质量而不是数量。①

2.3.2 小结

在农业现代化与工业化和城市化之间具有相当大的关联性。中外学者对这三者之间的关系进行了深入研究。而且，在中国城市化的发展速度、质量问题上，学者们也采用各种科学研究方法进行探索，其中涉及到产业政策、户口政策、城乡布局规划方法、公共服务配套政策等等。不管学者们的研究侧重点在哪里，不管学者们的研究结果有多大的争议，有一点是毋庸置疑的，即城镇化的发展速度及质量和国家经济发展的水平关系密切，与农村土地节约集约利用和城乡统一土地市场的建立也是紧密相关的。

2.4 地租地价理论

只有深入研究地租地价理论的起源及其最新发展，才能使城乡统一的建设用地市场的构建更科学和更合理，才能透析城乡统一建设用地市场的运行机制。地租和地价理论起源时间久远，理论体系分散而庞杂，但基本可以从总体上划分为西方经济学地租地价理论和马克思主义的地租地价理论两大板块。

2.4.1 西方地租地价理论

出生于17世纪的威廉·配第（W. Petty）是英国古典政治经济学创始人。他在《赋税论》中首次提出地租的概念，他认为地租是土地上生产的农作物在扣除土地耕种者生活所必需的收入之后所得的剩余。不同的土壤具有不同的肥沃程度，不同的土地耕种者具有的耕作技术水平也不同，土地与市场远近也不同，因此地租和地价因上述土地条件差异而出现数量上的差异。上述观点实际上体现了威廉·配第早已经认识到了地租的级差现象②。杜阁尔（A. R. J. Turgot）是法国重农学派代表人物之一，他为农业生产是财富的唯一

---

① Mingxing, Chena, Weidong Liu, Xiaoli Tao. Evolution and Assessment on China's Urbanization 1960—2010: Under-urbanization or Over-urbanization? [J]. Habitat International, 2013, (38): 25-33.

② 转引自毕宝德等. 土地经济学[M]. 北京：中国人民大学出版社，2005：321.

源泉。杜阁尔在《关于财富的形成和分配的考察》中指出，地租来自于农业中存在的特殊生产力。劳动者在利用土地的劳动过程中，能生产出超过自己劳动力再生产所需要的产品数量，这个多出来的部分是自然恩赐的"纯产品"，是对土地劳动者的赐予。这种"纯产品"是劳动者用自己的劳动向土地获取的，但最终将被土地所有者占有，这就是"地租"。[①]"土地纯产品"之所以能被土地所有者占有，原因在于法律制度对土地所有者赋予了这种权利，地租是法律规定的土地所有者的所有权在经济上的实现形式。在《国民财富的性质和原因的研究》(An inquiry into the Nature and Causes of the Wealth of Nations)中，亚当·斯密(Adam Smith)将资本主义社会的居民分为三类人，即工人阶级、资本家阶级和地主阶级。按照三种社会阶级的划分，居民的收入也被划分为三种类型：工人阶级的主要劳动收入被称为"工资"；资本家阶级的主要收入被称为"利润"；地主阶级的主要收入被称为"地租"。他认为地租来源于工人的无偿劳动，是工人使用土地而向拥有土地所有权的地主阶级支付的报酬，地租是一种垄断价格[②]。亚当·斯密并没有明确提出"绝对地租"的概念，但他关于地租的论述表明他认为绝对地租是存在的。大卫·李嘉图(D. Ricardo)是英国古典政治经济学的集大成者，在《政治经济学与赋税原理》中，他认为地租是因为土地的所有和土地的使用归属于不同的人而产生的，是因为土地使用者占用土地而产生的，土地使用者为占用土地而必须以利用土地所获得的收益中的一部分向土地所有者进行支付。大卫·李嘉图不承认存在绝对地租，但是他从地租产生的两个条件进行分析，进而提出了级差地租思想。他认为自然界中土地数量非常有限，因此土地资源的供给弹性非常小。同时，土地还有肥沃程度的差异和地理位置的差异。土地因肥沃程度和位置的差异而形成了优、中、劣等地的区别。土地产品的价值是由劣等地的生产条件决定的。优等地或中等地的土地产品的总收益高于劣等的土地产品总收益的部分，则形成了超额利润。这就是级差地租产生的由来。[③] 马克思认

---

① 转引自毕宝德等. 土地经济学[M]. 北京：中国人民大学出版社，2005：321.
② (英)亚当·斯密. 国民财富的性质和原因的研究，上卷[M]. 北京：商务印书馆，2008：240-244.
③ 转引自毕宝德等. 土地经济学[M]. 北京：中国人民大学出版社，2005：322.

2 理论范畴及文献综述

为詹姆斯·安德森(J. Ansell)是现代地租理论的真正创始者。他认为相同的土地产品在市场上能以相同的价格销售,这是形成地租的前提条件。但是詹姆斯·安德森仍然不认为存在绝对地租。他认为级差地租Ⅰ是由土地肥沃程度不同而产生的,级差地租Ⅱ是由租地的农场主通过投资和劳动导致土地生产力长期提高而产生的。[①] 杜能(J. H. Thünen)是德国著名的农业经济学家,他是农业区位理论的创始人。他认为地租与土地区位存在紧密关系,提出了区位地租思想。某种产品在中心市场的价格与该产品在原产地价格的差应该等于原产地至中心市场运费。也即原产地产品的价格加上原产地到中心市场的运费,等于该土地产品在中心市场的价格。原产地到中心市场的运费就是区位地租。诺贝尔经济学奖获得者保罗·萨缪尔森(P. A. Samuelson)认为,地租是土地使用人向土地所有人为利用土地进行生产所支付的代价或报酬。在土地供给数量固定的情况下,地租量的大小由土地的需求量决定,土地需求者之间的竞争越激烈,地租量越高。[②] 保罗·萨缪尔森的地租理论直接体现了以市场供求竞争决定价格的思想。

阿尔弗雷德·马歇尔(Alfred Marshall)是新古典学派和现代地价理论的创始人。他认为,土地、资本和劳动是生产的三要素。地租由土地的"原始价值"、个人对土地进行改良和投资产生的"私有价值"和社会经济发展带动土地价值增值而产生的"公有价值"三个部分构成。他认为土地的稀缺性是产生地租的原因。所有地租都是稀有地租和级差地租,同时他还提出了准地租的概念。因为土地不能由人生产出来,因此没有生产费用和供给价格。以边际效用价格理论为基础,他认为土地的价格由土地的边际收益量决定。在完善的市场机制中的供给和需求共同作用下,成本、价值和价格将达到均衡,从而形成均衡的市场价格[③]。萨缪尔森(P. A. Samuelson)认为,土地的市场供给和市场需求的共同作用决定土地的价格。但是土地的自然供给是无弹性的,因此土地价格主要由土地需求决定,土地需求量越大,土地价格越高。他认为,土地的需求是一种引致需求,土地使用者因为生产和生活的需要才对土地产

[①] 转引自毕宝德等. 土地经济学[M]. 北京:中国人民大学出版社,2005:323.
[②] 转引自毕宝德等. 土地经济学[M]. 北京:中国人民大学出版社,2005:323.
[③] 转引自毕宝德等. 土地经济学[M]. 北京:中国人民大学出版社,2005:350.

生了需求。① 弗·冯·维塞尔(F. V. Wieser)从分析土地和资本的关系入手,阐述了其土地价值观。他认为,土地价值或土地价格实际上是靠资本利率才得以进行估价。土地和资本的交换,实际上是土地和资本各自的租金数额的相互交换。资本利率是土地和资本可以等价和比较的中间媒介。弗·冯·维塞尔的土地价值观其实表达了利用资本利率计算土地价格的思想。② 伊利认为,土地的收益大小决定了土地的价值大小,土地收益是土地价值的基础。土地的售价也称为土地的资本价值,这个价值是土地预期年收益的资本化。③

2.4.2 马克思的地租地价理论

马克思认为超额利润转化为地租。他在《资本论》(第三卷)中用了十一章的篇幅系统阐述其地租地价理论。其中,他用了将近七章的篇幅阐释了绝对地租理论。同时他还阐释了绝对地租、建筑地段的地租、矿山地租以及资本主义地租产生的条件。归纳起来,其理论观点大致如下④:

马克思认为,经营较优土地的农业资本家获取的超额利润形成了资本主义级差地租,但是这个超额利润最终却归土地所有者占有。由于这种超额利润形成的地租与土地等级相关,因此被称为级差地租。级差地租产生的源泉是工人阶级创造的剩余价值。级差地租是产品个别生产价格与社会生产价格的差额。自然力是产生级差地租的自然条件和基础,但不是其产生的原因。土地的有限性导致了土地的资本主义经营垄断,这是级差地租产生的原因。根据级差地租形成条件的不同,马克思把级差地租分为级差地租Ⅰ和级差地租Ⅱ。级差地租Ⅰ是指由土地肥力和位置差异而产生的超额利润转化而成的地租;级差地租Ⅱ是指由于在同一块土地上各个连续投资劳动生产率的差异而产生的超额利润转化而成的地租。由于土地的稀缺性,土地耕种者通常会对土地进行连续投资或者寻找新的更劣等的土地进行耕种和利用,由此形成了新的产品社会生产价格,因此最坏耕地也能产生超额利润,从而最坏耕地也存在级差地租。

---

① (美)萨缪尔森. 经济学(中)[M]. 北京:商务印书馆,1986:254.
② (奥)弗·冯·维塞尔. 自然价值[M]. 北京:商务印书馆,1987:202.
③ (美)伊利等. 土地经济学原理[M]. 北京:商务印书馆,1982:223-225.
④ (德)卡尔·马克思. 资本论,第三卷[M]. 北京:人民出版社,1975:693-904.

2 理论范畴及文献综述

马克思认为,在资本主义社会,无论租种好地还是坏地,都必须交纳地租。不管租种什么样的土地都必须交纳的地租,就是绝对地租。马克思还分析矿山地租和建筑地段地租。他指出,真正的矿山地租的决定方法,和农业地租完全一样。但是某些稀有矿产品是按照高额的垄断价格出售的,由垄断价格产生的超额利润,会以垄断地租的形式落入矿山所有者手中。建筑地段地租也包含级差地租、绝对地租和垄断地租。建筑地段的垄断地租是因为其位置特殊性而产生的垄断。因为城市土地随着社会经济的发展而变得逐渐稀缺,垄断地租则占据了建筑地段地租的绝大部分。

马克思认为,地租的资本化即为土地的价格。他指出,没有经过开垦的土地不具有价值,因为未开垦过的土地没有凝结人类的物化劳动。天然土地因为不是劳动产品,所以没有价值。他同时指出,土地的购买价格实际上是对地租的购买价格。土地所有权借以实现的经济形式是占有地租,而地租的产生和占有又以土地所有权的存在为前提。土地价格公式可表示为:土地价格=地租/土地还原利率。[①]

2.4.3 国内外研究现状

曲福田、冯淑怡等(2001)认为,农地非农化的速度过快是由国家土地征用制度造成的。土地征用价格过低导致了农地非农化需求大大增加。各利益主体从过低的农地征用价格和市场价格的差异中分享了大量经济利益。而农民在失去具有经济保障功能的土地后,根本得不到合理的价格补偿和生活保障。这种经济利益分配反差使农民与政府和乡村干部产生矛盾,从而导致出现社会不稳定和不和谐因素。[②] 李建建(2002)认为,土产是由土地物质和土地资本结合的固定资产,土地构成的二元性决定了土地价格的二元性,即土地价格由土地资源价格和土地资本价格构成[③]。朱奎(2006)认为,马克思的地租模型是一个局部的均衡分析,缺乏对非农用地地租问题的系统分析,其地租模型是特定历史条件下的产物。相对较低的农业资本有机构成和地权流转等

[①] 转引自毕宝德等.土地经济学[M].北京:中国人民大学出版社,2005:349.
[②] 曲福田、冯淑怡等.土地价格及分配关系与农地非农化经济机制研究——以经济发达地区为例[J].中国农村经济,2001,(12):54-60.
[③] 李建建.试论土地构成与土地价值[J].发展研究,2002,(10):8-10.

因素一旦发生变化，马克思地租模型结论便需要重新审视。[①] 靳涛（2008）认为，财政分权下的地方政府竞争使中国的经济增长保持在高增长水平，但是这种地方政府干预下的投资推动型增长方式并不是一种高效和集约的经济增长模式。地方政府以行政方式取代市场，人为压低工业土地的价格，扭曲了土地要素价格形成机制、牺牲了地方政府财政支出平衡并降低了社会福利水平。[②] 谭永忠等（2009）认为，城中村问题是地方政府、集体经济组织和村民共同追逐土地租金剩余的结果，相关利益主体的选择是理性的；城中村土地租金剩余的产生，根源于城乡土地二元分割的管理制度。应通过逐步建立城乡统一的建设用地市场，以市场机制配置土地资源，真正让农村集体所有的土地和城市国有土地实现"同地、同权、同价"。[③] 李明月、史京文（2010）认为，实行区片价补偿的制度创新并未改变地方政府的土地财政特性。区片价补偿制度安排的缺陷在于区片价是由政府主导制定的，行政化因素大大超过市场化因素。从长远看，应该取消区片价制度，而改为以市场价来对农民进行补偿。[④] 赵松、肖晓俊（2012）的研究表明：地价变动与多数宏观经济指标呈显著相关性，与土地供应量相关性较弱，甚至出现逆规律性。资本变动主导居住用地市场，土地供应调控作用的发挥需全方位考量和多因素配合。[⑤] 兰宜生、郭利平（2012）认为，东、中、西部土地出让金高低差异是由级差地租引起的。为了抑制地价和房价的过快上涨，中央应该对全国范围内形成的级差地租收取一定的比例用于再分配。[⑥] 在研究对比了"限地价，竞配建"挂牌方式和"定配建，竞地价"招标方式之后，赵娅（2012）认为：在限制拍卖起始价的前提下，结合"溢价率超50%需上报"的规定，"限地价，竞配建"方式可有效控制

---

① 朱奎. 农业与非农业地租的动态均衡分析[J]. 上海财经大学学报，2006，8(6)：71-76.
② 靳涛. 引资竞争、地租扭曲与地方政府行为——中国转型期经济高速增长背后的"不和谐"分析[J]. 学术月刊，2008，40(3)：83-88.
③ 谭永忠等. 城中村问题产生的微观动因——基于对"土地租金剩余"的分析[J]. 中国土地科学，2009，23(7)：4-8.
④ 李明月，史京文. 征地区片综合地价补偿制度创新研究[J]. 宏观经济研究，2010，(8)：58-60.
⑤ 赵松，肖晓俊. 宏观框架下的地价影响因素分析[J]. 中国土地科学，2012，26，(9)：4-11.
⑥ 兰宜生，郭利平. 我国东中西部大城市土地出让金体现的级差地租问题研究——以上海、郑州、西安为例[J]. 中国经济问题，2012，(1)：59-64.

2 理论范畴及文献综述

地价并促进保障房的开发;"限地价,竞配建"挂牌方式和"定配建,竞地价"招标方式是促进保障房建设的重要手段。地方政府若希望落实保障房建设,挂牌方式更好;若希望降低地价,招标方式更好。[1]曹飞(2013)认为,在快速城镇化过程中,政府的征地补偿是按照农地地租水平进行的,这个水平已大大低于市地生地价格。而相对于熟地出让价格,这个补偿水平就更小了,从而产生新的城乡"土地价格剪刀差",改革补偿标准就是要按照新的地租水平对农民进行补偿。[2]童列春(2013)认为,地租能推进农村集体土地的使用权进行流转,促进农村土地规模化经营。地租具有吸附效应,能够确保农民利益份额、有效实现农地资源利益和预先确定各方利益。我国农村的地租目前已经演变出很多类型,如反向地租、实物地租、融合地租、保底地租等。[3]

Truong Thien Thu 和 Ranjith Perera(2011)认为,越南胡志明市的土地和住房市场出现了过度投机的异常繁荣景象,这主要是因为政府实施土地双重定价政策导致的。为了刺激投资者热情从而促进经济发展,政府规定土地使用权拥有者必须以低于市场的价格把土地转让给土地开发者,而土地开发者在完成土地开发后却以市场价格出售土地给消费者。这导致了土地市场需求和供给的不平衡,因此导致了住房市场的过度投机。[4]StevenC.Bourassa(2011)利用特征价格模型研究了1978—2008年瑞士家庭的住房交易数据,得出结论:土地杠杆和其他因素共同作用决定住房价格。影响房价变动的主要影响因素包括建筑物的真实造价、真实人均GDP以及30-49岁人口的增长率等。其中,土地杠杆的变化又是引起建筑物的造价和人均GDP的变动的主要原因。[5]Dingsheng Zhang(2013)认为,导致中国目前过高的房价水平的真正原因主要有这几方面:一是政府对土地利用管制的严格限制,二是政府对全国

---

[1] 赵娅."限地价,竞配建"土地出让方式的理论分析与实证研究[J].中国土地科学,2012,26(11):27-32.

[2] 曹飞.从农地到市地的地租理论分析——兼对征地低补偿和高房价问题的思考[J].中国经济问题,2013,(1):35-42.

[3] 童列春.中国农村经济实现中的地租机制[J].农业经济问题,2013,(3):25-32.

[4] Truong Thien Thu, Ranjith Perera. Consequences of the Two-price Systemfor Landinthe Land and Housing Marketin Ho ChiMinh City, Vietnam[J]. Habitat International, 2011, 35: 30-39.

[5] Steven C. Bourassa. Land Leverage and House Prices [J]. Regional Science and Urban Economics. 2011,(41):134-144.

农业用地总量的控制。运用了一个简单的模型来分析这种人为控制政策对住房、农业和其他方面的影响效应。[①] SivalaiV. Khantachavana(2013)认为,如果中国政府允许农村土地使用权自由买卖,那么影响农民交易意愿、交易量、交易价格的因素主要有:生计选择、劳动替代因素、市场结构、土地产权保护力度、企业精神、政府机构和政治因素等。[②]

2.4.4 小结

地租和地价存在着因果关系,同时地价也受其他社会因素影响。学者们运用各种经济分析方法深入阐释了地租和地价之间的关系及其影响因素。地租和地价理论是土地市场的核心理论之一。创新和运用理论对现实进行分析研究,这对构建城乡统一的土地市场具有重要的理论意义和现实意义。

2.5 土地市场理论

2.5.1 土地市场一般理论

土地市场也因此不同于一般的商品市场。土地市场是一种要素市场,具有垄断竞争性质。在不同的历史时期和不同的社会制度中,土地占有形式也有不同。在奴隶社会,土地制度为奴隶主所有制度;在封建社会,土地制度为封建地主所有制度;在资本主义社会,土地为私有制,英国则为皇室所有制度,同时也存在少部分国家公有土地。除了土地所有权外,我们研究得最多的土地使用权及土地使用权土地市场的培育、完善以及深化改革等问题。不同的市场结构对应不同的资源配置方式,而高效集约利用土地资源,进行土地市场的完善与深入改革使其达到经济意义上的帕累托最优则是本书的主要研究目的。

根据土地权利层的不同,土地市场可以划分为土地一级市场、土地二级市场、土地三级市场。土地一级市场体现的是土地使用权的源极。土地为国家所有,土地由国家向土地使用者批租,出让一定年限的土地使用权及土

---

① Dingsheng Zhang. Increasing Returns, Land Use Controls and Housing Prices in China[J]. Economic Modelling. 2013,(31):789-795.

② Sivalai V. K hantachavana. On the Transaction Values of Land Use Rightsin Rural China[J] Journal of Comparative Economics. 2013,(41):863-878.

2 理论范畴及文献综述

的依法有限处置权。在土地二级市场上,土地开发商对土地进行经营开发,目的是在对土地开发经营后再将土地使用权转让给土地使用者。因此土地二级市场体现的是土地使用权的开发经营权。土地三级市场主要体现为终极土地使用权,土地使用权归最终的土地使用者。最终土地使用者也有对土地使用权的收益和转让权等。土地市场不仅仅包括以土地资源、商品为载体的主体土地市场,还要包括辅助性土地市场,如地产咨询业市场、地产金融与地产管理信托市场等,由此出现了为土地市场服务的土地使用权交易经纪机构、地价(房价)评估机构、贷款担保机构等等。

和其他商品市场一样,作为要素市场的土地市场,其主体也离不开土地需求方、土地供给方以及土地市场均衡等几大要素。然而土地市场的需求和供给却有自己的特殊性质。土地需求是引致需求,社会对土地需求的结构变动与量的扩张或收缩都是与国民收入、社会消费水平与结构演进相联系的,后者的变化引起前者的变化,在数量与内在联系上成为后者的函数。土地需求者是工商业者与居民。根据土地需求用地类型可分为工业用地、商业用地、农业用地、政府(事业)用地与居民用地等。在不同的社会制度中,各国大多都会根据不同地类型制定相应的用地政策。限于土地的稀缺性和不可再生性,从地球上土地总量来看,土地的供给无弹性。但是从土地用途方面看,土地用途可以在一定程度上相互转换,土地的供给具有弹性,但是弹性很小。在土地一级市场,土地的供给者是政府。土地二、三级市场的供给行为,是地产的直接销售、转让活动,其主体仍为地产商与居民,也包括一些工商企业的地产置换。可以建立一个二维坐标来表示地产市场的均衡与价格决定。土地市场需求曲线是条随地产价格或地租水平变动的向右下倾斜的曲线 D;土地市场供给曲线则是一条随价格水平或地租变动的向上倾斜曲线 S。两条曲线之交点决定了土地市场的均衡与价格水平(均衡价格),由 E 点表示,r_0 为均衡价格,L_0 为均衡成交量。如下图所示。

图 2-1

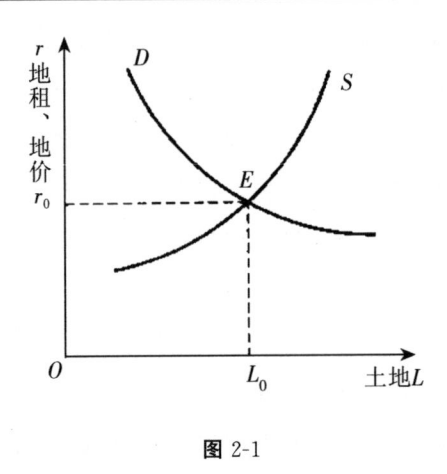

2.5.2 我国土地市场

我国目前处于社会主义初级阶段，土地所有制是两种所有制并存，即城镇土地归国家所有及农村土地归集体所有。我国土地市场是指土地使用权出让和转让市场，而非所有权市场。而且所有权的转移是单向进行的，即只有集体所有的土地通过征用转变为国有土地，反之则受法律禁止。我国的土地市场改革历程可归纳为土地市场初步改革、土地市场的培育与完善以及土地市场改革深化。具体过程表现为：一是由全面行政划拨、无偿无期使用土地到部分有偿使用国有土地使用权的改革；二是行政划拨用地之外的土地使用权有偿有期的土地批租；三是国有土地的资产化运作，如企业股份制改造过程中的土地使用权折价入股，被兼并国有企业的土地资产清算等。依据《中华人民共和国土地管理法》(1986年通过，1988年修正，1998修订、2004年修正)的规定，城镇国有土地实行使用权出让、转让制度。农村土地不可直接进入国有土地使用权出让和转让市场，必须经过国家征用并变更土地所有权后方可进入。《土地管理法》的指导思想就是要严格保护耕地，严格控制建设用地，建立了土地用途管制制度。规定了一套高度集权的审批制度，土地用途、权属的转换都要经过审批。政府编制土地利用总体规划和年度计划，由政府来决定耕地保有量是多少，这些指标被层层分解下放到基层。《土地管理法》第5章第43条规定，任何单位和个人进行建设，需要使用土地的，必须依法申请使用国有土地。因此，我国现行的相关法律法规保证了政府对建设用地

· 34 ·

供应的垄断。但同时，我国土地市场一般可被划分为三个等级，即土地一级市场、土地二级市场和土地三级市场。土地一级市场是土地批租市场，由国家有偿出让国有土地使用权，这个市场完全由国家垄断。土地二、三级市场是一个相当活跃的市场，其在对调剂土地供求方面能发挥很大的作用，在二、三级市场中，土地使用者对土地使用权进行转让(含出售、交换、赠与)、出租、入股、抵押等[①]。二、三级土地市场具有显著的供求规律特征，土地价格受供求规律影响，土地的流通性逐渐加强，土地呈现出完全的商品属性。因此，二、三级土地市场结构就转化为垄断竞争市场或局部的完全竞争市场。

2.5.3 国内外研究现状

李慧中(1991)认为，扭曲的市场主要表现为卖方市场、割据市场、残缺的市场、竞争不充分的市场和失序的市场，这种扭曲的市场会导致分配不公[②]。黄贤金等人(2001)认为，我国农村土地市场可以分为农村土地所有权市场、农村土地使用权市场、农村四荒地拍卖市场、农村非农用地市场。而农村土地市场出现的主要问题有：政府行为与农村集体土地所有权的不安全性、集体土地分配制度与土地使用权的不安全性、农村地区社会保障体制的缺乏与农地产权的固定性、缺乏执行农地转包合同的有效机制、缺乏市场信息组织等[③]。曲福田(2002)认为，城市国有土地资源配置效率低下，城市国有土地低效利用和闲置等现象仍然大量存在，城市土地资产运营因受到了行政力量干涉而出现寻租行为，城市国有土地的市场发育还不完善。城市建设还在不断侵占耕地资源，降低了耕地资源保护政策的效率[④]。李娟，吴群(2006)等认为，土地市场成熟度可以用如下指标进行度量：土地资源市场化配置度、土地市场供需均衡度、土地市场价格灵敏度、土地市场竞争度、配套机制完善度。其中，市场化配置度指标包括以下几个小指标：土地有偿使用率、土地公开出让率、工业用地公开出让率、土地二级市场活跃度。土地市场供需均衡度包括这几个小指标：土地闲置率、中等收入家庭住房匹配率、房价收入

---

① 周诚. 土地经济学原理[M]. 北京：商务印书馆，2003：291.
② 李慧中. 市场、价格与分配不公[J]. 上海经济研究，1991，(5)：64-69.
③ 黄贤金等. 中国农村土地市场运行机理分析[J]. 江海学刊，2001，(2)：9-15.
④ 曲福田. 城市国有土地市场化配置的制度非均衡解释[J]. 管理世界，2002，(6)：46-53.

比、供地率。配套机制完善度包括土地金融深化度、土地税收弹性系数。[1] 叶剑平等人(2006)认为,我国农地市场发育还处于初级阶段并具有显著的区域差异性。产权和制度因素是制约中国农地流转市场发育的主要因素。合同签订规范与发放承包经营权证书能够促进农地流转市场的发展。农户家庭人口数、非农人口比例、农民受教育程度以及区位条件等也是显著影响农地流转市场发育的因素。[2] 张合林、郝寿义(2007)认为,我国土地市场可划分为农村土地市场、征地市场和城市土地市场。我国土地管理制度结构具有五种二元特征:一是城乡土地产权二元,二是城乡土地用途二元,三是城乡土地市场二元,四是城乡土地价格二元,五是城乡土地规划和管理二元。[3] 付光辉(2008)等认为,构建城乡统一土地市场是城乡统筹发展的必然选择,当前应改革城乡分割的制度性障碍。大力建设和完善土地征用市场、国有土地流转市场、集体土地使用权出让市场和城乡统一居住用地市场。[4] 赵珂等人(2008)的研究发现,我国各地土地市场的发育水平并不是和我国东、中、西部经济发展水平梯度相类似。政策导向对我国城市土地市场的发育起到很大作用。我国土地市场培育应该注重土地市场发育的自发性和政策性相结合,加强土地市场的外部环境建设,如加强投资环境、金融以及法律环境的建设等。[5] 李慧中(2009)认为,通过市场机制的作用,把土地资源配给最有效率的使用者是我国土地市场改革的核心内容之一。我国经济的增长不能靠扩张建设用地规模,而应该靠转变经济增长方式[6]。李永乐、吴群(2009)的研究结果表明,我国 90% 以上省份处于转型期土地市场经济阶段,土地市场化水平正在不断提高;土地市场发育与农地非农化之间呈负相关关系;土地资源市场化配置

---

[1] 李娟、吴群. 土地市场成熟度及其量度体系研究[J]. 理论探讨, 2006, (11): 12-14.

[2] 叶剑平等. 中国农村土地流转市场的调查研究——基于 2005 年 17 省调查的分析和建议[J]. 中国农村观察, 2006, (4): 48-55.

[3] 张合林, 郝寿义. 城乡统一土地市场制度创新及政策建议[J]. 中国软科学, 2007, (2): 28-39.

[4] 付光辉等. 论城乡统筹发展背景下城乡统一土地市场构建[J]. 中国土地科学, 2008, 22(2): 36-41.

[5] 赵珂等. 我国土地市场发育程度测算与实证研究——以东、中、西部为例[J]. 经济地理, 2008, 28(5): 821-825.

[6] 李慧中. 保增长亦需控制建设用地[J]. 中国地产市场, 2009, (9): 20-21.

2 理论范畴及文献综述

对于农地非农化的抑制作用还不高。1999—2005年，全国因土地市场发育而得到抑制的农地转为建设用地数量为25624.79 hm²，占农地转为建设用地总量的1.76%。[①] 曲福田、陈志刚(2010)等认为，中国快速的工业化、城镇化进程已引发了一系列农村土地问题，农村耕地资源大量损失、土地质量急剧退化、土地利用效率低下、农民土地权益受损。这些问题产生的诱因在于土地制度的缺陷、政府管理的不善和市场发育滞后等三大方面。解决当前农村土地问题的基本思路为：完善农村产权制度，深化征地制度改革；规范政府职能；培育土地市场体系和加强法律体系建设等。[②] 杨元庆、刘荣增(2011)认为，目前我国正处于经济体制变革的社会转型时期，社会中的利益主体多元化，社会中的利益关系和利益格局处在剧烈调整中。地方政府的职能在这个过程中逐渐紊乱，他们积极地充当市场利益主体，兼具政府人属性和经济人属性。整治当前土地市场的秩序，最根本的就是去除政府的经济人属性，让政府由投资型政府转变为服务型政府。[③]

Songqing Jin 和 Klaus Deininger(2009)认为，在农村经济结构变动过程中，土地从缺乏劳力的家庭或者从事工商业的富裕家庭转移到农村劳动力更多的贫穷家庭，将有利于提高农村闲置土地的利用效率和提高农地的生产率。影响土地市场参与度的因素由交易费用和个人的能力决定。[④] Klaus Deininger 和 Sara Stano 等(2012)认为，阿尔巴尼亚当前的土地制度避免了经济过渡时期引起经济危机和社会动乱，其受到土地过于细碎而降低农村社会生产率的批评没有依据。实际上还有大约10%的土地被弃耕。农村的土地是由法律和政治制度以及农村土地登记制度不完善引起的。因此，整理合并土地并不是提高农村土地生产力的主要方法。[⑤] Nesru H. Koroso 和 Paul van der Molen

---

[①] 李永乐、吴群. 土地市场发育与农地非农化——基于省际面板数据的估计与测算[J]. 中国土地科学，2009，23(11)：45-49.

[②] 曲福田、陈志刚. 工业化、城镇化进程中的农村土地问题：特征、诱因与解决路径[J]. 经济体制改革，2010，(5)：93-98.

[③] 杨元庆、刘荣增. 土地财政与土地市场管理[J]. 城市问题，2011，(3)：87-90.

[④] Songqing Jin, Klaus Deininger. Productivity and Equity Impacts from China[J]. Journal of Comparative Economics，2009，(37)：629-646.

[⑤] Klaus Deininger et al. Land Fragmentation, Cropland Abandonment, and Land Market Operation in Albania[J]. World Development，2012，40(10)：2108-2122，2012.

(2013)等调查研究了中国城市土地使用权转让是否符合优秀管理原则,特别是在国家起主导作用的地方。研究结果表明,与城市土地转让相应的管理体系水平在逐渐提高,制度改革导致了20世纪80年代末期以来的公平、效率和信息公开等指标水平稳步提升。但是,土地市场还存在着公平问题、利益分享问题、腐败问题和征地问题等。并且,城市土地市场的效率和效益不是靠改变土地所有制度来解决,而是应该依靠改进管理体系来解决。[①]

2.5.4 小结

土地市场属于要素市场,其在国民经济发展中起举足轻重的作用。在现阶段,应该培育和完善市场体系,特别是要培育农村土地市场,完善城市土地市场,让市场机制在土地资源配置中起重要作用。同时,消除农村土地市场发展当中的障碍因素,消除农村和城市土地市场之间存在的二元鸿沟,探索建立城乡统一的土地市场,特别是要建立城乡统一的建设用地市场。使农村居民和城市居民享受同等的土地权利束,从而使社会公平正义和土地资源的集约最优配置相结合,促进国家经济快速发展和社会和谐发展同步进行。

2.6 产权经济学理论

2.6.1 经典产权经济学理论

20世纪50年代,产权学派逐渐兴起。产权学派对新古典经济学的某些根本缺陷进行批判,逐步形成了产权经济学。产权经济学又称为新自由主义经济学、新制度经济学或新政治经济学。产权经济学主张产权的明晰性和倡导自由竞争,认为产权制度是社会根本的经济制度,市场机制只有在产权明晰的基础上才能最大限度发挥资源配置和调节功能。产权经济学通过对产权结构调整和优化、产权激励机制的研究,来探讨不同产权结构对资源配置效率的影响状况;同时研究如何通过界定、变更和确定产权结构,达到降低交易成本、提高经济效率和实现资源配置最优的目的。[②]

人与物的关系是产权关系的表面现象,产权不仅仅是简单的物与人的归

---

① Nesru H. Koroso, Paul van der Molen. Does the Chinese market for urban land use rights meet good governance principles? [J]. Land Use Policy, 2013, (30): 417-426.

② 李明义,段胜辉. 现代产权经济学[M]. 北京:知识产权出版社,2008:1.

2 理论范畴及文献综述

属关系，人与人的关系才是产权关系的本质所在。产权是一种动态的行为权利，同时也是一种经济性质权利。不同的人对产权有不同的理解。菲吕博腾和配杰威齐认为，"产权不是指人与物之间的关系，而是指由物的存在及关于它们的使用所引起的人们之间相互认可的行为关系……产权安排确定了每个人相应于物时的行为规范，每个人都必须遵守他与其他人之间的相互关系，或承担不遵守这种关系的成本。"①《牛津法律大辞典》认为：产权"亦称财产所有权，是指存在于任何客体之中或之上的完全权利，它包括占有权、使用权、出借权、转让权、用尽权、消费权和其他与财产有关的权利"②。配杰威齐指出，"产权是因存在着稀缺物品和其特定用途而引起的人们之间的关系。"③

产权是一种权利束，它不等于狭义所有权。它可以分解为所有权、使用权、支配权、占有权等。这几种权利可分可合，共同构成产权的基本内容。其具体含义如下：

所有权是权利束里面最根本的权利，指客体归产权主体所有，产权主体拥有法律赋予的排斥别人对其拥有的客体进行侵夺的权利。从所有权可以派生出诸如使用权、占有权、处置权、出租权、收益权、抵押权等其他权能，这些其他权能可以分开行使并进行让渡。

占有权，指法律赋予主体实际占有、控制和管理客体的权利。占有权是实现资产使用权和处分权的前提，也是行使所有权的基础。占有权一般与所有权合而为一，但有时占有权也可与所有权分离，占有人并非是所有人。

处置权是指依法对物进行处置的权利。处置权是最重要的权利，处置权的行使可使所有权、使用权、占有权、收益权等转移让渡给他人，可以依法改变所有物的任何物理或者经济归属状态。

使用权是指不改变物的经济归属状态而依法对物进行利用的权利。使用权可以和所有权合而为一，也可以和所有权分开行使。使用权是权限比较小的权利，使用人不拥有对他人财物进行转租、出售、收益等权利。

---

① （美）菲吕博腾，配杰威齐. 产权与经济理论：近期文献的一个综述[M]. 上海：上海三联书店，1994：204.
② （英）戴维 M. 沃克. 牛津法律大辞典[M]. 北京：北京出版社，1988：729.
③ 刘伟，李风圣. 产权通论[M]. 北京：北京出版社，1998：9-10.

产权权利束决定了产权具有以下几种基本特征：

一、产权具有排他性

德姆塞茨指出，产权的排他性，是指决定谁在一个特定的方式下使用一种稀缺资源的权利。除了所有者之外没有其他任何人能够坚持使用资源的权利[①]。

产权具有排他性，才能把经济行为的效益和成本进行内部化，才能使财产所有人对自身作出的行为决策产生确定的预见性。产权具有排他性才能对财产所有者产生激励作用。与产权排他性相关的特性则是产权的明晰性。只有产权明晰，产权才具有排他性。模糊的产权不可能具有排他性。

二、产权具有可让渡性

产权的可让渡性又称为产权的可转让性。是指产权权利束可以整个完全让渡给他人或者部分让渡给他人。财产产权具有可让渡性，才能使财产的价值最大化。任何法律上或事实上对产权转让的任何限制都会降低财产的价值。效率是产权转让的实质。财产产权从低效人的手中转移到高效人的手中，才能更好利用财产，才能发挥财产的最大潜能，整个社会的效率才会大大提高。

三、产权具有不完备性

产权包括与资源利用相关的所有权利，这些权利构成了附加在产品或服务上权利束。任何权利都要受到限制和约束，都不可能是无限制的，这就是产权不完备性的涵义。经济学家阿尔奇与卡塞尔提出了"所有制残缺"的概念。所有制残缺是因为产权权利束中一些私有权被代理者删除，因为代理者（国家）获得了允许其他人改变所有制安排的权利。[②] 生活中完备的产权只是理想状态，但是追求完全产权和向完全产权靠近才能促进市场交换效率的提高。

四、产权具有可分割性

产权的可分割性，是指产权权利束中的各项产权权能可以被分割开，并分属于各个不同的经济主体。产权权能的分离使产权更易于流动和交换，增强了产权的资源配置功能。这是产权制度的重大变革，对于现代企业制度的

---

① （美）德姆塞茨. 一个研究所有制的框架[M]. 上海：上海三联书店，1994：192.
② 卢现祥. 西方新制度经济学[M]. 北京：中国发展出版社，2003：165-166.

2 理论范畴及文献综述

完善和发展起了重大作用。

产权的上述特性决定了产权具有这几个功能：减少经济行为的风险和不确定性的作用、让外部成本和收益内部化的作用、配置社会资源的作用、对经济活动主体产生约束作用、对产权主体产生激励作用、分配收益的作用等。

2.6.2 国内外文献综述

贾生华(1996)认为，土地产权制度最核心的内容是所有权、使用权和这两权之间的相互关系。我国农村集体土地产权制度的优化和完善应该从这几方面入手：强化土地所有权约束，鼓励对土地的长期投资，允许土地使用权出让；推行农地联产承包责任制和社会化竞争承包制；乡镇集体土地实行有偿使用制度；农民宅基地按年收取费用，实行宅基地长期租赁使用制度。对于国家土地管理权力方面的改进表现为：约束国家土地征用权、强化土地规划权、尊重土地使用权和严格控制土地由农业用途转为建设用途的管制[①]。曹刚(2002)认为，所有权从宏观上研究则形成所有制理论，从微观上研究则形成产权理论。马克思所有制理论和西方产权经济学研究的领域和重点不同，但有很大的互补性。我国现阶段改革可借鉴西方产权经济学中关于制度安排促进效率提高的研究成果，完善和优化我国产权制度安排[②]。杨明洪、刘永湘(2004)认为，土地发展权是土地所有人将所有的土地变更用途而获取收益的物权。我国现行法律和政策法规压抑了农民集体所有土地发展权，因而造成了农民利益事实上的损害。农民作为理性经济人采用了可能的各种形式进行抗争，引起了社会不稳定因素。其提出了加强土地利用规划和提高征地补偿的政策建议等[③]。白暴力(2005)对我国产权研究中出现的误区进行了澄清，生产资料所有权及其作用应由所有权理论来研究，而不是由产权理论来研究。产权既属于历史研究的范畴，又属于经济研究的范畴。产权是一组经济权利

---

① 贾生华.论我国农村集体土地产权制度的整体配套改革[J].经济研究，1996，(12)：57-62.

② 曹钢.产权理论的历史发展与西方产权经济学在中国改革中的价值[J].陕西师范大学学报(哲学社会科学版)，2002，31(2)：5-16.

③ 杨明洪，刘永湘.压抑与抗争：一个关于农村土地发展权的理论分析框架[J].财经科学，2004，207(6)：24-28.

的集合，产权制度是由这一组经济权利的配置和组合而形成的[1]。钟昌标、李富强(2006)认为，我国经济制度安排对经济增长起到非常重要作用，政府对当前的经济增长起着决定性的作用，以经济增长为目标的政府治理能够实现我国最优的经济增长，我国经济制度安排是有效率的[2]。吴易风(2007)比较了科斯产权理论和马克思产权理论，认为马克思产权理论是世界社会科学史上第一个系统的和科学的产权理论，不能盲目夸大新制度经济学中科斯产权理论对我国经济建设的指导作用[3]。杜明义、赵曦(2009)认为，我国农民的土地权益受到损害的原因是农村地产权不完善和我国农村土地所有权虚化。产权不完善让农民土地权利大量被置于公共领域，出现了浪费社会财富的土地租值耗散[4]。曲福田、田光明(2011)认为，农村集体土地产权不明晰，导致了农村产权制度的激励约束功能、资源的配置功能的弱化或缺失。农民权益受到了严重的损害。目前必须进行土地制度创新，建立科学的土地产权体系，完善产权制度的各项功能[5]。成德宁等(2013)认为，我国农村土地产权分割配置不合理，农村土地产权主体不明确、产权关系不清晰。农村土地制度改革应该根据现代产权经济学理论的新发展，分割和配置农村土地产权，设计新的产权结构。具体从这几方面展开工作：实施农村土地的产权分割；实施农村土地的产权流转；实施农村土地的产权交易；促进农村土地的产权组合[6]。

Yani Lai(2014)等对深圳出现的城中村现象进行了研究，认为产权制度安排制约了城中村的健康发展，关键性的制度约束主要表现为国家行政征用土地的权力造成了土地所有权的不安全性、土地产权的不公平，导致了城中村土地信用贷款难、国家对集体土地交易的监控不到位等。上述制度约束导致

---

[1] 白暴力. 产权理论与产权制度改革的若干思考[J]. 福建论坛(人文社会科学版), 2005, (7): 70-74.
[2] 钟昌标, 李富强等. 经济制度和我国经济增长效率的实证研究[J]. 数量经济技术经济研究, 2006, (11): 13-20.
[3] 吴易风. 产权理论：马克思和科斯的比较[J]. 中国社会科学, 2007, (2): 4-18.
[4] 杜明义, 赵曦. 农地租值耗散与农民土地权益保护[J]. 贵州社会科学, 2009, 229(1): 89-94.
[5] 曲福田, 田光明. 城乡统筹与农村集体土地产权制度改革[J]. 管理世界, 2011, (6): 34-46.
[6] 成德宁, 侯伟丽. 产权经济学视角下我国农村土地产权结构问题研究[J]. 南都学坛(人文社会科学学报), 2013, 33(3): 105-111.

了城中村村民没有投资积极性，城中村基础设施建设落后，居住和生活环境差[①]。

Eugenia Chernina(2013)等对20世纪初期的俄罗斯托雷平的土地产权改革进行了研究，认为上述土地改革赋予了土地很大的流动性，是让俄国内部居民从欧洲土地移民到亚洲土地的主要原因。该研究证实了土地产权改革与国内内部移民意愿和数量有很大的相关性[②]。这对我国城市化进程中农村土地制度改革促使农村人口向城市移动有借鉴意义。

2.6.3 小结

产权制度作为社会根本的经济制度之一，其结构安排是否合理，是否具有显著的排他性，将决定其对市场经济主体是否有激励和约束作用。产权制度对于人与物、人与人关系的界定是否清晰，也直接影响到土地资源的配置效率，影响到社会经济主体的利益分配关系。因此，只有当一个社会的产权制度结构合理、产权明晰并具有显著排他性时，全体社会才会因为清晰的产权制度的保护而降低社会交易成本，社会资源才能得到优化资源配置，社会经济效率才能有效提高。

目前国内外学者对我国农村土地产权的负面评价占多数。农村土地产权最大的缺陷表现为集体所有制导致的土地所有权主体虚化。而且农村土地的产权体系很不健全，包括农村土地使用权、处置权和发展权等在内的各项产权权能受到了很大的压制。而且学者们早已意识到农村土地产权制度改革对于农村经济发展乃至整个国家经济发展都至关重要。对于农村土地产权制度改革建议，主要表现为这几个方面：

（一）建立科学的土地产权权利束体系，细致划分农村土地各项权利。

（二）强化农村土地产权的排他性，建立有效的约束和激励机制。

（三）强化土地所有权约束作用，鼓励对土地的长期投资。

（四）在农村土地所有权与使用权相分离的基础上推动农村土地的适度规

---

① Yani Lai et al. Industrial Land Development in Urban Villages in China: A Property Rights Perspective[J]. Habitat International，2014，(41)：185-194.

② Chernina E. et al.，Property Rights, Land Liquidity, and Internal Migration[J]. Journal of Development Economics (2013)，http://dx.doi.org/10.1016/j.jdeveco.2013.03：010

模经营。

(五)赋予农村土地产权的可让渡性和流动性,增加土地资产的价值。特别是应该从法律上赋予农村集体建设用地使用权依法出租、转让、抵押的权利。

(六)尊重农民集体的土地所有权和使用权,以法律制度约束国家土地征用权。国家对农村集体土地的补偿应该以市场化公平价格进行补偿。

2.7 制度变迁理论

2.7.1 经典制度变迁理论

不同的学者对制度有不同的理解,那么制度也就没有统一的定义标准。舒尔茨认为,制度应该被定义为规范社会和人行为的规则,这些规则包括政治、经济和社会行为准则或规范。例如管束结婚与离婚的规则,支配政治权力的配置与宪法中所包含的规则,确立由市场资本主义或政府来分配资源与收入的规则等[1]。诺斯认为,制度是一系列被制定出来的规则、守法秩序和行为道德、伦理规范,它旨在约束主体福利或效应最大化利益的个人行为[2]。同时他也认为,社会制度是一个社会的游戏规则,更规范地说,它们是为决定人们的相互关系而人为设定的一些制约[3]。

制度作为对社会成员具有普遍效力的规则,以其自身的约束和激励功能规范着社会经济主体的行为,使人的行为变得具有预见性并防止出现侵害他人权利的个人机会主义行为出现。诺斯还认为,社会制度是一种社会博弈规则,是人们所创造的用以限制人们相互交往的行为框架[4]。

制度可以分为非正式制度和正式制度。非正式制度,是在人类社会历史演化过程中逐渐形成的风俗、习惯、伦理、道德等存在于某些社会群体大脑意识内的行为规则,其不具有法律强制性,但深入人心并影响深远。非正式制度在很大程度上影响到正式制度的执行效力。正式制度是指统治者依靠其

---

[1] (美)舒尔茨.制度与人的经济价值不断提高[M].上海:上海三联书店,1994:253.
[2] (美)诺思.经济史中的结构与变迁[M].上海:上海三联书店,1991:225.
[3] (美)诺思.制度、制度变迁与经济绩效[M].上海:上海三联书店,1994:3.
[4] 卢现祥.西方新制度经济学[M].北京:中国发展出版社,2003:38.

暴力优势人为制定的一系列法律和法规。正式制度以明文规定的形式要求社会居民必须遵守，具有法律强制性。如果社会成员违反了正式制度，将受到法律的惩罚。因此正式制度具有不可侵犯的权威性。

随着社会的发展，制度也要发展，制度的发展则是制度的变迁。制度变迁就是新制度替代旧制度并展现其新的生命力和创建新的历史功绩的过程。新制度经济学认为，具有创新意义和创新能力的有效组织是制度变迁的关键。制度变迁的方向和目标主要受到有效组织和企业家的利益最大化活动的影响。而制度变迁的原因是相对价格和偏好随着社会的发展逐渐发生了变化，因此在原有制度之外产生了外部利润。当社会经济主体把存在于原有制度之外的利润内部化之后，则完成了制度变迁。诱致性制度变迁和强制性制度变迁是制度变迁的两种类型。这两种制度变迁在现实中常常交叉进行，相互促进，无法完全分割开。

诱致性制度变迁是指社会团体被制度不均衡所产生的外部利润所引诱和吸引而进行自发性的制度创新变迁。强制性制度变迁则是指统治者出于自身偏好、利益和社会福利最大化考虑，通过创立新的正式政策和修订国家相关法律制度从而强制性推动某种制度的施行的制度变迁方式。只有当强制性制度变迁和诱致性制度变迁的方向和目标一致时，制度变迁的成本才最小，制度变迁将最有效率。

收益递增和不完全的市场决定了制度变迁的轨迹变化。收益递增会让制度变迁产生自我强化机制，这种强化作用甚至会导致制度变迁轨迹进入某种错误路径而难以改变，错误路径通常呈现出锁定状态。路径依赖是制度变迁的重要特性。路径依赖是指制度具有惯性和惰性，制度一旦进入某种发展轨迹，不管这种发展轨迹是好还是坏，其发展轨迹很难被改变。现存制度中形成的既有利益集团通常会阻止制度的变迁，这是制度很难被改变的另一个原因。诺斯路径依赖Ⅰ是指：当某种制度发展轨迹建立起来后，各种外在性因素、组织的学习过程和主观模型都会强化这种轨迹。有效的制度变迁轨迹将允许组织进行各种制度变迁试验，建立制度变迁反馈和调节机制，从而对组织的产权进行有效保护。有效的制度变迁将引致长期性的经济增长。诺斯路径依赖Ⅱ是指：如果制度在起始阶段带来收益递增，因为市场不完全和无效组织的存在,制度将随着社会各种要素的发展变化而逐渐对生产活动造成阻碍,还会产生与现有制度共存共荣的政治组织和利益集团。这些利益集团或政治组织不但不愿意改变低效的制度,他们还将努力加强这种低效的制度。要想打破这种无效的制度变迁轨迹,只有引入强有力的制度改革外生变量。[①]

制度变迁理论还提出了几个重要概念:初级(第一)行动集团、次级(第二)行动集团和诺斯悖论。初级(第一)行动集团是一个积极进行创新的个人或者决策单位,他们最先发现原有制度安排之外存在收益,只要改变现有制度,就可以获取收益。他们是制度的策划人和积极推动人。次级(第二)行动集团是制度变迁的实施者。他们因为帮助第一行动集团进行制度变迁而参与制度变迁所创造收益的分配过程。诺斯悖论是指,一方面国家权力是保护个人权利的最有效工具,国家希望提高社会生产力和改变对生产力造成损害的无效产权制度安排,希望增加社会总福利水平;但是另一方面,国家总是想获取最大程度的垄断租金,国家权力又是个人权利最大和最危险的侵害者,国家又成为低效制度的长期维护者[②]。

2.7.2 国内外文献综述

杨瑞龙(1998)认为,地方政府可以被认为是具有独立经济利益的政治组织,地方政府是国家权力中心的制度供给与微观主体的制度创新需求之间的沟通桥梁。它可以突破权力中心的制度创新进入壁垒,使权力中心的垄断租金最大化与保护有效率的产权结构之间达成一致,形成中间扩散性制度变迁。那么计划经济国家向市场经济国家转变的路径是,由供给主导型制度变迁方式逐步向中间扩散型制度变迁方式转变,然后转为需求诱致型制度变迁,最后全面完成经济制度变迁[③]。温铁军(1999)认为,必须对农村基本经济制度进行改革,明晰农村各类经济主体的财产关系。同时还要明确村社集体经济组织和农户不同的经济主体地位。在工业化和现代化进程中,中国社会经济的二元结构制约了经济社会的发展,中国面临着一个两难问题:即在完成工业

---

① 卢现祥. 西方新制度经济学[M]. 北京:中国发展出版社,2003:90.
② 卢现祥. 西方新制度经济学[M]. 北京:中国发展出版社,2003:93,94,195.
③ 杨瑞龙. 我国制度变迁方式转换的三阶段论——兼论地方政府的制度创新行为[J]. 经济研究,1998,(1):3-10.

2 理论范畴及文献综述

化资本原始积累的同时又必须承担起保护资源、环境和让农业可持续发展的重任[1]。贾志永(1999)认为,中央政府和地方政府在制度变迁中出现了"上有政策、下有对策"的博弈。原因在于中央政府和地方政府的利益或偏好不完全一致。在制度变迁中应该协调好中央政府和地方政府的关系,从而实现制度变迁的帕累托改进[2]。姚洋(2000)认为,农村土地制度是村庄集体决策的结果。农村土地调整会产生较大的谈判成本。维持地权的稳定性,可以提高村民的土地投资积极性,但是却降低了土地对村民的收入保险功能[3]。王小映(2000)认为,进行农村土地承包权物权化的制度变迁,要求国家建立法律法规,在诱致性制度变迁的基础上辅之以国家强制性制度变迁,从而促使农村土地承包权物化顺利实现。农村土地制度变迁要从稳定土地承包关系、完善农村土地制度立法、依法保障农民的土地权利、建立农村社会保障体系等方面入手[4]。张东辉(2001)等认为,农村起着市场化先导的作用,农业和农村是制度变迁的源泉,要重视农村的发展。各地经济发展差距的主要原因在于制度创新能力的不同[5]。夏大慰等(2001)认为,在我国市场经济制度改革中,政府规制适宜采用温和的方式进行[6]。张红宇等(2002)认为,中国农地制度变迁负担了很多国家政治目标要求和农业以外的社会经济发展要求,因此农地制度变迁不过是制度内部的调整,没有大的创新。只有消灭城乡和工农二元经济结构,才可能实现具有更大预期效益的农村土地制度创新[7]。胡小平等(2005)认为,土地私有化解决不了农民权益保护问题,土地股份合作制才是

---

[1] 温铁军. 半个世纪的农村制度变迁[J]. 战略与管理, 1999, (6): 76-82.
[2] 贾志永. 地方政府在制度变迁中的作用分析[J]. 西南民族大学学报(哲学社会科学版), 1999, 20(3): 158-160.
[3] 姚洋. 集体决策下的诱导性制度变迁——中国农村地权稳定性演化的实证分析[J]. 中国农村观察, 2000, (2): 11-18.
[4] 王小映. 土地制度变迁与土地承包权物权化[J]. 中国农村经济, 2000, (1): 43-49.
[5] 张东辉, 徐启福. 农业、制度变迁与经济转型:中国地区差距的一种解释[J]. 动岳丛论, 2001, 22(1): 78-80.
[6] 夏大慰, 史东辉. 市场经济条件下的政府规制:理论、经验与改革[J]. 上海社会科学院学术季刊, 2001, (4): 81-90.
[7] 张红宇. 农村土地使用制度变迁:阶段性、多样性与政策调整(二)[J]. 农业经济问题, 2002, (3): 17-23.

真正保护农民权益的土地经营权流转制度[1]。姜开宏等(2005)认为，农民和地方政府是集体建设用地流转的支持者和倡导者。在初始阶段，中央政府由于担心集体建设用地入市流转对耕地保护政策和城市国有建设用地市场带来冲击，并不支持对原有土地管理制度进行变迁；在制度变迁的第二阶段，中央政府在制度变迁中得到的收益大于制度变迁的成本，于是开始主动推进集体建设用地流转制度改革[2]。程世勇(2009)等认为，土地要素跨城乡配置的农村建设用地流转，让农村集体土地制度的深层次内部矛盾更为凸显。中国农村土地产权制度的变迁，应发展以股份合作制产权为代表的多元化模式[3]。袁铖(2010)认为，农村宅基地流转制度缺失严重制约着我国经济结构转型。宅基地使用权不可转让与农村住房所有权可转让相矛盾，农村宅基地物权与政府公权相矛盾。农村宅基地流转问题的现实选择是制定农地分区法和进行农村集体经济组织创新[4]。赵之枫等(2011)研究了空心村、城中村、小产权房等农村住房资源配置问题，对比分析了城乡二元住房制度，提出了变革农村住宅制度政策的建议[5]。郝团虎、姚慧琴(2012)认为，隐性补贴、城中村和物物交换是我国城市化进程中的诱致性制度变迁创新，诱致性制度变迁理论可以解释我国出现的农民工现象、农村工业化现象、城中村现象和靠人际关系找工作模式等独特的城市化发展路径[6]。

Klaus Deininger等(2013)在中国选取了六个省1200户家庭进行实证研究，发现农村居民难以退出农业是由于对土地进行调整导致的土地产权不稳定性引起的。土地确权颁证制度促进了农村劳动力暂时性向非农业领域转移。非农领域就业机会的持续增加将会使农村产权稳定性变得越来越重要，这也

---

[1] 胡小平，孔喜梅. 农村土地使用权流转与农民利益保护[J]. 经济学家，2005，(6)：39-43.
[2] 姜开宏等. 集体建设用地流转制度变迁的经济分析[J]. 中国土地科学，2005，19(1)：34-37.
[3] 程世勇，李伟群. 农村建设用地流转和土地产权制度变迁[J]. 经济体制改革，2009，(1)：71-75.
[4] 袁铖. 城乡一体化进程中农村宅基地使用权流转研究[J]. 农业经济问题，2010，(11)：57-61.
[5] 赵之枫，张建. 城乡统筹视野下农村宅基地与住房制度的思考[J]. 城市规划，2011，(3)：72-76.
[6] 郝团虎，姚慧琴. 我国城市化进程的现实表征及其制度变迁[J]. 改革，2012，221(7)：19-25.

是农村地区经济结构转换和可持续性经济吸引力增强的前提①。

2.7.3 小结

中外学者们从制度的定义、制度的功能、制度变迁的内在机制、制度变迁的类型等方面对制度变迁进行了全方位的研究和分析。社会制度变迁原因和过程非常复杂，学者们穷尽一生的智慧和精力对制度变迁规律进行了研究，对提高人类的认识和指导制度创新实践起了极其重要的作用。但是，对于制度变迁到底是自然演化的结果还是社会精英人为设计的结果这个问题，仍然没有定论，具有很大的争议性。马克思主义经济学认为，生产力决定生产关系，生产关系对生产力具有反作用力。马克思主义经济学的观点显然是从宏观方面对制度变迁理论进行了论述和分析，而西方制度变迁理论则更注重制度变迁的微观分析。很明显，马克思主义经济理论对上述问题的回答即社会制度变迁是自然演化的结果，这也和哈耶克的观点暗合。然而，在实践中，很难把制度的自然演化和人为设计分开，这就要求制度创新方面既要注重宏观形势的把握，又要注意微观层次的创新。培育有利于创新的制度环境和有创新精神的熊彼特意义上的企业家团体，他们是制度变迁的第一行动集团，能敏锐捕捉到旧制度之外的外部利润，积极进行制度创新，从而增大社会总福利水平。

对于我国城乡土地二元管理制度，学者们的观点也是批评的占多数。计划经济时期形成的城乡二元经济结构让我国农村土地制度变迁产生了路径依赖，给农村土地制度变迁带来了很大难度。城乡土地二元管理制度不能仅仅局限于农村内部的制度调整，特别是城乡统一建设用地制度的建立需要社会经济体制全面改革的配合，需要建立其他社会制度与城乡统一建设用地制度相配套和补充。

---

① Klaus Deininger et al. Moving of the Farm: Land Institutions to Facilitate Structural Transformation and Agricultural Productivity Growth in China [J]. World Development（2014），http：//dx.doi.org/10.1016/j.worlddev.2013.10：009

3 我国城乡建设用地制度现状分析：同一性、差异性及其成因

3.1 农村集体建设用地和城市国有建设用地的概念

《中华人民共和国土地管理法》第 4 条规定：建设用地是指建造建筑物、构筑物的土地，包括城乡住宅和公共设施用地、工矿用地、交通水利设施用地、旅游用地、军事设施用地等①。由此，笔者认为，农村集体建设用地是指权属为集体所有，用于建造建筑物、构筑物的非农建设的土地。农村集体建设用地可以分为四大类：农民宅基地、农村公共管理和公益事业用地、乡镇、村办企业用地（包括联营企业用地）和经依法批准的合法的其他建设用地和土地整理中的配套用地。其中，农村公共设施和公益事业建设用地包括乡、镇和村民委员会行政用地、农村道路、水利设施、医疗卫生、通信、敬老院、学校、幼儿园等。农村集体建设用地的使用和布局必须要符合镇（乡）村土地利用总体规划，而且要经过依法批准。

《中华人民共和国土地管理法》第 2 条规定：中华人民共和国实行土地的社会主义公有制，即全民所有制和劳动群众集体所有制。全民所有，即国家所有土地的所有权由国务院代表国家行使。结合第 2 条和第 4 条的规定，笔者认为，城市国有建设用地是由国务院代表国家行使所有权的用于建造建筑物、构筑物的土地。结合《中华人民共和国土地管理法实施条例》第 2 条规定，属于城市建设用地范围的土地主要包括这三类：一是城市市区的建设用地；二是农村和城市郊区中已经依法没收、征收、征购并用于建设的土地；三是

---

① 《中华人民共和国土地管理法》(1986 年通过，1988 年修正，1998 修订、2004 年修正、2019 年修正)

3 我国城乡建设用地制度现状分析：同一性、差异性及其成因

因自然灾害或者国家经济布局调整而引起的农村居民成建制地移民，因移民原因而空置出来的原农民集体建设用地。

城市国有建设用地和农村集体建设用地虽然都是用于建设的土地，都属于国家经济发展当中重要的要素资源，但是其包含的权利束却大不相同，根源于土地所有权的不同归属，因此其赋予土地使用者在土地使用权、发展权、收益处置权等子权利项上差异很大。从而人为导致了这两种所有权不同但是用途相同的土地资产价值大相径庭，导致城乡土地市场二元化分割局面出现。因此，有学者认为，农村集体所有土地的发展权从法律和事实上受到了严重压抑，隐形和灰色的建设用地交易市场的产生和出现就不足为奇了，农民作为理性的"经济人"就会以不同的方式作出反应甚至进行抗争[1]。科学合理、系统分析这两种建设用地的同一性、差异性及其原因，才能找到真正解决目前土地市场二元性的办法和措施。

3.2 城市国有建设用地和农村集体建设用地的同一性分析

3.2.1 两类建设用地的利用影响很难逆转

不管是城市国有还是农村集体所有的建设用地，都不直接用作农作物生产，都是为社会生产和经济发展提供场地和空间。因为农村的主导用地是农业用地，因此农村建设用地分布较分散，目前基本都和农用地混杂交错在一起。城市建设用地相当集中，大、中、小不同的城市具有的聚集效应对城市周边产生了不同的辐射效果，带动周边经济的发展。当土地由农业用地转变为建设用地后，因为某种原因想重新把土地变回农业用地，就比较难了。因为地面在硬化后损害了适应农业种植的土质层。而且由于土地上的建筑物拆卸也要耗费大量物力财力和人力。有些土地在开发前后土地条件变化非常巨大，比如修建地铁，地面和地下几十米的空间改观很大，要想复垦的难度就大了。建筑用地的利用效果对社会的影响很大，必须要经过科学合理的规划和可行性论证之后再开发利用。

---

[1] 杨明洪，刘永湘.压抑与抗争：一个关于农村土地发展权的理论分析框架[J].财经科学，2004，(6)：24-28.

3.2.2 两类建设用地相关产权权利都适用依法登记发证制度

《土地管理法》规定，土地的所有权和使用权的登记，依照有关不动产登记的法律、行政法规执行。依法登记的土地的所有权和使用权受法律保护，任何单位和个人不得侵犯。《中华人民共和国土地管理法实施条例》规定，农民集体所有的土地依法用于非农用建设的，由土地使用者向土地所在地的县级人民政府土地行政主管部门提出土地登记申请，由县级人民政府登记造册，核发集体土地使用权证书，确认建设用地使用权。单位和个人依法使用的国有土地，由土地使用者向土地所在地的县级以上人民政府土地行政主管部门提出土地登记申请，由县级以上人民政府登记造册，核发国有土地使用权证书。如果土地属于农民集体所有，必须由农村集体土地所有者向土地所在地的县级人民政府土地行政主管部门提出土地登记申请，由县级人民政府登记造册，核发集体土地所有权证书，确认所有权。因此，不管是农村集体建设用地还是城市国有建设用地，都应该依法登记并获得相应土地权利证书。

《中华人民共和国土地管理法》第2条规定，中华人民共和国实行土地的社会主义公有制，即全民所有制和劳动群众集体所有制。全民所有，即国家所有土地的所有权由国务院代表国家行使。但是，相关法律法规并未明文规定国有土地所有权需要登记发证以确认国有土地所有权，只有《土地管理法实施条例》明文规定了农民集体土地的所有权需要申请登记发证进行确认。《物权法》(2007)第9条明文规定，依法属于国家所有的自然资源，所有权可以不登记。土地属于重要的自然资源，因此国有土地所有权依法可以不用登记和发证。由此可见，农民集体的土地所有权和国家的土地所有权虽然同为土地所有权，但是在法律源头上存在很大的差异性。不过对于建设用地使用权，不管建设用地是国有的还是农民集体所有的，法律法规统一规定了土地使用人必须向土地管理机关提出登记发证的申请，以确认使用权。

3.2.3 两类土地的布局都必须符合土地利用总体规划

《土地管理法》第三章为土地利用总体规划，规定我国应建立国土空间规划体系，经依法批准的国土空间规划是各类开发、保护、建设活动的基本依据。关于土地利用总体规划，多达15条法律条文，对土地利用规划的重要性、科学性和严格性等作出了规定。土地利用总体规划一经批准，必须严格执行，否则自然资源管理部门将会同有关部门对违反规划的单位或者个人追究相应的行政或者刑事责任。在城市规划区内、村庄和集镇规划区内，城市和村庄、集镇建设用地应当分别符合城市规划、村庄和集镇规划。不管是城市国有建设用地还是农村集体建设用地，都应当符合国民经济和社会发展规划、土地利用总体规划、城乡规划和专项规划，不能随意乱占乱用。如果建设用地需要占用农业用地，这两类土地都必须办理农用地转用审批手续。只有经过依法审批通过，才能获得建设用地使用权。

3.3 两类土地的差异性分析

尽管农村集体建设用地和城市国有建设用地在用途上相同，在布局上也符合政府相关部门的规划，法律也赋予了这两类用地合法的所有权和使用权。但是，这两类建设用地在事实上却并不对等。事实上，这两类建设用地在实践上却存在非常大的差异性，正是由于这些差异性的存在，才导致了这两类建设用地的市场价值迥然不同。关于这两类建设用地的差异性，新中国成立以来大量学者进行了研究，笔者对前辈们的研究成果进行梳理总结，可归纳为以下几个方面。

3.3.1 两类建设用地的所有权地位不对等

根据相关法律规定，农村集体建设用地归农民集体所有，农民集体包括乡镇农民集体、村农民集体和村民小组。村民小组拥有大量的农村土地，农村土地的发包、经营、管理和调整大量都在村民小组内进行。因此，农村集体建设用地和农村其他用途的土地一样，所有权主体也是多元化的。但是，拥有土地所有权的上述多元化主体却不能自由买卖土地的所有权。土地所有权被现行相关法律固化了。乡镇、村和村民小组兼具农村社会行政管理和经济经营管理的双重职责，土地所有权则大多以行政的方式被僵化。社会行政方面的职责主要体现在程式化的土地初次发包和之后的调整方面，而经营管理方面的职责则被20世纪80年代初施行的家庭联产承包责任制所弱化。

家庭联产承包责任制，是家庭联产承包经营和集体统一经营相结合的双层经营体制，但实际上集体统一经营早已非常涣散，农村的水利等基础设施年久失修和农村土地因为青壮年农民到劳动效益比较好的发达地区和大城市寻求生计和发展而被抛荒。农村土地因为承载农村社会保障功能的平均分配导致中国农村土地过度细碎化。农村集体组织在管理和引导农业和农村发展及农村土地资源优化配置的力量在当前社会大转型的时期显得尤为苍白和无力。中国大部分地区农民集体经济组织已经解体或名存实亡，缺乏行使集体所有权的组织形式和程序[①]。很多学者认为，农村土地集体所有权是虚置的，没有人格化的产权所有者。农民和集体之间关系模糊不清，农民缺乏行使集体所有权的内在动机，这不可避免地造成上级政府少数人替代下级集体经济组织行使土地所有权的现象。农民却被剥夺了成为土地财产的主体的权利。当各利益集团为争相获取农用地用途转变为建设用地带来的价值增值收益时，模糊的农地产权关系使农地的快速非农化倾向难以避免，也使农民土地的基本权益无法得以保障。

完整的所有权应该是所有者对其财产的所有、占有、收益、使用、处置等多种权利的组合。国家在征用农民集体所有土地时，双方的地位和权利应该是平等的。但是根据我国相关法律规定，在我国多元化土地所有主体之间的权利并不是对等的。实际上我国土地征收征用具有很大的强制性，在2019年《土地管理法》修正之前，国家往往滥用征地权而压低土地价格，使农民合法利益受损[②]。国家可以根据需要征收农民集体所有的土地。在进行一定经济补偿之后，政府可以通过征收把农民集体所有的土地变成国有土地。在面临土地征收时，农村集体和农民基本没有太多谈判权。实践当中，通常是以农村集体和农民以支持国家和社会建设发展的姿态服从征收，由于土地征收补偿过低或者利益分配不公问题等诸多原因而社会冲突频发。而且，这种土地所有权的改变在法律上是单向的，即只能把农民集体所有的土地转变成国有土地，国有土地绝对不允许转变成集体所有的土地。国有土地所有权在法律和事实上享有优先权。城市国有建设用地归国家所有，由国务院代表国家行使，在实践中由各级政府根据权限大小分别代表国家行使不同地块的所有权。关于农村集体土地被征收征用的条件，《土地管理法》规定，国家为了公共利

---

① 曲福田，田光明. 城乡统筹与农村集体土地产权制度改革[J]. 管理世界，2011，(6)：37.
② 刘永湘. 中国农村集体土地产权研究综述[J]. 国土经济，2003，(1)：16.

益的需要，可以依法对土地实行征收或者征用并给予补偿。但是，不管是《宪法》、《土地管理法》、《土地管理法实施条例》等重要法律，都没有具体界定"公共利益"的内涵。我国土地征用实践表明，至少在《土地管理法》修正之前，大多数土地征收征用行为都是为了本地开发房地产、工业企业以及商业等用途。政府滥用土地征用权的现象十分普遍。农村集体土地所有权是低于国有土地所有权的一种不完全的所有权。

2019年《土地管理法》进行了修正，集体经营性建设用地所有权人可以有条件通过出让、出租等方式向单位或者个人转让使用权，而不必经过国家征地进行所有权转换。条件有两个，一个是该集体建设用地必须符合土地利用总体规划、城乡规划确定为工业、商业等经营性用途，二是上述符合规划的经营性建设用地使用权的出让、出租等，应当经本集体经济组织成员的村民会议三分之二以上成员或者三分之二以上村民代表的同意。《土地管理法》的修订是我国法制不断进步和完善的体现，是对于集体建设用地的有限还权，其作用还有待实践检验。

3.3.2 两类建设用地的使用权人享有的权利不对等

农村集体存量建设用地包括农民宅基地，农村公共管理和公益事业用地，乡镇、村办企业用地(包括联营企业用地)等。其中，农民宅基地大多是从祖辈继承房产而获得，这些宅基地的布局和面积都经过非常长的历史沉淀，形成了农村特有的住宅院落聚集群。有些宅基地却是经过依法审批无偿无限期划拨的。《土地管理法》第62条规定：农村村民一户只能拥有一处宅基地，其宅基地的面积不得超过省、自治区、直辖市规定的标准。《国务院办公厅关于严格执行有关农村集体建设用地法律和政策的通知(国办发〔2007〕71号)》规定，农村住宅用地只能分配给本村村民，城镇居民不得到农村购买宅基地、农民住宅或"小产权房"。单位和个人不得非法租用、占用农民集体所有土地搞房地产开发。如果农村居民出卖、出租或赠与了自有的住房，将失去申请获得宅基地的权利。事实上，我国农村土地管理制度造成了对农村土地权利的全面干预与限制。包括农村宅基地在内的农村建设用地的所有权、使用权、处置权、发展权等土地权能在法律和事实上都受到了国家的限制。农村宅基地只享有单一的使用权，其使用权的让渡也被控制于仅仅在农村居民内部范围内进行交易。

　　宅基地使用权只能在农村内部交易买卖。城市居民被排除到农村宅基地和住房的需求群体之外。众所周知，农村宅基地对于农村居民其实是福利性质的分配，农村居民可以无偿无限期使用宅基地。农村居民在农村基本是家家拥有永久使用的住房，人人拥有住房的农村居民，真正还需要再到农村买房的人可谓是凤毛麟角。因此农村居民基本上可以视为不属于需求群体。真正需要到农村买房的应该是城市居民，他们可以享受田园风光和体会另一种休闲的生活方式，而且还可能是因为农村住房价格低廉，可以节省成本等等。当城市居民和农村居民都被排出需求群体之后，社会对于农村宅基地的需求量几乎为零。再从供给方面分析，上述法律法规规定农村居民只能拥有一处宅基地，如果卖掉或出租了，将不能再申请宅基地建住房。也就是说，农村居民即使是在城里有了住房和稳定的职业及发展前景良好，因为宅基地使用权转让受到法律法规限制而价格低廉，农民是不会轻易出卖或者出租自己拥有永久使用权的宅基地或住房的。也即宅基地的供给量也因为受法律法规的限制基本降为零。虽然国家允许进城落户的农村村民依法自愿有偿退出宅基地，鼓励农村集体经济组织及其成员盘活利用闲置宅基地和闲置住宅，但政策实际收效甚微。大量的农民随着城市化的加快迁移到城市，但农村的宅基地因为被人为限制交易并没有被盘活和有效利用。农民放弃自己的财产却不能得到公平足额的补偿，产权权益不能得到保障，因而农民即便进城也不放弃自己在农村拥有的宅基地，这就形成了城市化进程中人地困境的出现[①]。一方面是农村建设用地资源的闲置和浪费，另一方面却是城市建设用地资源的严重短缺和过度开发。作为农村土地所有权人的农村集体，其土地集所体有权因为受到国家所有权的限制而变得残缺不全，因此农村集体建设用地的融资抵押功能非常有限。农村集体所有的土地抵押融资功能低下，不利于乡村振兴进程。

　　根据经济学原理，当某种市场的需求和供给都为零的时候，这种市场也就被冻结了，可以视为这种市场不复存在。如果对市场的封杀是人为的，在

---

① 曲福田，田光明. 城乡统筹与农村集体土地产权制度改革[J]. 管理世界，2011，(6)：38.

土地资源稀缺和利益机制驱动下,这种市场可能就会出现变异,转为地下从而出现难以监管的更加复杂混乱的局面。这也是农村集体建设用地在实践中出现大量违法违规的隐性交易市场的重要原因[①]。

城市国有建设用地在土地出让、转让和租赁方面则没有受到限制,具有相当大的自由性和灵活度。《中华人民共和国城市房地产管理法》(2019年修正)第3条规定:"国家依法实行国有土地有偿、有限期使用制度。但是,国家在本法规定的范围内划拨国有土地使用权的除外"。第8条规定:"土地使用权出让,是指国家将国有土地使用权(以下简称土地使用权)在一定年限内出让给土地使用者,由土地使用者向国家支付土地使用权出让金的行为"。第23条规定:"房地产转让、抵押时,房屋的所有权和该房屋占用范围内的土地使用权同时转让、抵押"。因此,除了符合划拨条件之外,使用城市国有建设用地需要支付土地出让金,转让金和租赁费等。除少量划拨用地的城市房地产之外,其他类型的城市房地产都可以直接依法在房地产市场上进行交易,交易形式包括房地产转让、房地产租赁、房地产抵押和继承等。在进行房产交易的同时,土地使用权也同时被让渡。《中华人民共和国城市房地产管理法》和《中华人民共和国城市房地产管理法实施条例》明确规定了城市房地产的使用和交易实施细则,因此城市国有建设用地市场产权是明晰的,发育成熟的市场体系、房地产行政机构的规范管理及配套完善的中介交易服务机构等使得城市国有建设用地市场呈现出一片繁荣景象。居民的财产权也因此得到了极大保障,利用房地产进行抵押贷款的融资能力也非常强。

3.3.3 两类建设用地的价格不同

首先,在土地征收市场上,从建国至2020年之前的几十年间,政府征收土地一直是以"产值倍数补偿法"和"征地区片综合地价法"等方式对农民进行补偿,具体补偿标准均由地方政府行政制定。不同的地方和区域价格有差异,但共同特征却都是补偿价格明显过低,往往不足以维持农民原有生活水平,最常见的情况是短期维持基本持平,长期来看却给农民留下不安全的风险隐患。旧《土地管理法》第47条规定:"征收土地的,按照被征收土地的原用途给予补偿。"农村土地的原用途一般是农业用途,当农业用途的土地转为建设用地时,其市场价值比维持原用途的价值要高得多。即使征用的是农民集体

---

① 杨继瑞,任啸.农地"隐性市场化":问题、成因与对策[J].中国农村经济,2002,(9):27.

的建设用地，国家对农民集体的补偿价格也远远低于该地的正常市场价格。同时，47条还规定：支付土地补偿费和安置补助费，尚不能使需要安置的农民保持原有生活水平的，经省、自治区、直辖市人民政府批准，可以增加安置补助费。但是，土地补偿费和安置补助费的总和不得超过土地被征收前三年平均年产值的三十倍。旧《土地管理法》给土地补偿标准设定了上线，这种规定从制度顶层设计上人为压低了农村集体所有土地被国家征用的价格。国家实际上以行政权力垄断了农村集体土地征地市场。根据四川大学房地产策划与研究中心和西南财经大学成渝经济区发展研究院的抽样调查数据，可以看到比较详细的征地补偿成本构成。见下表：

表3.1 2012年10月重庆市近郊某地征地拆迁成本项目表[①]

分类	项目	标准（万元/公顷）	备注
拆迁补偿安置费	土地补偿费	22.5	
	安置补助费	63	一公顷地按22.5个人计算：28 000元/人
	房屋及宅基地范围内的构筑物补偿	40.5	一公顷地按1 350平方米计算：300元/人
	宅基地使用权范围外的构（附）着物补偿	26.1	18万元/公顷并上浮20%作为调剂金，土地补偿费4.5万元/公顷
	青苗费	2.64	
	货币安置住房款	351	一公顷地按22.5个人计算：人均30平方米，每平方米5 200元
	搬迁补助费	3.375	一公顷地按22.5个人计算：人均1 500元
	不可预见费	50.9115	按拆迁补偿安置费的10%计算
	小计	560.0265	

---

① 杨继瑞，汪锐. 征地制度的来龙去脉及其变革路径找寻[J]. 改革，2013，(4)：68.

3 我国城乡建设用地制度现状分析：同一性、差异性及其成因

续表

分类	项目	标准（万元/公顷）	备注
征地税费	新增建设用地有偿使用费	80.001	重庆主城土地在全国属于第四等，按80元/平方米缴纳
	农转非社保统筹费	45	经营性用地按照45万/公顷缴纳
	耕地开垦费	19.9995	20元/平方米
	耕地占用税	30	30元/平方米
	征地管理费	30	采用征地全包方式，一次征用1.5万公顷以下，征地管理费不超过征地费用总额的40%
	小计	205.0005	
	合计	765.027	

由上表可以看出，尽管征地补偿项目被拆分得很具体，表面上看起来合理合规，但是在经过繁琐计算后的补偿费总费用却是明显偏低了。根据其调查，通过协议出让或者"招拍挂"等方式，政府可以把仅仅支付了几十万至上百万的每公顷土地以几千万元的价格出让，这中间形成了巨大的价值差。政府出让土地的价格根据区域发达程度和土地的区位不同而有所不同。我国部分沿海发达地区的城郊，土地出让价格甚至可以高达每公顷上亿元。因此，政府除了垄断征地市场，也同时垄断了一级土地出让市场，这种运用行政权力决定土地资源配置的方式使市场交易价格被垄断价格所替代，土地价格机制被扭曲。

2019年，《土地管理法》对征地补偿价格作出了修正，《土地管理法》第48条规定，征收土地应当给予公平、合理的补偿，保障被征地农民原有生活水平不降低、长远生计有保障。征收农用地的土地补偿费、安置补助费标准由省、自治区、直辖市通过制定公布区片综合地价确定。征收农用地以外的其他土地、地上附着物和青苗等的补偿标准，由省、自治区、直辖市制定。对其中的农村村民住宅，应当按照先补偿后搬迁、居住条件有改善的原则，尊重农村村民意愿，采取重新安排宅基地建房、提供安置房或者货币补偿等方

式给予公平、合理的补偿,并对因征收造成的搬迁、临时安置等费用予以补偿,保障农村村民居住的权利和合法的住房财产权益。县级以上地方人民政府应当将被征地农民纳入相应的养老等社会保障体系。同时建立拟征收土地现状调查和社会稳定风险评估制度、征地前公告制度和征地补偿争议听证制度。《土地管理法》的修正,改变了过去的征地模式,对于维护社会和谐稳定和保护被征地农民的合法权益起来了重要作用。但集体建设用地价格整体低于国有建设用地协议或招拍挂价格的事实却无法改变。

其次,从使用权转让(买卖)市场上看,城镇居民一旦拥有合法的房产证和土地使用权证书,就可以到城镇房地产交易市场上自由买卖房产的所有权和与之对应的土地使用权。房地产成交价格由市场价格机制决定。2013年成都城镇房产的市场平均成交价格大致可以达到 8 000～9 000[①]元每平方米。居民还可以利用手中的房产从金融机构抵押贷款,城镇居民的房地产财产权得到了非常好的保障。然而,在农村,农民的住房不能出售给城镇居民,农村的住房不能抵押贷款。因此,农村实际上还未能形成市场化的住房或者宅基地交易价格。农民的房产和地产不能转化为货币资产,农民的融资能力与城镇居民相比受到了很大的压抑。到目前为止,温州、武汉、厦门等个别地方在农村房地产抵押贷款上率先进行了改革,但是力度很小,覆盖面也仅仅限于试验地区,远远不能满足广大农村对扩大生产和投资资金的需要。厦门市海沧东孚镇一村民其房屋抵押贷款金额为 75 万元,贷款期限三年[②]。城市房产抵押贷款的期限一般可达到 20～30 年,而且抵押贷款额度权限也会高得多。正是因为农村集体建设用地不完整的农村产权权能,农民居民和城市居民没有同样的资源流转权利,才导致了农村土地市场不能释放其土地市场增值潜能。

重庆、成都、广东、武汉、温州等地在统筹城乡的农村集体土地产权方面都进行了不同程度的改革和试验,突破了法律法规和条条框框的束缚,成立了农村土地流转交易所,专门为农村集体所有土地的流转服务。土流网上

[①] 搜房网. 2013 年成都房价均价[DB/OL]. http://zhishi.soufun.com/detail/cd_7433.html.
[②] 台海网. 厦门首例农村房屋抵押获贷 75 万元,贷款期限三年[DB/OL]. http://www.taihainet.com/news/xmnews/cjdc/2013-12-30/1188805.html.

3 我国城乡建设用地制度现状分析：同一性、差异性及其成因

的数据显示，成都周边的农用地承包价格每亩大致在600～1 500元/亩，有些交易则采用实物形式进行，如每年每亩大米900斤等。农村集体所有的非农建设用地的流转价格比农用地高，根据土流网的数据，位于成都附近郊县的一农家乐转让价格大致在6 000元/亩①，也即9万元/公顷。而基本位于同一区位的城市国有建设用地的转让价格可达到280万元/亩②，即4200万/公顷。由此可见，农村集体所有的建设用地和城市国有建设用地的价格差距是非常大的。这就是所谓"同地不同价"在实践中的表现。

3.3.4 农村集体建设用地交易混乱

由于国家对农村集体所有的土地在使用和交易流转方面的诸多限制，土地违法违规行为在农村土地利用上非常多。进入国土资源部网站，点开土地执法监察一栏，则可见土地违法违规查出情况通报。农村土地被乱占乱用进行建设的案例所占比例达到90%以上。尹峰、李慧中(2008)利用1999年至2005年的省际面板数据进行分析研究，认为我国建设用地的快速扩张导致了资本产出比下降，降低了土地资源配置效率③。城市国有建设用地市场由于规范和成熟的管理以及赋予使用者更大的处置权，违法违规占地用地的案例则很少见。

在利益机制的驱动下，农村土地利益寻求者不惜以身试法，违法违规占用土地现象较多。农村隐性灰色土地交易市场主要表现为以下几个方面：

第一，因为《土地管理法》等重要法律法规赋予了农村居民可以无偿无限期使用农村宅基地，这是法律赋予农民的福利。因此，农村居民非法乱占乱用耕地修房造屋或者建立坟场等比较普遍。占据免费的土地资源，一方面可以满足农民家庭的生活便利和享受需求，另一方面又可以让农民有足够的土地空间修建较多可以用于租赁的农村住房，以便于获利。这种现象在发达城市郊区尤为普遍。农村居民居住分散，违法用地数量通常不大，违法人数众多，违法原因复杂，历史遗留问题多。因此监管和处理起来尤为困难。

---

① 土流网.土地市场[EB/OL]. http：//sichuan.tuliu.com/viewTXBhR05wTYw.html.
② 土流网.土地市场[EB/OL]. http：//sichuan.tuliu.com/viewTVphiU1wb4w.html.
③ 尹峰,李慧中.建设用地、资本产出比率与经济增长——基于1999-2005年中国省际面板数据的分析[J].世界经济文汇,2008,(2)：13-27.

第二，农村集体经济组织与农民签订租地协议，从农民手中租用农民的承包土地。然后再以较高租金转租给外来开发者长期进行非农业建设。农村集体经济组织再从获得的高回报中拿出一小部分支付农民的土地租金，因为这个租金略高于农民的农业收益，因此农民基本不反对这个做法。但是，这种类型的土地转租转用并不符合土地利用总体规划和土地利用年度计划，规避了农用地转用和土地征收审批程序。这即是典型的"以租代征"行为。

第三，农村集体经济组织以规划修建中心村或居民点为名，把农村居民从原来的宅基地拆迁到"中心村"，整理原来的宅基地，在"中心村"尽量压缩农民的居住用地，在让农民上高楼的同时压缩农民人均住房面积。节约出来的农村集体建设用地则直接或以联建、联营为名修建商品住宅、商铺出售给本集体经济组织之外的人员。这种所谓的"小产权房"因为价格低廉而受到某些城镇居民的欢迎。很多城镇居民抱着"法不责众"的心理购买了小产权房，盼望着既成事实之后小产权房某天得到国家大赦而转正。政府相关部门对于深圳、北京、成都等地小产权房的整治到目前仍在紧张进行中，政府和小产权房开发商业及购买小产权房的业主之间展开了一场艰苦的政策"博弈"。

第四，旧《土地管理法》第43规定，任何单位和个人进行建设，需要使用土地的，必须依法申请使用国有土地；但是，兴办乡镇企业和村民建设住宅经依法批准使用本集体经济组织农民集体所有的土地的，或者乡（镇）村公共设施和公益事业建设经依法批准使用农民集体所有的土地的除外。同时，根据该法第63条的规定，农民集体所有土地的使用权不得以任何方式私自用于非农业建设，如以出让、转让或者出租等方式用于非农业用途；但是当发生以下特殊例外情况时，则可以用于非农业建设，即依法取得建设用地的企业，因破产、兼并等原因造成了土地使用权依法发生了转移，而且该被转移的土地用途符合土地利用总体规划的要求。因此，有人钻法律空子，先以乡镇企业的名义兴办乡镇企业，其实质却是想要直接以划拨的方式获得农村集体所有土地的长期使用权并用于非农建设。按照《中华人民共和国乡镇企业法》规定，乡镇企业必须是农村集体经济组织或者农民投资为主，在乡镇（包括所辖村）举办的承担支援农业义务的企业。很多投资不符合规定的企业也以乡镇企业的名义规避核查并成功申请到农村集体所有的划拨用地。再有，某些乡镇

3 我国城乡建设用地制度现状分析：同一性、差异性及其成因

企业任意扩大用地规模，在人为故意宣布停产、停业或破产之后，运用转让、转租或联营联建、作价入股等方式，将原乡镇企业的建设用地直接用作城市房地产开发，在农村灰色土地交易市场上向农村集体经济组织之外的城镇居民出售商品住房。

农村灰色土地市场的存在，是城乡土地市场二元化的现实表现。这种因为被法律法规人为压制的土地市场，一直在社会阴暗的角落运行。其不健康的自发运行机制给社会带来的危害不容忽视。这种不健康的土地市场破坏了城市土地市场公平机制，对城市土地市场造成严重冲击，导致了国家耕地被大量侵蚀用作非农用途，由腐败产生的收益分配矛盾带来了社会不稳定因素，让国家土地税收严重流失[①]。

3.3.5 两类建设用地的法规健全度和市场发育度差异大

依据《中华人民共和国宪法》、《中华人民共和国土地管理法》、《中华人民共和国土地管理法实施条例》、《中华人民共和国城市房地产管理法》等重要的法律法规，城市国有建设用地可以依法进行交易。其土地和房产权属清楚，有专门的行政机构负责权属登记。由上至下，各级房地产管理局、国土局、规划局、建设委员会政府职能部门等职责分工明确，对城镇房地产交易变更登记及税费收取都清晰明确。城镇居民的财产权得到了很好保障，城镇国有建设用地市场也规范有序健康发展。

再加上城市房地产交易中介机构及城市房地产抵押贷款金融服务机构的大量涌现，更使得城镇房地产交易便利异常，市场呈现出一派繁荣景象。除了各大中小城市街道上林立的房地产交易服务中介机构连锁店面，如中原地产、顺驰、我爱我家、21世纪房产、富房、链家等等，还有搜房网、58同城网等为城镇房地产交易服务。城镇居民的房地产财产权利得到了完备保障。

即使遇到政府征收国有城镇土地使用权的拆迁，城镇居民也能得到市场价格的补偿。近年来拆迁补偿越来越人性化并高于市场价格。以至于有部分居民专注于投资预期要被拆迁的城区老旧房，以使其在拆迁赔偿时获得较高

---

① 杨继瑞，任啸. 农地"隐性市场化"：问题、成因与对策[J]. 中国农村经济，2002，(9)：28-29.

收益。

然而，农村建设用地因为上述重要法律法规的人为限制，农民的房地产资产变成了"死产"。上述重要的法律法规对农村土地市场多的是限制，少的是引导和鼓励健康发展。农村土地市场的配套服务机构很少，农村土地市场在法律层面来讲是"死水一潭"。

农村农用承包地虽然可以依法流转，但是因为仅仅局限于农业用途，农业经济的比较效益历来都低于其他非农产业，因而其带来的价值量和需求量也大打折扣。有些承包地虽然被流转出去了，却是被打着农用地的幌子私下建成了餐饮娱乐为主的"农家乐"，其实质是把土地用途私下变更了。

据笔者到成都周边郊县农村走访发现，有些所谓的农业项目实际是把农用土地硬化修建建筑物，然后把硬化的土地和建筑上搭建绿色植物的天棚以规避国家卫星拍照检查。根据《土地管理法》的规定，农村土地不能用于非农建设，除了规定的那三种特殊情况除外。因此，在农村建设用地就转到地下，形成隐性土地交易市场。因此，合法合规的农村土地的流转量并不大，而且为其服务的中介机构很少。在各级政府的引导下，各地相继成立了农村土地流转交易所，专门为农村土地流转服务。而且也有土流网专门为农村土地流转交易服务。但是土流网因为是民间的网络服务组织，只是为土地流转交易提供一个信息平台，所以土地交易流转也不是很规范。

在为农村生产和发展提供金融服务方面，只有农村信用合作社。农村信用合作社是指经中国人民银行批准设立、由社员入股组成、实行民主管理、主要为社员提供金融服务的农村合作金融机构。其主要任务是筹集农村闲散资金，为农业、农民和农村经济发展提供金融服务。依照国家法律和金融政策规定，组织和调节农村基金，支持农业生产和农村综合发展，支持各种形式的合作经济和社员家庭经济，限制和打击高利贷。但是在实践中，普通农民到农村合作信用社能贷到的金额却非常少，而且限制条件非常多，需要担保人。除了目前进行试点的少数地方，农村住房因为政策限制根本不能作为担保抵押物而贷款。农民融资贷款难。农村信用合作社通常更愿意把资金投到盈利性更高风险更小的城市工商业项目，这与农村合作信用社成立的初衷是相悖的。

3 我国城乡建设用地制度现状分析：同一性、差异性及其成因

总之，农村集体建设用地市场和城市国有建设用地市场在法律法规、配套机构和配套服务上享受的待遇完全不同。

3.4 形成两类建设用地差异性的原因研究

城市国有建设用地和农村集体所有建设用地形成的二元分割局面是历史和现实综合因素的结果。一方面可以追述到新中国成立以来我国土地制度改革的历程，另一方面是我国的现实国情及全球经济一体化进程中社会政治经济转型期必然呈现出来的现象。

3.4.1 形成两类建设用地差异性的历史原因分析

解放后，我国在全国范围内开展了消灭土地封建地主所有制的土地改革运动。1950年6月，《中华人民共和国土地改革法》(1950)第30条规定："土地改革完成后，由人民政府发给土地所有证，并承认一切土地所有者自由经营、买卖及出租其土地的权利。土地改革以前的土地契约，一律作废。"这次改革使得土地封建地主所有制转变为农民私人土地所有制，极大地鼓舞了农民。1953年到1956年，进行了在保留农民土地私有制基础上的农业互助组和初级合作社的土地改革，这次土地改革在中国历史上被称为"三大改造"之一。鼓励农民以土地、生产工具等自愿加入合租社。农业社会主义改造在经历了互助组、初级社、高级社三阶段后基本完成。刚开始是自愿示范，这种合作的好处在于避免了小农经济带来的经济不规模低效益，兴修了很多农田水利设施，提高了农村生产力，提高了农民抵御自然灾害的能力。但是这场运动在进行过程中逐步演变成了强制性，引发了不少社会矛盾。到1956年底，全国加入合作社的农户达96.3%。自此，收回了农民私人个体的土地所有权，确立了社会主义性质的土地制度和社会主义经济关系。

1955年，农民宅基地的买卖、出典首次开始受到严格限制。国务院颁布的《国务院关于农村土地转移及契税工作的通知》(55)国五办云字第65号)第1条规定，"对农村土地的买卖在法律上虽不禁止，但在实际工作中应防止农民不必要的出卖和出典土地"，因此，该通知在农村土地买卖、典当和土地其他转移方面的审批程序上进行了严格限制，对缴纳契税的程序也作了严格规定。该通知还说明了限制农村土地转移的目的，即为顺利推进农业社会主义改造，

限制农村资本主义的发展。

中共八届十中全会于1962年9月召开，通过了《农村人民公社工作条例修正草案》。自此，农村土地集体所有制度以法规形式被确定下来，该条例修正草案规定："生产队范围内的土地，都归生产队所有。生产队所有的土地，包括社员的自留地、自留山、宅基地等等，一律不准出租和买卖"。在土地集体所有的基础上，土地属于三级集体所有，即人民公社、生产大队、农村生产小队三级所有。社员集体在公有土地上统一生产和劳动，社员没有任何私有土地，彻底消灭了私有制。这一阶段是农民的土地使用权彻底被收回的阶段。在"三级所有，队为基础"的集体土地所有制度下，农村大多数的土地都被划归到队（社）里，社员在队内统一耕种土地和进行收益分配。农民失去了土地的私人所有权，只享有单一的土地使用权，农民对土地不能进行任何形式的流转。

3.4.2 土地管理法律法规改革滞后于社会经济发展的需要

1978年安徽省凤阳县小岗村一群农民为了求温饱求生存，把土地包产到户经营，这再次拉开了土地改革的序幕。后来我国农村全面实行了家庭联产承包责任制，实行土地所有权与经营权相分离。这在很大程度上解放和发展了农村的生产力，满足了农民对土地的需求，发展了农业，增加了农民收入。但是在全国乃至全世界对家庭联产承包责任制改革功绩肯定的同时，农村集体所有制度却以其坚不可摧的根本社会经济地位未被丝毫改变和动摇。

由于国家一直对农村土地交易和流转持审慎态度，《宪法》和《土地管理法》等重要法律法规在颁布之初严格禁止农村土地进行流转。1985年，中共中央国务院颁布了《关于进一步活跃农村经济的十项政策》，提出"允许农村地区性合作经济组织按规划建成店房及服务设施自主经营可出租"，这项规定开创了农村集体建设用地使用权有限度流转的先河，动摇了农村集体建设用地禁止以任何形式进行流转的制度基础，为农村集体建设用地使用权市场化流转改革进行了某种程度的铺垫。

自1986年《土地管理法》颁布以来，进行过三次修正。1988年七届全国人大第一次会议修正了《宪法》，删去了《宪法》第十条第四款中关于禁止土地买卖、出租或以其他形式进行转让的规定。同时对该条款加入了补充内容，即

3 我国城乡建设用地制度现状分析：同一性、差异性及其成因

禁止侵占和买卖土地，禁止以其他形式非法转让土地。土地的使用权可以依法进行转让。1988年12月，七届全国人大常委会根据宪法修正案，在《土地管理法》中删除了"禁止出租土地"的规定，并增加"国有土地和集体所有的土地的使用权可以依法转让"、"国家依法实行国有土地有偿使用制度"等内容。1990年，国务院出台了《城镇国有土地使用权出让和转让暂行条例》，但该条例仅仅对城镇国有土地制定了出让和转让的细则规定。1994年7月管理城市土地的一部重要法律《城市房地产管理法》正式出台，该法对城市土地的出让、使用和转让作了更为全面详尽的规定，奠定了城市国有建设用地制度的良好基础，城市国有建设用地结束了无偿无期的使用状态，建立了以市场机制调节为主、产权明晰的城市地产市场。然而，农村集体所有土地的转让则仅仅停留在《土地管理法》的条款中，没有具体实施细则，无法对农村集体所有土地转让行为进行规范和指导。1998年，《土地管理法》再次被全面修订，制定了一系列加强土地管理和严格耕地保护的条款。2004年3月，全国人大第十届二次会议通过的《宪法修正案》，将《宪法》第十条第三款"国家为了公共利益的需要，可以依照法律规定对土地实行征用"。修订为："国家为了公共利益的需要，可以依照法律规定对土地实行征收或征用"。2004年8月，《土地管理法》被修改，一是将《土地管理法》第二条第四款修改为"国家为了公共利益的需要，可以依法对土地实行征收或者征用并给予补偿"；二是将其他条款中的"征用"修改为"征收"。《宪法》和《土地管理法》虽经过多次修改和完善，但仍未涉及到农村集体土地流转细则问题。

直到2002年8月，《农村土地承包法》颁布，国家保护承包方依法、自愿、有偿地进行土地承包经营权流转。而且该法规定了农村承包经营土地的承包或流转程序细则，具有很强的可操作性和指导规范性。但是该法第二条规定："本法所称农村土地，是指农民集体所有和国家所有依法由农民集体使用的耕地、林地、草地，以及其他依法用于农业的土地"。因此，农村集体建设用地是不适用于该法的，至今仍然没有保护农村集体非农建设用地使用权流转的实施细则或立法出台。

2004年10月，国务院《关于深化改革严格土地管理的决定》第十条提出："在符合规划的前提下，村庄、集镇、建制镇中的农民集体所有建设用地使用

权可以依法流转。"虽然该文件提出了农民集体所有建设用地使用权可"依法"流转，但是流转却是受了极大限制的。该《决定》第十条同时禁止城镇居民在农村购置宅基地。其所依的"法"是2004年8月修定通过的《中华人民共和国土地管理法》。《土地管理法》(2004)第63条规定："农民集体所有的土地的使用权不得出让、转让或者出租用于非农业建设。"但是第63条又允许特殊情况可以转让农村集体所有的土地用于非农建设，即依法取得建设用地的企业因破产或兼并等原因导致土地使用权发生了转移，而且该土地符合土地利用总体规划的要求。通过综合上述三条法律法规的涵义，对农村集体所有的建设用地使用权的流转限制被归纳总结为：(1)农村集体所有的建设用地使用权可以在农村内部依法进行流转，不能直接或者以修建商品房的形式出售给城市居民。而且农村建设用地必须符合各种土地利用规划。(2)农村集体所有的建设用地如果要流转用于非农建设，只有当这种特殊情况发生时才合法，即只能是当合法占用农村集体建设用地的企业发生破产或者兼并，而且随该企业一起转移的农村建设用地符合国家土地利用总体规划。显然，农村集体所有的建设用地仍然被法律法规禁止直接进入城市国有建设用地市场进行交易。根据《土地管理法》第43条的规定：任何单位和个人进行建设，需要使用土地的，必须依法申请使用国有土地。由此可见，农村集体建设用地市场依然不具有活性。经过多次修订的相关法律法规仍然没有大的突破，法律法规阻断了农村集体所有建设用地和城市国有建设用地之间的沟通桥梁。

2007年10月1日实施的《中华人民共和国物权法》规定"集体所有的土地作为建设用地的，应当依照土地管理法等法律规定办理"，该法并没有突破之前的规定，仍然对农村集体建设用地使用权流转进行了严格限制。

2008年，中国共产党第十七届中央委员会第三次全体会议通过《中共中央关于推进农村改革发展若干重大问题的决定》。《决定》提出了建立健全土地承包经营权流转市场的目标，按照依法自愿有偿原则，允许农民以各种形式对农村土地承包经营权进行流转，流转方式包括转包、出租、互换、转让、股份合作等。积极发展多种形式的适度规模经营。但《决定》同时也指出，土地承包经营权流转，不得改变土地集体所有性质，不得改变土地用途。这个决定也是只针对农村农用地承包经营权流转所作的规定，和农村建设用地市场

3 我国城乡建设用地制度现状分析：同一性、差异性及其成因

的关系不大。

2008年10月，党的十七届三中全会从中国特色社会主义事业总体布局和全面建设小康社会战略全局出发提出了"逐步建立城乡统一的建设用地市场，对依法取得的农村集体经营性建设用地，必须通过统一有形的土地市场、以公开规范的方式转让土地使用权，在符合规划的前提下与国有土地享有平等权益。"这个决定自提出之后，立即搅动了社会神经，引起不小的讨论和期待。但是到目前为止，城乡统一的建设用地市场依然还没有能够建立起来，这个问题也就一直举步不前。

2013年11月，十八届三中全会审议通过了《中共中央关于全面深化改革若干重大问题的决定》，再次提出"建立城乡统一的建设用地市场"，在符合规划和用途管制前提下，允许农村集体经营性建设用地出让、租赁、入股，实行与国有土地同等入市、同权同价。这种提法在十七届三中全会通过的文件中就有，虽然略有不同，但是仍然没有突破现有法律框架。而且没有具体解释经营性建设用地的内涵和外延，经营性建设用地的概念和范围比较模糊。

2019年8月26日，根据第十三届全国人民代表大会常务委员会第十二次会议决议，《土地管理法》被修订。新修订的《土地管理法》删去了从事非农业建设必须使用国有土地或者征为国有的原集体土地的规定。并增加了新的规定，对土地利用总体规划、城乡规划确定为工业、商业等经营性用途，并经依法登记的集体经营性建设用地，允许土地所有权人通过出让、出租等方式交由单位或者个人使用。新修改的《土地管理法》意味着集体经营性建设用地入市不再局限于个别试点地区，可以全面铺开，这在很大程度上为加快建立城乡统一的建设用地市场扫清了制度障碍，这是制度上的进步。但是，集体经营性建设用地出让、出租等，应当经本集体经济组织成员的村民会议三分之二以上成员或者三分之二以上村民代表的同意。这也意味着集体建设用地的出让和出租等在制度上并没有完全放开，表现在两个方面：一是可以转让的建设用地在性质上有别于城市建设用地，如果是非经营性的集体建设用地，例如农村宅基地和农村公益性建设用地，仍然不能出让或者出租；二是，虽然是经营性建设用地，集体所有的建设用地比国有的建设用地在转让上还受到更多限制。

农村集体所有的建设用地使用权流转在法律层面上并没有完全放开。国务院批准的城乡统筹配套改革综合试验区也各自为政，各种问题不断，目前还处于探索和试验阶段，并没有形成能在全国进行推广的较优模式，还需要进一步进行试验和深入系统总结经验教训。我国现行法律、法规的修订以及操作性强的新法律法规的出台还处在摸着石头过河阶段，显得谨慎和滞后。在城乡融合和乡村振兴大背景下，构建城乡统一的建设用地制度和市场是一个大的系统，还有多新问题需要进行研究。

3.4.3 由我国现实国情决定

农村集体土地所有制因为其产权虚置和产权权能残缺一直受到诟病。很多人提出了改革农村土地集体所有制的设想。一种观点是因为国家在事实上一直在代替集体经济组织行使土地所有权，那么不如取消农村土地集体所有制，把农村土地集体所有制变为国家所有制，这是一种所有权从名义到实质的真正回归。参照城市国有土地做法，土地行政机关给农民颁发国有土地使用证和房产证，允许所有类型土地使用权的自由流转，还给农民应有的土地财产权利。另一种观点则是把农村集体土地变成农民个体私有制度，让私有产权激励农民集约高效利用土地的积极性，同时让农民的私有财产权在法律上得到最好保障。还有一种观点是为了保持社会稳定、促进农村发展和根据我国现实国情，应保持现行的集体土地所有制不变，在保持农村土地集体所有制的前提下，建立新型的农村集体土地产权制度安排，重新激发农村的经济活力[①]。

根据我国社会经济发展历程和现实国情，在农村产权制度安排上，国家一向持审慎保守态度。多年来一直保持农村集体所有制不变，改革也一直致力于法律法规的修补上，未从根本上进行改变。

首先从历史进程上看，现在的农村集体土地所有制是由新中国成立初农业合作社基础上发展而来，农民用自己的私有土地和耕畜等有价值的生产资料入股合作社，从而形成了集体经济组织。也即，目前农村集体所有的土地原本是国家分给农民的私有财产。如果按照第一种改革方案，农民集体所有

---

① 杨继瑞. 中国农村集体土地制度的创新[J]. 学术月刊，2010，42(2)：64.

3 我国城乡建设用地制度现状分析：同一性、差异性及其成因

制如果补偿不足的情况下被强制收归国有，那可能会出现大的社会不稳定因素。这和我国建设和谐社会的治国方略相违背。

如果按照第二种改革方案，废除农村集体土地所有制为农民个体私有制，一方面这又和我国社会主义性质的国情不相符合，有政治风险。另一方面，土地私有化后农民的土地可以自由买卖，从我国历史经验看，这会造成私有土地的大量兼并和农民生活困难，导致更大的社会矛盾。

第二次全国土地调查数据结果显示，我国人均耕地从 1996 年 1.59 亩降至 2009 年 1.52 亩，明显低于世界人均 3.38 亩水平，且地区间不平衡。随着人口增长、城镇化加快，我国人均耕地仍处于持续下降过程中[①]。人多地少的基本国情仍然没有改变。粮食安全问题重大，国家为了保证粮食供给，必须要保证耕地的数量和质量，严格控制农村农业用地非法转变为建设用地。农村土地承载着农民的就业和社会保障功能，关系到社会稳定。鉴于农村土地制度的重要影响，农村集体土地所有权改革一直是"禁区"。农村集体所有建设用地和农业用途土地之间的经济价值差异相当大，如果国家不对农村集体所有建设用地的使用和流转进行管制，那么人们在利益驱使下会冲破法律法规的禁止而肆意侵占农地资源。

笔者认为，目前较优的选择则是第三种改革主张。维持农村集体土地所有制不变，在农村土地使用权制度安排方面进行创新，也同样可以达到集约节约高效利用土地，促进城乡资源合理流转，消除城乡分隔的二元土地市场和二元社会经济结构，为实现城乡融合与乡村振兴作出重要贡献。

3.4.4 我国土地管理体制落后，土地违法成本低

我国农村存在土地隐性市场，非法侵占土地和流转土地的违法违规现象多，特别是在农用地非法转为建设用地方面尤为突出。但是因为我国土地管理体制落后，过去国土部门对土地的监督和查处手段不够先进、查处权限小、土地管理部门人员组织结构不合理等，再加上土地的违法收益远远大于土地违法成本，这导致了土地违法违规屡禁不止。

---

① 新浪财经网. 我国人均耕地不足世界平均一半须加强生态文明建设[DB/OL]. http://finance.sina.com.cn/stock/t/20131230/103317793434.shtml.

城乡融合与乡村振兴：构建城乡统一建设用地系统论

对我国土地管理体制改革历程进行简单回顾，可以让我们更好地找到我国土地管理问题的症结所在，为未来的进一步发展提供经验教训和改革思路。

新中国成立初，中央在内务部设置地政局，统一管理全国的土地改革工作。1954年，在农业部设土地利用总局，地政局被撤销。1956年，我国专门行使地政管理职能的机构不再存在，农垦部取代土地利用总局，主管全国所有荒地和国营农场建设工作。在1982年农业部设立土地管理局之前，城乡土地是严重多元化管理的，各级政府没有设立专门的土地管理行政机构。农村土地由农业部门管理；城市土地由用地部门分散管理；城市建设机构负责土地的征用、规划、使用；军队负责军事用地管理。1982年，随着土地管理局的设立，形成了农村土地由农业部管理和城市土地由建设部管理的二元化管理格局。1986年，《中华人民共和国土地管理法》在第六届全国人大常委员会第十六次会议上获得通过。从此，城市土地和农村土地都统一由土地行政机关进行管理。但是城乡土地管理制度却并不是统一的，而是二元分裂的。特别是农村集体建设用地和城市国有建设用地享有权益是非常不对等的。1998年3月10日，九届人大一次会议第三次全体会议表决通过关于国务院机构改革方案的决定。根据这个决定，由地质矿产部、国家土地管理局、国家海洋局和国家测绘局共同组建国土资源部。我国的土地管理体制由中央、省、地（市）、县（市）、乡（镇）五级土地管理体系组成，形成了以"城乡地政统一管理"和"条块结合、以块为主"为特点的体制格局[①]。

我国土地管理体制和管理模式以"条块结合、以块为主"的特点决定了其必然存在弊端。虽然国土资源部负责全国土地的统一管理，但是其对下级土地管理部门只存在业务指导，没有人事任命权和工资待遇管理权。因此，各地方政府设立的土地行政管理部门在涉及到利益冲突时，一向是只对同级地方人民政府负责。按照《土地管理法》的规定，我国地方各级人民政府拥有占用耕地的限额审批权，而且对于新增建设用地带来的增值收益，中央分三成，地方可以留七成。在"分灶吃饭"的财政体制下，地方政府为了获得较高

---

① 甘藏春，崔岩等.土地管理体制改革势在必行——论我国现行土地管理体制的缺陷[J].中国土地科学，1998，12(2)：15.

3 我国城乡建设用地制度现状分析：同一性、差异性及其成因

的财政收入，存在把农村集体所有土地征收为城市国有建设用地的利益动机。有的地方政府把土地审批面积化整为零，非法攫取土地审批权限；为了拉动投资和增加地方 GDP，不论投资主体是谁、投资目的是什么，地方政府都可以通过强行征用集体土地对其供地。使"公共利益"的内涵被无限扩大。土地的征用由"需求"决定"供给"，完全不顾土地总体利用规划、土地利用年度计划和农用地转用的限制。在土地违法现象中，地方政府违法占地问题比较突出。国土资源部执法监察局局长张新宝曾指出，凡是性质严重的土地违法行为，几乎都涉及地方政府部门或相关领导[①]。

为了对各省、各自治区、直辖市，以及计划单列市人民政府土地利用和管理情况进行监督检查，落实耕地保护目标责任制，监督国家土地调控政策的实施，2004 年经国务院批准，建立了国家土地督察制度。国务院设立国家土地总督察，国家土地总督察对国务院负责。国土资源部组织实施，先后向地方派驻了 9 个国家土地督察局。土地督察局的设立对各地土地违法行为虽然起到了一定的威慑作用，但是效果还不理想。国土资源部网站上每年公布的土地违法案件不但没有减少，有时候还有回升。

再者，很多土地管理行政部门内部机构和人员设置也不合理。工作人员专业对口的很少，业务素质不高，人浮于事，无法尽职尽责履行工作职责。再加上由于编制紧张，外聘人员比较多。懂业务懂专业的人因"考公务员"的成本和门槛太高而被拒之门外，有背景的关系户往往成为行政机构内的主力军。据笔者了解，土地管理部门很多本职工作都以"科研"或"项目"的名义委托给外单位具体承担。经费是公家给，活是别人干，功是自己的，何乐而不为呢？这样的现实情况也使土地的监督管理水平大打折扣，土地违法行为没有有效手段及时发现和查处，土地政策评价、调整和反馈等工作不准确。

导致目前土地违法行为多的另一个原因是土地违法成本低，土地违法收益高。违法者往往抱侥幸心理期望蒙混过关。根据《中华人民共和国刑法》第 410 条的规定，国家机关工作人员徇私舞弊，违反土地管理法规，滥用职权，

---

① 杨涛. 土地违法本质是地方政府违法[EB/OL]. http://gb.cri.cn/9083/2006/04/17/622@1005128.htm.

非法批准征用、占用土地，或者非法低价出让国有土地使用权，情节严重的，处三年以下有期徒刑或者拘役；致使国家或者集体利益遭受特别重大损失的，处三年以上七年以下有期徒刑。按照《中华人民共和国刑法》第三百四十二条规定，违反土地管理法规，非法占用耕地改作他用，数量较大，造成耕地大量毁坏的，处五年以下有期徒刑或者拘役，并处或者单处罚金。上述规定显然不足以对违法者造成足够的威慑，违法成本太低。而且由于土地违法地域分散，特别是农村土地违法面广人多，因各种原因的土地违法，平均只有百分之一的党纪政纪查处可能性、千分之一的刑事追究可能性；中国人民大学农业与农村发展学院教授程漱兰，计算出2001到2005年间，全国土地违法案件的处理力度，每一起土地违法案件，平均收缴罚款五千到两万七千元、收缴土地约一亩，每百件土地违法案件党纪政纪处分约一人，每千件土地违法案件追究刑事责任约一人[1]。国土资源部耕地保护司潘明才司长曾说，对土地违法千分之几的低处罚率，既破坏了执法执纪的严肃性，也没有使违法者受到震慑[2]。

3.5 本章小结

本章分析了农村集体建设用地与城市国有建设用地之间的异同，并重点对两类建设用地形成差异的原因进行了研究与分析。农村集体所有建设用地和城市国有建设用地虽然其功能都是用于建设用途，但是这两类地因为所有权不同而权益不同，导致了这两类地的出让、出租价格差距非常大。

笔者从农村集体土地形成的历史原因和现实国情原因两个大的方面进行分析，在尊重历史，着眼当下的基础上，认为国家为了促进农村生产力的发展、提高农村土地资源的利用效率、消除城乡分隔的二元体制，保障农民的财产权利和提高农民的收入、促进城乡资源和经济融合和实现乡村振兴，必须要进行制度创新，科学构建城乡统一的建设用地系统。在不动摇农村集体

---

[1] 程漱兰. 中国违法成本低，刑事追究仅占千分之一[DB/OL]http：// www.china.com.cn/economic/txt/2007-12/24/content_9423855_2.htm.

[2] 新华网. 违法占地"成本低收益高"，责任追究制威慑不足[DB/OL] http：// news.xinhuanet.com/house/2007-04/03/content_5929407.htm.

3 我国城乡建设用地制度现状分析：同一性、差异性及其成因

土地所有制的前提下，我国《土地管理法》于2019年进行了修正，农村集体经营性建设用地可以和国有建设用地同等入市进行土地使用权转让和出租，这是对现有体制和机制的创新性制度安排，是制度上的巨大进步。这将为城乡建设用地的全面对接和统一，从而为构建科学高效的城乡统一建设用系统起到积极作用。

4 构建城乡统一建设用地系统的制度变迁分析与目标路径选择

随着社会经济的发展，各种要素相对价格逐渐发生了改变，人们的偏好也在无形中慢慢发生了变化。各种正式制度和非正式制度也随着社会和经济的发展变化而发生变迁和演化。我国的土地管理和利用制度也不可避免地一直在进行着变迁和演化。任何制度变迁都包括制度变迁的主体(组织、个人或国家)、制度变迁的源泉以及适应效率等诸多因素[①]。笔者在本章将运用制度经济学的理论和方法对构建城乡统一建设用地系统的制度变迁进行分析，目的是最终确定建立城乡统一建设用地系统的制度变迁目标和路径。

4.1 土地制度变迁的源泉分析：构建城乡统一建设用地系统的必要性

我国土地市场发育滞后于社会主义市场经济体制的发展，城乡二元土地管理体制是城乡土地制度改革不同步、不配套、不彻底造成的。城乡割裂的土地市场制度已经不适应社会发展需要，带来一系列问题。构建城乡统一建设用地系统的必要性早已经凸显。主要表现在以下几个方面。

4.1.1 优化完善社会主义市场经济体制和城乡融合与乡村振兴的需要

我国城乡土地制度的二元结构是我国计划经济时期的历史遗留问题，这种城乡割裂的土地管理体制已经严重不适应社会政治、经济和文化发展的需要。1992年党的第十四次全国代表大会确立了我国建立社会主义市场经济体制改革的目标。自此之后，我国市场经济已建立起来并在不断调整、完善和深化改革中。但是我国农村集体建设用地的管理和利用制度长期以来仍然沿

---

① 卢现祥. 西方新制度经济学[M]. 北京：中国发展出版社，2003：81.

用计划经济时期的政策,土地管理体制和机制非常落后,这与我国建立健全社会主义市场经济体制的要求严重不相适应。2002年,党的十六大明确提出了走新型工业化和统筹城乡社会经济发展的道路。2017年党的十九大报告提出,农业农村农民问题是关系国计民生的根本性问题,必须始终把解决好"三农"问题作为全党工作的重中之重,实施乡村振兴战略。十九大报告提出,乡村振兴的原则是要坚持农业农村优先发展,坚持农民主体地位,坚持乡村全面振兴,坚持城乡融合发展,坚持人与自然和谐共生,坚持因地制宜、循序渐进。只有从根本上改变城市和农村土地二元化管理制度,构建城乡统一的建设用地系统,才能优化和完善我国社会主义市场经济体系,实现城乡融合和乡村振兴战略。

在城乡用地二元管理体制结构下,城乡居民和企业等用地者的身份与获得农村集体建设用地使用权的方式密切相关。在目前的农村土地管理制度下,农民集体经济组织、农村居民和农村乡镇企业可以无偿和无限期享有农村集体建设用地的使用权,但其所使用的建设用地转让权在法律法规上会受到比国有建设用地更多的限制。城市居民和城市企事业单位要使用农村集体建设用地,必须通过国家允许的合法途径(此途径仅限于农村集体经营性建设用地,或者农村集体土地转为国有建设用地)获取并支付土地使用价格,土地的使用期限也是有限制的。

4.1.2 建立公平公正的社会主义市场环境的需要

在经济全球化大背景之下,我国的社会经济发展也和现代市场经济体制有了密不可分的联系。现代市场经济体制主要特征体现为:以完整的产权为前提和基础,是不同产权之间的平等交易;政府主要借助经济和法律手段间接干预经济,行政手段只起辅助作用;完备的法律体系成为经济稳定运行的重要条件,政府的权力行为受到公众纳税人的有效制约和法律的有效规范;健全的现代市场体系成为资源流动和配置的载体[①]。按照现代市场经济的要求,国家和集体本应该是平等的市场所有权主体,各自拥有完全的财产权,受到法律的平等保护。但是,我国目前的集体土地所有权是不完全的,是低

---

① 张合林,郝寿义.城乡统一土地制度创新及政策建议[J].中国软科学,2007,(2):32.

于全民土地所有权的。当国家和集体两种所有权相遇时，集体所有权常常受到国家所有权的限制。国家行政垄断权在农村集体建设用地资源配置中起主要作用，这是我国城乡二元土地管理制度产生的基础和根源。当农村集体土地被政府征收或征用时，"公共利益"这一模糊的定义无力阻挡因"非公共利益"需要对土地的征收或征用。在2019年《土地管理法》修正之前，有的地方政府打着"公共利益"的名号，可以在违背农民意愿的情况下强行征收或者征用农村土地。我国的征地市场被国家行政权利所垄断，农村集体土地所有权和使用权在很大程度上受到了国家行政权利的侵害，地方政府的行政权力完全替代了市场机制对土地资源的配置功能。国家在征收和征用土地时支付的土地补偿费等各种相关费用并不是以公平市场交易价格为基础，而是以计划经济时期制定的补偿标准和方式对被征地的农民和农村集体经济组织给予补偿。在上述因素下，城乡建设用地使用权价格机制被人为扭曲。

然而，在农村集体建设用地被征转为国有土地后，政府在国有土地一级市场上对该地块进行市场化运作，进行招标、拍卖和挂牌出让。土地"征地"价格和"出让"价格形成了巨大的剪刀差。这种土地二元定价方式对社会造成的危害随着时间的增长越来越显现。

首先，在土地征收征用市场上，土地价格人为制定得过于低廉而不能正确反映土地的稀缺程度，城市容易以"摊大饼"的方式向郊区农村区域扩张，不利于提高城市建设用地的集约利用程度。同时，郊区农村区域的土地被侵占得过快，粮食安全迟早受到严重威胁。其次，土地强制征用在农村引发的矛盾和纠纷高发，影响到农村社会的长治久安和健康发展。农村、农民在计划经济时代已经在粮食统购统销政策下为城市和工业作出了巨大贡献，在当今城市化和现代化进程中，理应享受到公平的待遇，分享现代文明成果。

只有在公平的市场环境下，农村和城市才能逐渐消除体制壁垒，农村主体权利价值才能得到保障，缩小城乡经济差距直至城乡融合，乡村振兴才能实现。

4.1.3 走新型城镇化道路的需要

2019年《土地管理法》被修正后，农村集体建设用地当中也仅有经营性建设用地可以直接入市进行出让和出租，农村集体建设用地当中还有包括宅基地在内的各种建设用地仍然不能直接入市。十九大报告提出，改革应该循序渐进，全面建设城乡统一建设用地市场和系统还需要进行更深入和系统的研究。综观在全国各地进行的农村土地制度改革探索，"城乡土地增减挂钩"、"地票"、"宅基地换住房，承包地换社保"等制度创新巧妙绕开了法律法规限制，既获得到了城市发展需要的建设用地指标，又让城市资金部分流向农村，为农村发展和建设提供了资金。但是这些制度创新最终又在指标落地时回到土地征收和征用的老路上来，怎么绕也绕不过农村集体建设用地征收价格过低和土地征收的非市场问题。

在利益机制的驱动下，地方政府有低价征收农村土地的偏好，这导致农村农业用地流失过快。在城市化进程中，过于低廉的农村建设用地价格无法对城市发展所需土地的粗放利用产生有效的约束机制。我国城市化的快速发展在事实上导致了农村土地的城市化，而不是农村人口的城市化。土地城市化大于人口城市化，导致了城市化质量不高。同时，在土地一级出让市场上，地方政府通过土地"招、拍、挂"的出让方式，让土地出让价格畸高，用地单位用不起地，导致土地征而未用浪费宝贵土地资源的现象大量出现。调查显示，城市被征用土地中有43%闲置，1981年至2008年，我国城市建设用地增长了4.8倍，城市化率仅提高2.3倍[1]。我国城镇化的快速发展侵占和浪费了大量农村土地资源，社会隐性成本巨大，城市化的健康和可持续发展受到了很大影响，因此我国政府提出了走可持续发展的新型城镇化发展道路。

可持续的城市化发展道路的特征是充分利用城市的集聚功能，以大量的就业岗位吸引农村人口进入城市寻找就业和自我发展机会。通过人口集聚和产业集聚来提高生产效益和经济效益，提升经济的增长速度，让农村人口长期在城市工作和生活，从而逐渐转变为城镇人口。在城乡建设用地二元割裂管理体制下，农村宅基地不能以市场价格流转给城市居民使用，农民的土地财产权利不能在经济上得到体现。农村居民进城市以后，农村的住宅由于不能买卖，只好被闲置在农村。即使在成都温江等城乡综合改革配套区，农民用宅基地换到了当地城里的新居，但是这种新居未必是农民能够长期居住下来

---

[1] 陈燕. 中国城乡建设用地市场一体化问题探析[J]. 发展研究. 2011，(12): 115.

的地方。政府运用行政手段选址为农民建筑的住房，未必满足农民寻求更高报酬工作岗位的需要。农民们每年更愿意大量涌向能提供更多就业机会和更高就业报酬的沿海地带等经济发达的大城市。春运和民工潮则成了中国的独特现象。

据调查，1990年至2008年间，农村内部在居住人口持续下降9%还多的情况下，却出现了非农用地仍在增加，增长了15%的怪现象[①]。这说明我国农村建设用地管理制度存在不合理因素，才导致了农村建设用地面积随着农村人口减少反而增加的现象出现。必须建立城乡统一的建设用地系统，才能让市场机制对土地资源配置起决定性作用，让市场主体在市场中自由选择，保障农民的土地财产权益，让农民能够在工作的城市安得起家，才能走可持续发展的健康城市化和现代化之路。

综上所述，诸多因素导致了我国城乡二元分割的土地管理制度具备了制度变迁的条件和内在动力源泉，在我国城乡融合与乡村振兴提到议事日程的大背景之下，全面构建城乡统一建设用地系统是当前制度变迁的方向和目标。

4.2 各利益相关主体的制度变迁需求分析

诺思制度变迁模型表明：制度变迁的诱致因素在于主体期望获取最大的潜在利润。潜在利润也即外部利润，是一种在已有制度安排主体结构中主体无法获取的利润。外部利润内在化的过程实质就是一个制度变迁和制度创新的过程。制度变迁是否成功，主要取决于推动制度变迁的行为主体在与其他利益主体的力量对比中是否处于优势地位，以及替代原有不均衡制度的新制度的运行成本是否小于其运行收益。

在交易费用不为零的世界里，任何制度变迁都是付出成本的。制度非均衡情况下，制度变迁可以把外部利润内部化。外部利润的获取即是收益。假设当制度变迁的成本用 C 来表示，制度变迁带来的收益用 R 来表示，制度变迁的主体的需求用 D 来表示，那么只有当 $D=R-C>0$ 时，制度变迁的相关主体才会有变动制度的需求。当 $D=R-C\leqslant 0$ 时，制度变迁相关主体则会采

---

① 陈燕. 中国城乡建设用地市场一体化问题探析[J]. 发展研究. 2011，(12)：115.

取相机而动的机会主义行为。下面分别对农村集体建设用地制度变迁的相关主体进行需求分析，需求大小决定了各相关主体或利益行动集团在制度变迁中是否有积极性和动力。

4.2.1 农民对农村集体建设用地制度变迁的需求分析

新中国成立后中国农村土地制度进行了几次大的变革，首先是新中国成立初国家进行的农村土地所有权制度改革，政府把农村封建地主所有的土地无偿平均分配给农民。不久则引导农民成立初级农业合作社，然后由初级农业合作社升级到高级农业合作社。后来国家又成立人民公社，最终确立了农村土地的农民在集体所有制下集体统一经营的制度。这些改革都是国家自上而下的强制性制度变迁，在计划经济时代，执政者的意志、行政命令和手段成了社会制度形成的主要方式。

土地在农民集体所有制下由集体统一经营和管理的制度越来越不适应农村生产力的发展，带来的弊端越来越多。我国20世纪80年代初进行的农村家庭联产承包责任制改革，依然保留了农村土地集体所有制度，但是把土地经营权留给了农民，这在很大程度上解放和发展了社会生产力。家庭联产承包责任制改革实质上是一种由于存在于制度之外的外部利润引起的诱致性制度变迁。当年安徽凤阳小岗村农民在生存压力下对当时农村土地管理体制进行的抗争成为了改革的导火索。这场改革也是自下而上倒逼中央政府的改革。事实证明，农民的选择是正确的，是理性的。自改革开放以来，我国的土地制度管理，也一直在朝着市场化的方向进行着不断的修正和完善。

2002年颁布的《农村土地承包法》规定，属于农村经济组织的家庭因承包取得的土地承包经营权可以依法流转，土地承包经营权流转方式灵活多样，包括出租、转包、转让、互换等。这种政策调整可以促进农业用地向种田能手集中，提高土地的利用效率和形成农业种植的规模经济。但这只是针对农村农业土地才适应，农村集体建设用地的流转却一直是禁区，特别是关于农村宅基地的流转，一直被国家政策严格限制。根据《土地管理法》的规定，除了农民、农村集体和乡镇企业可以使用农民集体所有土地进行建设外，其他任何单位和个人进行建设需要使用土地的，必须依法申请使用国有土地。这条规定奠定了政府对土地征用市场的垄断地位，也彰显了国家征用农村集体所有土地的强制性。

农民在农村拥有土地的使用权，包括拥有农村农业用地的承包经营权和宅基地、自留地、自留山的使用权。其中，农地的承包经营权可以进行流转，农民的宅基地由于法律法规的限制不能流转。城市居民不能到农村购买宅基地建房；自留地和自留山是建国初期在农业合作入社时，没有参加农业合作，留给自己耕种或搞农村副业的土地。当时国家让农民保留自留地和自留山的目的，是为了让农民充分利用剩余劳动力和劳动时间，生产各种农副产品，满足家庭生活和市场需要，增加收入，活跃农村经济。那么，既然是没有入社，这些自留地或者自留山理应为农民家庭所有。但是，根据我国1982年《宪法》第十条规定，农村和城市郊区的土地，除由法律规定属于国家所有的以外，属于集体所有；宅基地和自留地、自留山，也属于集体所有。2002年颁布的《农村土地承包法》第二条规定："本法所称农村土地，是指农民集体所有和国家所有依法由农民集体使用的耕地、林地、草地，以及其他依法用于农业的土地。"由此可见，自留地和自留山早已经转变为农村集体所有土地，根据《农村土地承包法》的规定由集体发包给农户进行有限期使用。

综上所述，根据我国法律法规等正式制度，只有农村宅基地目前是被农民无限期无偿使用的，包括自留地、自留山等农业用承包地是有限期使用的。农业承包地可以依法流转。根据地随房走的原则，农村农民的房产在宅基地被禁止流转的规定下，农村住宅的所有权交易也同时被禁止了。住宅是农民在农村拥有的全部不动产。在家庭生活中，不动产的价值占了家庭资产的大部分。农民在修建住宅上的投资几乎付出了家庭的全部积蓄。但是这些财富却被人为冻结而贬值。

随着社会主义市场经济体制的建立和完善以及城市化、工业化、现代化信息技术发展进程不断加快，农民们有了到地域更宽广的地方寻求就业机会的自由和条件。农民们的思想意识、觉悟水平和受教育程度也不断提升。社会环境和社会经济体制在不断改变，计划经济体制形成的农村土地管理制度均衡被打破。在原有城乡建设用地二元管理体制之外，产生了外部利润。我国城市化发展需要越来越多的农村土地增援城市建设，在建设用地需求严重大于建设用地的供给时，由原来农村集体土地征转用获得的城市国有土地在出让时价格高企，和原来的地价形成了巨大的剪刀差。政府原有的向社会供应建设用地的模式——行政垄断农村土地征收市场和同时垄断城市土地一级出让市场——已经不适应社会发展的需要。原有的征地和供地模式引起了农民的反感，激发了农民千百年来一直追求公平制度的偏好[①]。

在外地有了稳定收入来源的农民，希望他们自己在农村的住房能通过流转和交易给家庭带来一笔足以在另一个陌生城市安家的收入，这样他们就不用在家乡和那个城市辗转迁徙；留在当地的农民希望节省出多余的建设用地，以此换来一笔用于家庭生产和建设的资金；为了家庭发展，有些农民希望农村的住宅有资格作为金融贷款抵押物而让他们比较容易获得贷款资金。如果农村建设用地管理制度也能经历一场类似于20世纪90年代开始的国有建设用地使用权改革，改变政府强制性征地、低额度补偿的行为，农村集体建设用地使用权也同样可以全面依法转让，农民可以获得平等谈判和自己进入市场的权利，那么农民们追求公平的偏好则得到了满足，农民的权益也得到了保障。

但是，在现行的正式制度安排下，农民的要求和希望得不到满足。为了获得存在于现行体制之外的利润，农民只好铤而走险，私自多建房和私自转让住房或建设用地的使用权，乱像纷纷的农村隐形土地市场一直禁而不绝。假设农民将农村建设用地非法入市带来的收益为R_1，农民因为让土地非法入市收到的处罚成本为C_1，农民对制度变迁的需求为D_1，那么在农村土地违法数量众多以及相关法律法规和相关部门的查处力度不够的现实情况下，农民的将土地非法入市带来的收益$R_1 > C_1$。那么，农民对现行农村土地制度变迁的需求$D_1 = R_1 - C_1 > 0$。农民对现行农村土地管理制度改革的需求为正，农民是现行农村土地制度变迁的推动者和响应者。

4.2.2　农村集体经济组织对农村集体建设用地制度变迁的需求分析

乡(镇)、村(组)集体经济组织既是农村最基层的行政管理单位，又是具有农村土地所有权的经济组织，这种双重身份决定了它在制度变迁中复杂的多重利益取向。集体经济组织的管理者和代表是乡村基层干部。对集体经济

[①] 胡元坤. 中国农村土地制度变迁的动力机制[M]. 北京：中国大地出版社，2006：116.

组织的分析，实质上最终还是要回到对这些基层干部的分析上来。乡村基层干部是中央政府和地方政府对乡村行使管辖权的代理人，同时他们又是集体经济组织的成员、集体经济组织的管理者和集体经济组织的代理人，他们是最基层的国家政策执法者和监督者，他们在农村具备个体农民不具备的组织优势和决策优势。乡村干部是联系上级政府和农民的重要纽带，乡村干部的素质和执行能力，直接关系到国家政策的执行力度和农村的安定团结。

在1987年《中华人民共和国村民委员会组织法》实施之前，乡镇干部是上级政府任命的，因此乡镇干部主要是向上级政府负责，完全执行上级政府的指示和命令。在1987年之后，村民选取也大多是在走形式。虽然村民可以对村干部的决定进行投票，但是候选人基本由上级政府决定，村民在惯性作用下对村干部的选举不是特别关心。只要不是对农民自身利益造成重大损害的和特别让农民反感的候选人，农民们一般采取无所谓的默认态度，要么投票，要么弃权。村干部选举大会的作用和效果并不是很理想。因此，1987年之后，乡镇干部还是以对上级政府负责为主。

在土地征收征用的矛盾和纠纷中，镇村干部有时候为了完成上级指派的任务，有时候为了自己的私利，对农民的意愿进行粗暴干涉。村干部和征地拆迁代理公司私下勾结损害农民利益的行为也时有发生。在"反租倒包"中，也曾发生村干部低价从农民手里拿地，高价转让给农业大公司，从中吃差价。也有村干部在农村集体土地流转中随意支配集体经济组织的收益，甚至私自侵占集体经济组织的土地流转收益。某些时候，村干部其实是在以集体经济组织的名义利用手中的权力进行寻租活动。

假设乡村干部的寻租行为带来的收益为R_2，腐败行为暴露后的风险和后果付出的成本为C_2。R_2-C_2为寻租行为带来的净收益。随着中央政府反腐败政策执行力度不断加大，R_2-C_2逐渐接近于零或者负数。如果维持现行制度不变，乡村干部还会为农民的违法违规用地行为负监管不利责任，政绩受到影响，假设其成本为C_3。那么，在维持现有城乡建设用地制度二元管理体制不变的情况下，乡村干部获得的净收益为：$R_2-C_2-C_3$。这个值也是不断接近于零或者负数。

同时，乡村干部大多来自农村，他们又是农民中的一员，因此从本质上来讲,他们也是农民。作为农民,他们和农民在农村土地制度创新上又有某些共同的利益取向。假设包括农民宅基地在内的农村集体建设用地可以依法和城市国有建设用地享有平等的权益,农民可以不通过村干部的监管和代理而享有市场交易的自由谈判权和决断权,那么,乡镇干部因为不再拥有代理农民进行土地流转和交易的权利,以前的寻租收益和成本都将降为零。作为农民中的一员,他们也能享受新制度带来的收益,和农民一样获得 R_1 的收益,而不必付出成本。

因此,乡村干部对建立城乡统一建设用地系统制度的需求也是大于零的。假设乡村干部的这种制度变迁需求为 D_2,则 $D_2>0$。特别是长期来看,乡村干部也是对建立城乡统一建设用地系统制度的支持者。

4.2.3 城市用地单位、城镇居民对农村集体建设用地制度变迁的需求分析

城市用地单位和城市居民是农村集体建设用地的需求者。在现行制度安排下,城市用地单位和城市居民如果需要农村集体土地进行建设,可以采用的方式有两种。一种方式是通过政府对农村集体的土地进行征用,把农村集体所有的土地转为城市国有,然后再由政府以"招、拍、挂"的市场运作方式高价出让给他们使用。另一种方式则是通过乡镇企业的转制或者和乡镇企业联营合作而获取农村集体建设用地。这两种方式中,以第一种方式为主。

由于用地企业需要从政府垄断的一级土地市场中一次性支付较大数额的土地出让金,用地成本过高,必然会影响企业的发展。如果农村集体建设用地能和国有建设用地享有平等的权益,国家不再对非公益性土地出让进行价格垄断,那么企业则更愿意直接和农民谈判,在供地渠道拓宽之后,建设用地供给增大,在需求稳定的情况下,建设用地的价格必然会回落。在加强国家对城乡全部类型的土地利用总体规划统一管理功能之下,耕地数量和建设用地的数量一定会在国家很好的调控和管理范围之内,而不复存在粮食安全问题和国家建设问题之间的不可调和的矛盾。而且,企业在用地上有了更多的选择权,更有利于企业的长远发展。

在我国目前的国情下,城镇居民比农村居民的平均受教育程度高,科学技术知识掌握得更多。他们在就业技能方面适应性更广泛,就业转型和学习

能力更强，就业质量更高。部分居民在城市有了一定资金积累之后，想到农村去创业，一方面可以尝试一种新的创业方式和投资方式，另一方面还可以享受田园式的休闲生活方式。这部分人有技术、有创业心、有眼光、有资金，正是我国建设新农村的带头人和中坚力量。他们代表了城市的人才、资金和技术优势，是农村应该引进和欢迎的优质生产要素。但是这些人和大的农业公司不一样，这些普通城市居民资金没有农业公司雄厚，在农业现代化程度和规模上不及龙头企业。但是，这批人的数量却比大的龙头公司大得多，这些人如果能向农村转移，给农村带去的将会是生产力、精神、文化、道德等方面的全方位的正能量，在长的时期将会带来真正的城乡融合。但是，在当前的正式制度安排下，城镇居民不能到农村买地建房，城镇居民的户口不能迁往农村，甚至比农村居民的户口迁往城市更难。在农村住房和宅基地粗放使用、大量闲置的情况下，城镇居民在农村却一房难求，这时这些城镇居民无论多么渴望去农村，也不可能把资金投往农村了。因为我国普通居民的投资渠道少，最常见的就是股票、黄金、房地产。股市行情不好已经有很多年。黄金也打破其长期以来保值增值的保险功能不断创造下跌新低点。这些普通居民的资金只好大部分投入城市房地产市场。城市房地产价格畸高，中央政府一再对房地产市场进行调控，甚至不惜动用完全行政化强制手段限购来打压过高的房地产价格。然而，城市房地产调控政策收效甚微，房价一直在高位蓄势待涨。

  在上述情况之下，有些开发商人看到了城市居民对农村房地产市场的需求商机，于是在农村集体土地上开发商品房，出售给普通城市居民。这就是所谓的"小产权房"。但是这种行为违背了《国务院办公厅关于严格执行有关农村集体建设用地法律和政策的通知》（国办发〔2007〕71号）的规定："农村住宅用地只能分配给本村村民，城镇居民不得到农村购买宅基地、农民住宅或'小产权房'"。越是经济发达的地区，小产权房越是蔓延滋生得多。因为大城市过于拥挤造成的生态环境问题和房价畸高的问题，把城市人口挤向了城市郊区，使城市人口不断向郊区扩散。在北京、深圳等地，就有很多小产权房问题等待处理。"小产权房"存在的地方，是社会矛盾集聚地之一，这个问题处理不好，将给社会带来太大的发展成本和资源浪费，会让社会的总福利产生损失。目前我国农村集体所有的土地产权制度是引发利益冲突的主要根源[①]。

如果把农村集体建设用地和城市国有建设用地纳入统一的市场运行机制和土地管理、利用制度之下，给予农村集体建设用地和城市国有建设用地平等的权益，那么城市建设单位和居民将得到较低的用地价格和良好的生产、居住和生活环境，假设这种收益为 R_3，同时不用受国家法律处罚的成本。如果维持目前城乡建设用地二元化的管理体制不变，那么城市用地单位和居民在现行制度安排之下将得不到存在于现行体制之外的外部收益 R_3。这时这种外部利润的诱惑，让城市用地单位和城市居民不惜铤而走险，从事农村集体建设用地的地下交易。当这些城市用地单位和城市居民获得外部利润 R_3 的同时，他们必须要承担相关部分对其违法违规行为进行的处罚，这是他们需要付出的成本，假设为 C_3。在现行体制下，R_3-C_3 到底是大于零还是等于零，有很大的不确定性。这要根据各个地区的土地违法查处水平和力度来决定。违法查处水平和力度越大，R_3-C_3 越是趋近于零或为负值，反之则为正。在这种情况下，用地单位和城市居民更希望正式制度以国家政府的层面进行调整，当法律法规正式允许农民集体建设用地和城市国有建设用地享有平等权益，城镇用地单位和城镇居民可以和农民进行农村土地的交易时，将会得到完全的外部利润 R_3，C_3 为零。那么，用地单位和城市居民对现行制度的变迁需求，假设为 $D_3=R_3-C_3>0$。根据上述分析，用地单位和城市居民也是建立城乡统一建设用地系统的支持者和响应者。

4.2.4 地方政府对农村集体建设用地制度变迁的需求分析

地方政府接受中央政府的委托，代表中央政府对该地方当地进行行政管辖，是中央政府在地方的代理人。作为代理人，地方政府必须维护中央政府的利益，这是地方政府存在的根本保证和前提。但是，地方政府拥有自己独立的财权和事权，因此它在一定程度上又是一个与中央政府相独立的经济或政治利益主体，总是喜好规避风险和不利因素并追求自身利益的最大化。因此，地方政府在行动选择上，除了要同时考虑到中央政府对自身政绩的评价

---

① 程世勇，李伟群. 农村建设用地流转和土地产权制度变迁[J]. 经济体制改革，2009，(1)：73.

和政治约束、广大基层百姓对执政能力的评价和反馈之外，还要追求自身经济、政治利益最大化。

地方政府作为中央政府的代理人，对于《宪法》、《土地管理法》、《农村土地承包法》、国务院的各种行政通知和决定等法律法规和政策，必须坚决执行照办，从而维护中央政府的权威性和法律的严肃性等一切政治利益。然而，因为地方政府兼具作为中央政权的代理人和独立的利益集团的双重身份，可以在任何制度变迁中起到主导作用，同时又可以灵活变通执行中央政策，从而寻求最大化实现本地经济发展的目标。地方政府的灵活性又决定了地方政府在土地制度变迁方面具有创新精神。响应中央政府提出的进行统筹城乡发展改革的政策号召，全国各地的地方政府都在积极探索和试验各种土地管理制度，创新了各种土地利用管理制度，诸如：股份合作制、农村承包经营地流转带来的规模化经营、反租倒包、城乡土地增减挂钩、地票交易等等。这些制度创新安排大多由地方政府进行主导，体现了地方政府的偏好和经济利益。其中，城乡土地增减挂钩操作模式在地方政府追求自身经济利益最大化目标下，曾一度偏离了正常的改革方向，出现了偏离不符合中央政府政策目标的情况，表现为片面追求增加城镇建设用地指标、擅自开展增减挂钩试点和扩大试点范围、突破周转指标、违背农民意愿强拆强建等，损害了农村和农民的利益。因此，2010年，国务院办公厅不得不发文对城乡增减挂钩进行规范和纠正。

在现行正式制度安排下，农村集体建设用地不能直接进入国有建设用地市场，不能和国有建设用地享有平等权益。代表中央政府的地方政府是唯一合法的城市建设用地供给主体。地方政府在向城市建设单位供地时，制定了较大的政策灵活度和选择性。对能促进地方经济发展的工业用地和对GDP贡献大的龙头企业低价甚至零低价供地。因为土地是从农村集体手中低价征用的，这些企业的进入能强力拉升地方GDP，从而能使当地政府获得上级政府良好的政绩考核，这对地方政府的利益是至关重要的。各个地方在招商引资方面的恶性竞争导致了各种工业开发园区的土地严重浪费和空置，引起了社会群众的不满。但是对于其他商业用地，地方政府则采用"招、拍、挂"的市场运作方式让原本属于农村集体的土地从农用地转为建设用地的价值增值最

4 构建城乡统一建设用地系统的制度变迁分析与目标路径选择

大化。我国城市房地产价格畸高和土地选择性的供应政策不无关系。城市房地产价格的畸高同样引起了城市居民对于住房市场和住房价格的不满。尽管中央政府三令五申强调要控制房地产价格，但这种根源于城乡建设用地二元土地管理体制的弊端很难得到根除。

1994年的分税制改革，使中央政府和地方政府分灶吃饭。地方政府有了自己独立的经济利益和财政创收动机。因为国家在征用征收政策方面的支持而导致征用农村集体建设用地的成本低廉，地方政府垄断城市国有建设用地一级出让市场，让某部分以低成本征收来的土地市场价值最大化，这中间的价格差足以弥补招商引资低价带来的收入损失，还可以充实地方政府的财政收入。同时，当地城市房地产市场房价形成长期向上的走势曲线时，还可以刺激城市居民在房地产消费上"追高不追低"的消费心理。在房地产价格会继续暴涨的心理预期下，房地产市场的平均价格还会被无形抬高。房价越高房子越好卖，开发单位拿地的热情和积极性越高。开发商越愿意竞价拍地，房地产市场平均价格就越高。上述各相关利益主体之间的相互影响共同促进了城市房地产市场房价高涨，城市房地产市场呈现出一片虚假繁荣景象。这也是地方政府"土地财政"运作得最成功的地方。根据北京天则经济研究所的调研，很多地方政府的土地出让金占预算外收入的60%，城市空间向农村扩张增加建筑业和房地产业的营业税和所得税占地方税收总量的37%左右[①]。根据《土地管理法》的规定，新增建设用地的土地有偿使用费，百分之三十上缴中央财政，百分之七十留给有关地方人民政府。因此，地方政府在巨大利益诱惑面前，有垄断农村集体土地征用市场、垄断城市一级土地出让市场和希望保持当地城市房地产市场价格不下跌的偏好。

在国家现行正式土地管理制度安排下，地方政府因为独家垄断城市一级建设用地出让市场带来的收益，假设为 R_4。地方政府征收征用农村集体建设用地会产生三种类型的成本。第一，遇到的来自农民保护自己土地财产权的反抗和阻力，这是征地过程中来自广大农村的阻力；第二，土地财政造成的

---

① 北京天则经济研究所中国土地问题课题组．城市化背景下土地产权的实施和保护[J]．管理世界，2007，(12)：31-47．转引自田光明，曲福田．中国城乡一体土地市场制度变迁路径研究[J]．中国土地科学，2010，24(2)：27．

当地房价过高，城镇居民也会进行反抗，希望政府能解决好住房等民生问题；第三，上述两种类型的反抗必然会反馈到中央政府，从而又形成来自中央政府的政治压力。2010年，针对房价过高引起的国计民生、社会和谐和经济社会可持续发展问题，国务院发布了《国务院关于坚决遏制部分城市房价过快上涨的通知》(国发〔2010〕10号)，建立了房地产调控约谈、巡查和问责制度。对于稳定房价不力等影响社会发展和稳定的地方政府，要追究地方行政首长的责任。

笔者把这三种类型的成本加总，假设为 C_4。那么，地方政府在现行城乡二元土地管理体制下，得到的总收益应为：R_4-C_4。随着农村居民接受教育程度和科学文化素质的不断提高、社会信息网络技术普及和飞速发展、对地方政府执行政务公开透明的呼声越来越高、中央反腐政策的执行力度越来越大，在来自下面普通民众的阻力和来自中央政府压力的两头夹击之下，地方政府的总收益 R_4-C_4 也是在逐步下降，直至最后接近于零或负值。如果对目前城乡分割的土地二元管理体制进行改革，改变目前政府对农村征地市场和城市国有建设用地一级出让市场的垄断，让农村集体建设用地和城市国有建设用地享有平等权益，农村集体建设用地可以直接进入城市国有市场进行流转和交易，构建城乡统一建设用地系统管理体制，地方政府在原有体制下得到的土地剪刀差 R_4 基本将为零，同时，在原有体制下产生的成本 C_4 也下降为零。因此，从短期来讲，改变现行土地管理制度后地方政府在短期内土地方面的收益将急剧减少。在目前分灶吃饭的财税体制不解决的情况下，从短期看，地方政府对构建城乡统一建设用地系统管理体制应该是动力不足的。但是从长期看，当农村集体土地和城市国有建设用地享有平等权益并可以自由进入统一土地市场进行交易时，农村地区将因自身具备的建设用地供给优势大大增强对于城市工商企业投资的吸引能力，城市工商业向农村地区的投资必然会拉动农村经济的快速增长，地方政府将通过征收企业管理税和收取农村集体建设用地入市交易的税费而增加财政收入。而且地方政府财政的增收和地方经济的发展将是可持续性的。因此，当土地管理制度变迁到后一个阶段，地方政府会有较大的潜在收益①。

综上所述，鉴于日益激烈的征地矛盾影响社会稳定，较高的用地成本又影响到地方房地产市场的健康发展甚至地方政府的招商引资，中央政府和农民、城市居民等社会多重挤压，地方政府的财政收益和社会综合效益日渐降低，土地财政的执行成本越来越高昂。地方政府在现行制度安排下的净收益不断降低直至逼近于零。当地方政府认识到现行土地管理制度的变迁能给自身带来潜在收益时，地方政府在构建城乡统一建设用地制度方面的需求是可以不断增强的，地方政府对制度变迁的需求，假设为 D_4，$D_4 = R_4 - C_4 > 0$。在构建城乡统一建设用地制度的同时，地方政府可以建立和完善市场规则，地方财政的收支平衡和地方经济的持续发展可以兼得。

4.2.5 中央政府对农村集体建设用地制度变迁的需求分析

中央政府是国家的权力中心，其通过制定和执行相关政策对土地管理和利用制度的变迁起着主导性和决定性作用，是强制性制度变迁的执行者。作为国家最高行政机关，中央政府制定和执行任何政策都是从国民经济全面、协调、可持续发展的总体高度出发，追求政治、经济、文化等在内的社会总福利的最大化。农村土地管理制度只是中央政府管理和关心的众多产业和行业之一。但是，鉴于包括农村土地和农村土地管理制度在内的整个土地管理制度对国民经济发展的重要性，中央政府历来十分关注对土地管理制度的优化和完善。由于农村地域广阔，人口众多，历史遗留问题导致情况复杂，农村土地管理制度的优化和完善对于国家的稳定和国家综合国力的提升尤为重要。农业、农村、农民的问题是关系国家全局发展的问题，只有农村稳定和经济发达了，我国才能真正成为世界强国，中国梦才能真正实现。

我国农村土地制度变迁轨迹表明，在新中国成立后的前30年左右，中央政府推行的主要是强制性制度变迁。这种来自最高权力机构的强制性制度变迁节约了制度变迁的时间，中央政府的影响力在制度变迁中起了决定性作用。新中国成立前夕，解放区进行了以打土豪、分田地为特征的土地改革运动，

---

① 田光明，曲福田.中国城乡一体土地市场制度变迁路径研究[J].中国土地科学，2010，24(2)：27.

中央政府把农村土地分给农民家庭私有，这种制度安排在当时极大调动了广大农民加入解放战争争取最后胜利的积极性。新中国成立后，中国共产党的施政纲领和社会主义中国的意识形态必然要求对全国经济进行社会主义改造。农村从初级合作社过渡到高级合作社，到后来全面实行人民公社化，农村土地全面转变为集体所有制，农民只享有农村土地的使用权。从初级农业合作社到高级农业合作社的改革只用了两年左右的时间，而从高级农业合作社转变为人民公社，用的时间更短，只花了两个月左右的时间。

新中国成立初期，我国工业基础薄弱，中央政府采用了农村支持城市工业化和现代化发展的路线方针。农村以土地等主要生产资料走集体化道路线既能够把资源用于工业化建设，又能够有效控制农村、巩固农村稳定。陈云在主管农村经济工作的时候，开始实行农村粮食生产的统购统销制度。农产品国家统购，是指国家用行政手段强制性制定各种农产品的价格，以国家制定的低廉价格统一收购农民生产的各种农产品。农产品收购具有很大的强制性。农产品国家统销，是指国家为了发展城市工业和快速增加国家实力，对城市工业和具有城市户口的城市工商业就业者低价出售工业原料和生活必需品等。城市居民用较低的工资即可维持个人和家庭的生活。工业生产创造的超额利润则上缴国家。在统购统销制度下，农村对工业和城市发展无条件支持，作出了巨大贡献。我国在一穷二白的情况下迅速积累了工业化建设资金。我国粮食等农产品的统购统销制度以工农产品价格剪刀差的形式实现了农业积累向工业领域的转移。同时，农村居民被严格限制于农业土地上，农村户籍和城市户籍严格区分，农村和农民被牢牢控制在农村。中央政府当时的这种制度选择是新中国成立初期国民经济、国际国内政治形势等因素综合发展战略平衡考虑的结果，是符合中央政府利益的较优选择。我国的综合国力和工业化建设成就在当时的确以较快的速度引起了世界瞩目。但是这种强制性制度变迁的负面作用也显而易见，它加剧了城乡之间的分割，造成了巨大的城乡差距，让中国农村一贫如洗，中国经济市场化发展进程缓慢。

从人民公社成立到国家开始实行改革开放政策之间经历了20多年的时间，我国农村对城市和工业的支持是巨大的。随着社会生产力的进一步发展，国家以牺牲农业优先发展工业的发展战略，在各种社会因素的综合作用下不得不开始进行调整。家庭联产承包责任制的实行是存在于制度之外的外部利润引起的诱致性制度变迁，是农民在外部利润诱惑下自发进行的制度选择。家庭联产承包责任制以其强大的生命力和合理性让制度变迁的各方获得了巨大的外部利润，最终得到了中央政府的许可并迅速在全国各地推广。家庭联产承包责任制的历史功绩主要表现为：就该制度本身安排而言，农民作为经济主体获得了对自身劳动时间和劳动投向的支配权，提高了农村劳动生产效率，农民生产积极性提高，在相同的技术、劳动、资金和土地下，生产了比以往多得多的粮食。整个国家的吃饭问题不再成为威胁性问题。这是整个社会的帕累托改进。同时，家庭联产承包责任制在解放农村生产力的同时又带动了其他社会制度的不断改革，户籍制度不再那么严苛，农村人口从土地上解放出来后不断向非农产业转移，我国的改革开放取得重要成就。土地城市化、中国的民工潮再次表明，农村、农民又以一种全新的方式对城市化和工业化进行着一如既往的支持。

改革开放以来，我国的综合国力大大提高，国家在政治、经济、文化各个领域取得了举世瞩目的成就，工业化和城市化发展迅猛。根据2011年公布的第六次人口普查数据，大陆31个省、自治区、直辖市和现役军人的人口中，居住在城镇的人口为665 575 306人，占49.68%；居住在乡村的人口为674 149 546人，占50.32%。同2000年第五次全国人口普查相比，城镇人口增加207 137 093人，乡村人口减少133 237 289人，城镇人口比重上升13.46个百分点。从公布数据可以看出来，随着我国工业化、城市化和农业现代化的飞速发展，农村人口的数量在不断减少，农村人口占我国总人口数的比例也在不断降低，城市人口的比重在不断上升。但是，这是按常住人口来计算和统计的，即把在城市生活半年以上的农业户籍人口也统计为"城镇常住人口"。而这些仅仅只是在城市居住的农业户籍人口很大程度上是"半城市化"的，他们中的大多数人离土不离乡，在农村有自己的空闲的住宅和农业承包地。农闲在城市，农忙在农村，平常在城市，春节回农村。在目前城乡户籍和城乡土地管理二元化制度下，由于社会保障制度的缺失、户籍制度以及就业制度对农民的歧视，他们很难真正融入城市体制和城市生活。党的十七届三中全会提出城乡统筹协调发展的大策方针，目的就是要让这部分人真正能变成城市居民，让他们享有和城市居民平等的社会保障和福利，让他们有更多的自由在城市或乡村选择职业和喜爱的生活方式，让社会更加和谐。

众多学者认为，家庭联产承包责任制已经光荣完成了历史使命，目前需要对农村土地管理制度进行优化和完善。有学者认为，目前农村家庭承包经营的土地过于细碎化，影响了农业规模化经营和农业现代化生产。同时，随着城市化的发展，农村土地出现大量闲置和撂荒。我国必须要改变农村集体所有土地资源被现行体制僵化的现实状况，让农村土地资源充分流动，整合农村土地资源，让农村土地资源发挥更大的效益。目前农村的发展遭遇缺乏人才、缺乏资金、缺乏技术的尴尬境地，农业、农村、农民的问题形势严峻。我国工业已经成长起来，国情国力的变化要求对旧有制度进行变革，新型工农关系和城乡关系应该是工业反哺农业，城市带动农村发展，这是解决好"三农"问题的必然要求，也是落实科学发展观，促进整个国家经济社会发展的必然要求，是符合中央政府利益的制度选择。为了达到这个目标，统筹城乡协调发展，改革农村土地和城市土地二元割裂管理制度则成为了制度变革的关键所在。2008年10月《中共中央关于推进农村改革发展若干重大问题的决定》指出，"逐步建立城乡统一的建设用地市场，对依法取得的农村集体经营性建设用地，必须通过统一有形的土地市场、以公开规范的方式转让土地使用权，在符合规划的前提下与国有土地享有平等权益"。党的十八届三中全会再次提出："要建立公平开放透明的市场规则，完善主要由市场决定价格的机制，建立城乡统一的建设用地市场"。可见，对目前农村土地管理体制进行变迁，特别是对城乡建设用地管理制度进行变迁，符合中央政府的根本利益，城乡一体的土地市场结构的建立能够带来社会总体福利增加[①]。

由于构建城乡统一建设用地系统是一个庞大而复杂的系统工程，全国各个地方涉及到各种复杂的利益调整增和科学合理的政策架构设计，制度变迁的成本较高。再加上为了维护中央政府政策的权威性和稳定性，中央政府在土地管理制度的重大调整上持审慎态度。中央鼓励城乡统筹综合配套改革区

---

① 田光明，曲福田. 中国城乡一体土地市场制度变迁路径研究[J]. 中国土地科学，2010，24(2)：26.

4 构建城乡统一建设用地系统的制度变迁分析与目标路径选择

进行试点，总结经验，摸索发展路子。在这个过程中，各地的试验在取得成绩的同时也出现了不少难以解决的问题，笔者在前几章已经有详尽的论述。因此，到目前为止还并未出台构建城乡统一建设用地系统的全国性的法律法规和实施细则。

在城乡统一建设用地系统成功建立之后，威胁社会稳定的农村集体征地问题得到解决，农村的土地价值被激活，农村发展需要的资金、技术、人才得到很好解决，城乡社会在中国经济市场化经济体制改革方向指引下协调健康发展，农村和城市共同繁荣发展，社会和谐稳定，人民生活富裕幸福，这些社会目标的取得对于中央政府无疑是很大的收益，假设为 R_5。在改变原有体制、建立新体制的同时，中央政府可能会遭遇到地方政府在短期内土地财政收入减少带来的阻力、法律法规实施细则运行的试错成本、相关配套制度跟进不及时带来的困扰等等。假设中央政府在制度变迁中遇到的成本为 C_5，那么，中央政府对构建城乡统一建设用地系统的制度需求，假设为 D_5。笔者认为，D_5 的值随着管理和技术的进步，是逐渐向正的方向发展的，也即制度变迁的成本随着各地试验区在土地制度方面改革探索深度和广度的不断拓展、管理经验和技术的不断累积，C_5 逐渐减小，R_5 不断上升，$D_5=R_5-C_5>0$ 是必然的。

4.3 构建城乡统一建设用地系统的制度供给路径分析

从前面几节的分析可以看出，与城乡土地二元分裂管理制度变迁相关的各利益集团的制度变迁需求 $D_1+D_2+D_3+D_4+D_5>0$，可见改革我国当前土地管理制度的制度变迁动力很足，改变目前的土地管理体制已经势在必行。那么，如何建立城乡统一的建设用地系统，如何建立与城乡统一建设用地系统相配套的其他社会制度，使各个系统之间形成一个有机整体，则成了制度变迁的供给路径问题。

4.3.1 中央政府是制度变迁的主导者和供给者

根据对新中国成立后我国城乡土地管理制度变迁路径和轨迹的分析，我国农村土地管理制度正在经历一场外部利润内部化的诱致性制度变迁，这种制度变迁还没有彻底完成。但是，根据西方新制度经济学的观点，诱致性制度变迁与强制性制度变迁是很难划分开的，它们相互联系、相互制约，共同推动着社会的制度变迁[①]。中央政府作为最高行政机关，当看到某种制度的潜在收益时，通常会顺应社会形势的需要，自上而下提供正式法律法规进行强制性制度变迁。当诱致性制度变迁与强制性制度变迁的偏好相近时，这种制度变迁的社会成本将最小，效率最高。我国的家庭联产承包责任制改革的成功和带来的历史功绩，恰好证明了上述观点。虽然家庭联产承包责任制的改革并没有完全解决农民土地财产权益的保护问题，但是这种制度变迁方式和当前农村土地管理制度的变迁方式却有着异曲同工之妙。

中央政府作为制度变迁的第一行动集团，在制度变迁明确的前提下，面临着选择制度变迁具体路径的挑战。建立城乡统一的建设用地市场是我国当前土地管理体制改革的目标。为了成功达到这个目标，必须要选择科学合理的制度变迁路径，正确的路径才能保障该目标以低的社会成本和高的效率实现。毫无疑问，不管选择什么样的路径，我国与土地制度相关的《宪法》《物权法》《土地管理法》《土地承包法》等一系列法律法规都会涉及到进一步的调整和完善。中央政府作为制度变迁的主导者和承担者完全有能力和优势推动全国性政策法规的修订并制定统一的土地管理法律法规。新的法律法规的制定应该在改变城乡二元土地管理制度上下足功夫，提高农民的财产性收入，让农村居民分享社会文明进步的发展成果，保护农民土地权益，让农村集体所有建设用地与城市国有建设用地在工业化、城市化和现代化进程中享有平等权益，真正实现"同地、同权、同价"，让农村集体建设用地市场和城市国有建设用地市场真正统一起来。2019年《土地管理法》的修正和颁布，有力说明了中央政府是我国土地制度变迁的主导者和供给者。

4.3.2 构建城乡统一建设用地系统的路径选择

对于构建我国城乡统一建设用地系统的路径选择，总体上可以从土地所有权和土地使用权两个方面的制度进行分析和选择。

4.3.2.1 农村土地制度变迁的路径选择

关于农村土地所有权的制度改革，目前学术界有四种观点。

---

① 卢现祥. 西方新制度经济学[M]. 北京：中国发展出版社，2003：113.

4 构建城乡统一建设用地系统的制度变迁分析与目标路径选择

第一种观点是废除土地农村土地集体所有制,让农村土地和城市国有土地统一所有权,建立土地单一国有所有制。理由是农村集体产权主体虚置,农村集体土地产权权能残缺,农村集体土地所有权名存实亡,国家在事实上行使着农村土地的最终处分权。把农村集体所有权还给国家,有利于国家高效率统一管理城市土地和农村土地。农村土地国有化有利于实现农村土地效益优化,有利于厘清国家、集体、农民三者之间的土地权利义务关系[①]。农村土地国有化是城乡社会保障一体化的法制前提[②]。邓大才(2000)认为,应坚持土地公有制,明确农村产权"三元分割",即国家所有、村集体占有、承包经营使用者使用,国家是土地终极所有者,执行者是村集体。推动所有权与承包权、承包权与经营使用权分离的双重两权分离,这是农地产权制度改革的核心,其他的制度都要围绕这双重两权分离而展开[③]。

第二种观点是废除集体所有制,实行农村土地农民私有制。理由是实行土地私有化,可以发挥土地资源的最大效用,可以充分保障农民的经营自主权,可以抑制地方政府和乡村"强势阶层"对农民土地的廉价掠夺,可以有效转移农村人口,推动城市化的进程等[④]。农民土地私有制具有严格的产权排它性和产权激励性,能激发农民的生产积极性,必将创造比土地集体所有制下更大的财富。李永民(1989)认为,重构土地产权的基本要求是实现土地所有权的人格化和社会化,打破全民所有制和集体所有制就是社会主义的神话,将土地的所有权给予农民,真正实现马克思所说的重建个人所有制,恢复国家所有基础上的农民专用占有制,同时也就决定了土地作为国家资本向农民的部分让渡,恢复国家所有基础上的农民专用占有制。[⑤] 这种主张在目前中国是激进化和非主流的,提出来后受到了很多质疑,也引起了学术界的大辩论。

第三种观点是把农村集体土地所有权改革为多元复合所有制。钱忠好

---

① 刘云生. 农村土地国有化的必要性与可能性探析[J]. 河北法学,2006,24(5):66.
② 叶明. 城乡社会保障制度一体化的法制前提:农村土地国有化[J]. 西南民族大学学报(人文社会科学版),2013,(5):94.
③ 邓大才. 效率与公平:中国农村土地制度变迁的轨迹与思路[J]. 经济评论,2000,(5):41.
④ 赵伟鹏. 实行土地私有化,解决农民增收问题[J]. WTO与我国农业系列研讨会论文集,2001,(12):155-156.
⑤ 李永民,李世灵. 农村改革的深层障碍与土地产权构建——兼述我们同流行的理论观点的分歧[J]. 中国农村经济,1989,(6):48.

(1998)认为,我国农村土地宜采用农地复合所有制,即农地社会(国家)占有基础上的农民(农户)个人所有制[①]。理由为:土地价值形成过程中既包含了土地所有者或使用者直接以土地为开发利用对象形成土地产品的劳动即私有价值,又凝聚着外部环境人类劳动的辐射影响即外来价值,因此土地是社会和劳动者双方共同的劳动成果,理应让农民和国家共同享有所有权。既要承认国家拥有农地的部分所有权,又要承认农民是农地的又一所有者。鄂玉江(1993)主张将土地所有权的具体形式改建为国家所有、社区所有和私人所有的三种形式。完全的国有形式或完全的私有形式,在各个国家都是不常见的。因为二者都有操作上的困难和实行中的弊端,都不符合现实经济运行的客观要求,也不适合于中国的现实情况,因而是行不通的。而维持现状又难以克服现有的种种弊病。所以我们认为三元并存的选择在现时是最可行的,在国外也是普遍存在的[②]。

第四种观点是坚持和保留目前的农村土地集体所有制度,对土地使用权制度体系进行改良和优化。周诚(1989)认为,我国农村土地制度存在着严重缺陷,有效性差,从而难以形成优化生产力组合及协调生产关系的经济机制,改革我国农村土地制度势在必行。但恢复土地私有制的时机已经错过了,而全面实行土地国有化的时机还未到。因此要针对目前土地所有制存在的矛盾及其产生的根源,完善现有的农村土地集体所有制[③]。白永秀(1991)认为,坚持集体所有制,是农村土地制度改革的前提[④]。杨继瑞(2008)认为,任何一种制度变革必须考虑执行成本和社会成本,新制度的执行需要社会保障体系的支持。我国农村土地制度改革必须坚持并完善农村土地集体所有制,改革重点应该是对土地使用权的运行机制进行创新,最终建立新型的农村集体土地产权制度[⑤]。曲福田(2011)认为,土地产权改革应该在城乡统筹视角下进行,在坚持农村集体土地所有制的前提下,不断强化和完善集体土地使用权物权

---

① 钱忠好. 中国农村土地制度变迁和创新研究[J]. 中国土地科学, 1998, 12(5): 30.
② 鄂玉江. 农村土地制度深化改革模式选择[J]. 农业经济问题, 1993, (4): 22.
③ 周诚. 经营形式、规模经济、土地制度[J]. 中国人民大学学报, 1989, (2): 38.
④ 白永秀. 坚持集体所有制是农村土地制度改革的前提[J]. 汉中师院学报(哲学社会科学版), 1991, (4): 1-8.
⑤ 杨继瑞. 我国农村集体土地所有权改革的探析与思考[J]. 农村经济, 2008, (5): 4.

属性，从而强化产权的激励和约束功能①。

农村集体土地完全国有化的主张，除了增加国家改变集体土地所有权归属的社会和经济成本之外，还会增加国家对土地租赁和管理成本，会降低管理效率，不可取。农村集体土地完全私有化的主张，首先不符合我国社会主义国家的基本治国方略，存在很大的政治风险。不但不能解决土地资源利用效率问题，还可能对农民的根本利益造成损害，也不可取。把土地管理制度变为复合所有制的主张，实质上是主张土地的多元所有制，多头供地，和土地私有化的主张没有本质区别。也不可取。综合学术界学者们的观点，笔者赞同第四种主张，即在构建城乡统一建设用地系统的路径选择上，必须坚持我国目前土地所有权公有制不动摇，改革重点在于对土地产权运行机制进行优化和改良。这种选择既可以避免制度变迁的社会成本和大的冲突，维持社会的稳定和谐，又可以达到土地资源的优化整合利用并提升社会总福利水平的目的。

4.3.2.2 对农村土地使用权运行机制进行优化和改良

马克思认为，一定社会的产权结构并不是个人之间自由交易的产物，人们的交易也不是一种契约的关系，而是一种生产关系，是生产力与生产关系、经济基础与上层建筑矛盾运动的结果，产权不是指人与物的关系，而是指由物的存在及关于它们的使用所引起的人与人之间的关系。马克思的产权理论是从社会整体和哲学的高度来对产权进行理解和定义，与西方的产权理论的定义层面不同。西方产权理论的基础是理性经济人假说、抽象的个人主义和泛化的契约主义②。产权经济学家 A·阿尔钦认为，产权是一个社会所强制实施的选择一种经济品的权利。H·登姆塞茨认为，产权的所有者拥有他的同事同意他以特定的方式行事的权利。一个所有者期望共同体能阻止其他人对他的行动的干扰，假定在他权利的界定中这些行动是不受禁止的。产权包括一个人或其他人受益或受损的权利。H·登姆塞茨对产权的定义显示了产权具有排他性特征。马克思的产权理论和西方产权经济学家的产权理论虽有不

---

① 曲福田. 城乡统筹与农村集体土地产权制度改革[J]. 管理世界，2011，(6)：42.
② 孙飞，齐珊. 马克思产权理论的当代价值[J]. 当代经济研究，2012，(3)：15.

同，但是对他们关于产权的定义加以回顾，会让后辈对产权的理解更加全面和深刻。更进一步，产权经济学认为，产权是由许多权利构成的权利束。"权利束"由许多权利构成，如所有权、占有权、使用权、收益权、分配权、抵押权、发展权、处分权等等。产权的特性包括排他性、可让渡性、可分割性等。产权的权利束会影响物品的交换价值，这是产权经济学的一个基本观念之一。所具有的权利束越完整的产权，物品的交换价值将会更大。但是产权的完备性只是一种理想状态，现实生活中没有完全完备的产权。产权残缺的原因大致来自两个方面，一是产权主体在界定、保护和实现权利的费用太高而自动放弃一部分权利束；二是外来的干预，如国家的一些管制等造成的所有制残缺。

我国农村集体土地缺乏明确的人格化代表，产权主体虚置导致了产权的排他性不强，同时由于国家的管制，产权是残缺的。马克思认为，生产资料所有制形式决定了生产关系的性质。生产资料所有制决定了一定社会的经济利益关系，从根本上决定了生产关系的物质内容。对生产资料的占有是生产的前提，是人们分配、交换、消费取得成果使利益最终实现的条件，因而生产资料所有制是最根本的关系，它决定了整个利益关系，也决定了生产关系的物质内容[1]。马克思讲的"生产资料所有制"，本质上即西方产权经济学的"所有权"，也就是说，产权"权利束"当中的"所有权"是产权关系中最重要和核心的权利。结合西方产权经济学理论可知，我国农村土地集体所有虽然只是农村土地产权制度"权利束"当中的一项权利，但却是我国农村土地生产关系的核心和基础，对社会生活的影响重大深远，不能轻易改变。

农村集体土地产权权利束当中的其他权利设计及运行机制，则可以进行制度创新和优化，在不改变农村土地集体所有制经济基础之上，提高产权运行效率。构建城乡统一建设用地系统的关键是赋予城乡建设用地平等的权利，具有平等的权利才具有平等的定价机制，市场机制才能在城乡土地资源配置中发挥基础性作用，土地资源的配置效率和利用效率才能得到提升。土地交

---

[1] 曹之虎. 对马克思所有制理论的系统研究[J]. 中国社会科学, 1987, (6): 31.

4 构建城乡统一建设用地系统的制度变迁分析与目标路径选择

易的实质是土地产权的交易，其核心在于自由平等进行交换[①]。我国农村土地集体所有权主体不明晰，排他性不强，产权的保护和激励约束功能弱。因此应该在坚持农村土地集体所有制度的基础上，建立健全新型的农村集体土地产权体系，分步骤、分阶段对农村集体土地进行分类界定，明晰各类土地的产权主体。让农村集体土地使用权和城市国有土地使用权享有平等权利。在现代市场经济体系中，所有权和使用权分离符合现代企业制度理论，良性的土地产权机制比单纯的土地所有权对经济效率的影响大。当前我国农村土地产权权能缺失较多，只设置了土地所有权、承包权、经营使用权、收益权、有限流转权。农村土地产权制度在激励产权主体的生产积极性、保障产权主体的平等权益和对侵犯产权主体利益的行为产生法律和经济约束等方面的功能很弱。现有的农村土地产权制度变迁势不可挡。新型农村土地产权体系主要包括土地所有权、土地发展权、土地承包经营权、土地开发权、土地占有权、土地经营使用权、土地处分权、土地收益权、土地抵押权、土地继承权等。今后应该在坚持集体所有制的前提下，拓宽和完善土地产权体系的权能结构，建立城乡统一的建设用地系统，让农民享有更多的土地权益。

与农村建设用地不同，城市国有建设用地的使用权人依法享有对国有建设用地使用权的占有、利用、收益和处分的权利，城市国有建设用地使用权的可转让性促使了二级和三级土地使用权市场蓬勃发展，充分发挥了市场在资源配置中的决定性作用。农村集体建设用地使用权管理制度应该参照国有建设用地使用权的现有管理制度进行创新和变革，逐步建立起城乡统一的建设用地系统。构建城乡统一的建设用地系统，实质上是让土地要素、劳动力要素、资金要素及技术要素在城市和农村自由流动，建立符合城乡一体化要求的城乡关系。农村土地产权体系的改良和优化是建立城乡统一建设用地系统的关键。而农村土地产权体系的改良和优化特别要重视赋予农村集体土地使用权完整的物权属性，恢复农村土地产权制度的激励和约束功能。这样才能让农村建设用地市场和城市国有建设用地市场真正统一起来。这是构建城乡统一建设用地系统的目标和方向。

---

① 曲福田，田光明.城乡统筹与农村集体土地产权制度改革[J].管理世界，2011，(6)：34-46.

4.4 本章小结

本章首先分析了为构建城乡统一建设用地系统而进行制度变迁的源泉，认为由于各种要素相对价格逐渐发生了改变，人们的偏好也在无形中慢慢发生了变化，当前构建城乡统一建设用地系统的必要性已经凸显。然后分析和比较了制度变迁中各利益集团的需求动力差异，认为制度变迁的各利益集团都有制度变迁的需求。对于构建城乡统一建设用地系统的目标路径进行分析，笔者认为，必须坚持我国目前土地所有权公有制不动摇，重点在于对土地产权运行机制进行优化和改良。这种选择既可以避免制度变迁的社会成本和大的冲突，维持社会的稳定和谐，又可以达到土地资源的优化整合利用并提升社会总福利水平的目的。最后，笔者对如何进行我国农村土地制度产权体系优化和改良进行了分析论证，提出了构建城乡统一建设用地系统的改革目标和方向。

5 城乡统一建设用地系统的架构研究：五位一体

通过对我国城乡建设用地管理和利用制度现状的研究，综合考虑城乡两类建设用地在权利、市场、价格等方面的差异性，笔者提出了构建城乡统一建设用地系统的构想。城乡统一建设用地系统包括以下五类子系统：统一的权利系统、统一的用途系统、统一的市场系统、统一的价格系统和统一的规划系统。

统一的权利系统，即让农村集体建设用地和城市国有建设用地享有平等的权利，保障农村集体建设用地的所有权、占有权、收益权、租赁权和转让权等不受侵犯，降低政府征地行为对农村集体建设用地的控制程度。统一的用途系统，即对城乡建设用地统一以公益性用地和经营性用地标准进行区分，城乡建设用地的具体用途与土地归属无关。加强土地用途管制，提高耕地保护和生态环境保护力度。统一的市场系统，即让农村集体建设用地和城市国有建设用地享有统一的建设用地使用权出让市场和建设用地使用权转让市场，发挥市场机制对于土地资源配置的基础作用，使城乡建设用地资源的利用更加集约化和节约化。统一的价格系统，即建立城乡建设用地统一的价格形成机制，形成科学合理的建设用地出让价、转让地价、基准地价以及征地价。统一的规划系统，即根据社会经济发展状况对城乡建设用地进行统一规划，优化城乡各类产业用地布局，提高规划的科学性、民主性和权威性。

因此，本书提出的城乡统一的建设用地系统，是指农村集体所有的建设用地和城市国有的建设用地在土地权利系统、土地用途系统、土地市场系统、土地价格系统和土地规划系统五个方面相统一相协调，这五个子系统相辅相成，五位一体，共同组成城乡统一的建设用地有机大系统。

5.1 基于系统动力学方法构建城乡统一建设用地系统

基于系统动力学方法，笔者构建了城乡统一建设用地系统的综合目标和反映综合目标实施效果的指标。构建城乡统一建设用地系统的综合目标包括：(1)用地满意度；(2)经济增长；(3)人民生活水平的改善；(4)对城市化的促进；(5)对工业化的支持；(6)对农业现代化的带动。这6个目标性指标不易于量化，因此还必须进一步分解为可以量化的指标。同理，对于5个子系统，笔者也选取了具有代表性的指标反映各子系统的特征，同时也进一步分解指标为可量化性指标。表5.1分别罗列了代表城乡统一建设用地系统的关键性指标、指标解释以及拟测量方法。

表 5.1 城乡统一建设用地系统综合统计指标

一级指标	二级指标	三级指标（可测指标）	指标解释	测量方法
构建城乡统一建设用地系统的决策评价结果	构建城乡统一建设用地系统的综合目标	用地满意度 / 土地交易投诉与抱怨的比率	反映土地管理和利用制度的合理性程度，比率越低，土地制度越合理	调查
		经济增长 / GDP增长速度	GDP增长速度(%)=(报告期可比价地区生产总值－基期可比价地区生产总值)/基期可比价地区生产总值×100%	社会经济统计年鉴
		人民生活水平改善 / 人均GDP增长	地区GDP增长速度/地区总人口	社会经济统计年鉴
		人民生活水平改善 / 幸福指数	"幸福指数"涉及的11个因素为：收入、就业、住房、教育、环境、卫生、健康、社区生活、机构管理、安全、工作与家庭关系以及对生活条件的整体满意度	百度"中国幸福城市指数分值表2010版"
		对城市化的促进 / 城市化率	城镇人口占总人口(包括农业与非农业)的比重	社会经济统计年鉴
		对工业化的支持 / 千人当年重要知识产权授权数	当年每千人拥有的发明专利授权数和其他知识产权授权数总数。反映工商业的知识产出价值和自主创新能力	来自"国家高新技术产业开发区评价指标体系"
		对工业化的支持 / 工业化率	工业增加值占GDP的比重	社会经济统计年鉴
		对农业现代化的带动 / 农业科技进步率	农业科技进步率＝农业总产值增长率－物质费用产出弹性×物质费用增长率－劳动力产出弹性×劳动力增长率－耕地产出弹性×耕地增长率	农业部科技司《关于规范农业科技进步贡献率方法的通知》(1997)

5 城乡统一建设用地系统的架构研究：五位一体

续表

一级指标	二级指标	三级指标（可测指标）	指标解释	测量方法
影响城乡统一建设用地系统构建目标的因素	规划系统	土地投资	政府对土地开发的年投资额	土地交易、使用、市场培育过程中的投资，并且含土地立法调研论证投资、土地行政管理机构改善办公条件及员工培训的投资	社会经济统计年鉴
		公益性用地数量	公益性用地占总规划用地的比率（比率1）	公益性用地包括公共管理用地、公共服务用地、交通用地、军事用地等	社会经济统计年鉴
		城乡居民住宅用地数量	城乡居民住宅用地面积占总用地面积的比率		社会经济统计年鉴
		工商业用地数量	工商业用地面积占总用地面积的比率（比率2）		调查
		土地规划的民主性和科学性	民间不支持的用地项目占用地总项目的数量比		社会经济统计年鉴
	用途系统	建设用地增长速度	建设用地增长比率	建设用地年增长比率(%)=[(本年度建设用地总量－上年度建设用地总量)/上年度建设用地总量]×100%	社会经济统计年鉴
		耕地保护	耕地增长率	耕地年增长率(%)=[(本年度耕地保有量－上年度耕地保有量)/上年耕地保有量]×100%	社会经济统计年鉴
		土地用途管制	违规土地开发面积占总开发面积的比重		社会经济统计年鉴

续表

一级指标	二级指标	三级指标（可测指标）	指标解释	测量方法
权利系统	土地流转法律保障	土地法规的合理性	征地面积占建设用地总面积的比值，比值越大，越不合理	社会经济统计年鉴
		土地法规立法充分度		调查
		土地执法的严格性		调查
	土地使用权转移的效率	行政审批速度		调查
		手续费的合理性（包括中介费）		调查
市场系统	土地市场发展程度	房地产从业人数增长比例		社会经济统计年鉴
	土地市场供需均衡度	政府出让金收入		社会经济统计年鉴
		房价收入比	商品房平均价格/城乡居民家庭平均年可支配收入	社会经济统计年鉴
	土地市场竞争度	土地竞价成交比	土地竞价成交幅数/土地供应总幅数	社会经济统计年鉴
	土地市场配套制度完善度	中介机构的数量及种类	中介结构的数量越多，种类越全，土地市场配套制度越完善	社会经济统计年鉴
价格系统	政府对土地价格的干预度	民间对土地基准地价的合理评价（科学性和合理性）		调查
	土地市场价格灵敏度	土地价格供给弹性	建设用地供给价格弹性系数=（供给量变动率/价格变动率）	社会经济统计年鉴
	征地价格的科学性和合理性	征地价格与出让价格的比值		社会经济统计年鉴
	比价渠道的合理性	交易主体是否有查比价格的畅通渠道	渠道数量是否充分、渠道使用是否容易	调查

5 城乡统一建设用地系统的架构研究：五位一体

根据表 5.5 设置的目标和指标，运用系统动力学原理，利用 vensim 软件绘制出城乡统一建设用地系统的因果关系图，如图 5-1 所示。

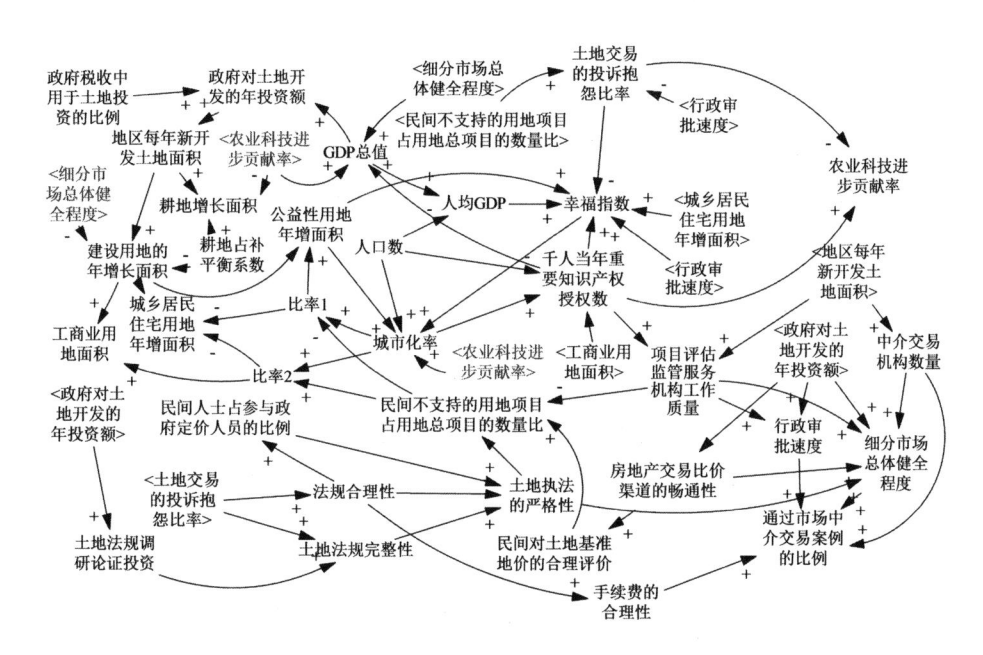

图 5-1 城乡统一建设用地市场的因果关系图

通过图 5-1，可以很好地说明城乡统一建设用地各子系统之间、子系统与目标之间的相互影响与制约关系。图中正反馈表示变量对目标变量起到增强作用，负反馈表示变量对目标变量起到减弱作用。

权利系统、用途系统、市场系统、价格系统和规划系统共同组成城乡统一建设用地有机大系统。这五个子系统相互联系和相互影响，共同支撑和决定构建城乡统一建设用地系统的综合目标的实现效果。这五个子系统在相互作用过程中功能会产生叠加，叠加效应让城乡统一建设用地大系统的功能远远超过各子系统功能的简单相加。各个子系统同时又具有相对独立性，无法跳出"短板效应"的影响。

"短板效应"又称"水桶效应"。该理论是由美国管理学家彼得提出的。装水的木桶是由许多木板箍成的，盛水量由这些木板共同决定。但是最短的那块木板在决定盛水量中起关键性作用。如果不加长或者换掉最短的那块木板，其他木板越长，浪费越严重。同时，木桶的结构和形状也决定盛水量，圆形的木桶比方形的木桶盛水量大。木桶直径越大，盛水量也越多。[①]

在城乡统一建设用地系统中，因为整个系统由五个子系统支撑，所以各个子系统所体现出来的"短板效应"也会更加的显著。因此，在对城乡统一建设用地系统的实证分析中应当找到五个子系统中的"短板"，研究五个子系统之间的结构及其对于城乡建设用地系统的贡献度，然后针对情况采用各种方法和手段对子系统进行优化和调整，使每个子系统都能够强化对城乡统一建设用地有机大系统的促进作用，增强各子系统功能的叠加效应。

5.2 城乡统一建设用地系统评价指标体系构建

城乡统一建设用地系统是一个综合性极高的系统，在对其进行定量分析时，应综合多方面的指标，建立科学的评价指标体系，进行全面综合的评价。

城乡统一建设用地系统的评价指标分为两个方面，第一个方面是对城乡统一建设用地系统的综合性评价，归纳为系统评价综合指标；另一个方面是对5个子系统的评价，归纳为子系统评价指标。通过综合指标和子系统指标的选取，构建出城乡统一建设用地系统评价的指标体系。

5.2.1 城乡统一建设用地系统评价指标选取

在上节中，笔者建立了城乡统一建设用地的目标体系和对目标进行评价的指标体系。但是由于部分指标在实践中难以进行测量，原始数据收集困难。因此在进一步建模过程中，笔者对表5.1罗列的指标进行取舍，把上述指标转化为易于测量的新指标，这些可测量指标同样具有很强的代表性。

5.2.1.1 城乡统一建设用地系统综合评价指标选取

城乡统一建设用地的综合评价指标包括地区的经济发展程度、城市化进

[①] 本段关于短板效应的说明参考了百度百科"短板效应"词条[DB/OL]. http：//baike.baidu.com/view/659646.htm.

5 城乡统一建设用地系统的架构研究：五位一体

程、工业化率和农业现代化水平。基于系统动力学的因果关系图，在可量化的前提下，选取的综合评价指标进一步细化为二、三级指标，即该地区的GDP增长速度、人均GDP增长速度、城市化率、工业化率和农业经济结构、农业综合产出能力和农业生产条件7个综合指标。选取指标的同时，分别对各指标进行了解。见表5.2。

表5.2 城乡统一建设用地系统的综合评价指标

一级指标	二级指标	三级指标（可测指标）	指标解释
构建城乡统一建设用地系统的综合评价指标	经济增长	地区GDP增长速度	GDP增长速度(%)=(报告期可比价地区生产总值/基期可比价地区生产总值)×100%－100%
	人民生活水平改善	地区人均GDP增长速度	地区GDP增长速度/地区总人口
	对城市化的促进	城市化率	城镇常住人口占总人口（包括农业与非农业）的比重
	对工业化的支持	工业化率	工业增加值占GDP的比重
	对农业现代化的带动	农业经济结构	第一产值占GDP的比重
		农业综合产出能力	农业从业人员劳动生产率
		农业生产条件	有效灌溉面积比重

构建出城乡统一建设用地的综合评价指标体系后，笔者将对指标进行进一步处理。

5.2.1.2 城乡统一建设用地子系统评价指标选取

城乡统一建设用地子系统是构成城乡统一建设用地有机大系统的有机组成部分，城乡统一建设用地的五个子系统包括城乡统一建设用地的权利系统、用途系统、市场系统、价格系统和规划系统。在构建城乡统一建设用地子系统的评价指标体系时，在指标可量化的基础上，笔者对这五个子系统分别考虑，进行指标选取并对各项指标做了解释说明，见表5.3所示。

表5.3 城乡统一建设用地子系统评价指标

一级指标	二级指标	三级指标（可测指标）	指标解释
城乡统一建设用地子系统评价指标	用途系统	耕地保护	耕地年增长率	耕地年增长率=（本年度耕地保有量－上年度耕地保有量）/上年耕地保有量
		建设用地增长速度	建设用地年增长比率	建设用地年增长比率=（本年度建设用地总量－上年度建设用地总量）/上年度建设用地总量
	规划系统	土地集约利用程度	单位用地面积产值	GDP/土地面积
			人口密度	总人口/土地面积
		土地空间布局	耕地面积	城镇住宅用地面积+农村宅基地面积
			绿地面积	
			住宅用地面积	
			交通用地面积	
			仓储用地面积	
	权利系统	政府对农村集体建设用地使用权的控制程度	征地面积占建设用地总面积的比值	
	市场系统	市场发展程度	房地产从业人数增长比例	
		土地市场供需平衡程度	房价收入比	商品房平均价格/城乡居民家庭平均年可支配收入
			政府出让金收入	
	价格系统	建设用地价格灵敏度	建设用地供给价格弹性	建设用地供给价格弹性系数=供给量变动率/价格变动率

(1) 用途系统评价指标

笔者在选取城乡统一建设用地用途系统指标时，主要通过耕地的保护效果和建设用地增长变化情况来进行反映。耕地保护效果采用耕地年增长率指标体现，建设用地增长变化情况采用建设用地年增长率指标体现。

(2)规划系统评价指标

城乡统一建设用地规划系统主要通过土地集约利用程度和土地空间布局情况进行评价。其中,关于土地集约利用程度方面选取的指标包括单位用地面积产值和人口密度;关于土地空间布局方面选取的指标包括耕地面积、绿地面积、仓储用地面积、住宅用地面积和交通用地面积。

(3)权利系统评价指标

城乡统一建设用地权利系统主要通过政府对农村集体建设用地各项权利的控制程度来反映。选取的指标为征地面积占建设用地总面积的比值。

(4)市场系统评价指标

城乡统一建设用地市场系统由市场发展程度和土地市场供需平衡程度来反映。关于市场发展程度方面选取的指标为房地产从业人数增长比例;关于土地市场供需平衡程度方面选取的指标为房价收入比和政府出让金收入2项指标。

(5)价格系统评价指标

城乡统一建设用地价格系统则是通过建设用地价格灵敏度和征地价格的科学性和合理性反映,表现为建设用地供给价格弹性和征地价格与出让价格的比值。笔者抽取了建设用地供给价格弹性作为量化指标。

5.2.2 城乡统一建设用地系统评价指标数据收集

考虑到省会城市和直辖市具有更强的代表性,因此数据收集只限于全国省会城市和直辖市范围,在上述范围内随机抽取了25个样本。数据指标全部为2010年的。样本的地区分布比较均匀,呈现各自的独立性,符合样本独立性原则。收集到的各项原始数据见表5.4,其中少量空白处为数据收集中产生的缺失值。同时,表5.4内某些数据是根据收集到的原始数据进行了相应计算的最终数据。

表 5.4 2010 年全国 25 个城市城乡土地利用相关数据统计表

城市	GDP（亿元）	GDP增长速度（%）	人均GDP增长速度（%）	第一产业占GDP比重	总人口（万人）	城镇常住人口比例（%）	城镇常住人口（万人）
北京	13777.9	110.3	102.4	0.9	1961	86.00	1686.46
天津	9224.46	117.4	111.7	1.6	1294	79.55	1029.377
上海	17165.98	110.3	106.4	0.7	2302	88.90	2046.478
重庆	7925.58	117.1	116.2	8.6	2885	53.02	1529.627
石家庄	3401	112.3	110.4	10.87	989.16	61.72	610.5096
郑州	4040.9	113	108.5	3.08	963	63.62	612.6606
武汉	5565.9	114.7	121.2	3.06	836.73	73.64	616.168
长沙	4547.1	115.5	111.7	4.44	652.4	73.05	476.5782
南京	5130.7	113.1	110.1	2.77	632.42	77.90	492.6552
南昌	2200.1	114	112.4	5.48	502.25	78.54	394.4672
沈阳	5017.5	114.1	112.5	4.64	719.6	75.46	543.0102
长春	3329	115.3	114.8	7.59	758.89	48.06	364.7225
哈尔滨	3664.9	114	113.9	11.26	992.02	56.45	559.9953
西安	3241.5	114.5	113.8	4.32	782.73	69.00	540.0837
济南	3910.5	112.7	111.1	5.5	604.08	86.77	524.1602
太原	1178.1	111	109.3	1.7	420.5	82.53	347.0387
成都	5551.3	115	109.3	5.14	1149.07	80.08	920.1753
合肥	2701.6	117.5	109.9	4.91	494.95	68.50	339.0408
广州	10748.3	113.2	106.4	1.75	1270.19	83.78	1064.165
贵阳	1121.8	114.3	114.3	5.09	432.46	68.13	294.635
杭州	5949.2	112	108.7	3.5	689.12	73.25	504.7804
福州	3123.4	114.2	113.1	9.05	645.9	68.25	440.8268
昆明	2120.4	114	112.9	5.67	643.9	63.60	409.5204
苏州	9228.91	113.3	105.7	1.69	1046.6	70.00	732.62
芜湖	1108.59	118.2	118.7	4.44	229.5	65.60	150.552

续表

城市	工业增加值（亿元）	工业增加值占GDP比重	上年度耕地保有量（×10³公顷）	本年度耕地保有量（×10³公顷）	耕地年增长率（%）	上年度建设用地总量（公顷）	本年度建设用地总量（公顷）
北京	2763.99	0.20061	231.7	231.7	0.00	1349.8	1386
天津	4410.7	0.478153	447.2	398.8	−10.82	662.25	686.71
上海	6536.21	0.380765	202.3	201	−0.64	886	998.75
重庆	3697.83	0.466569	2235.9	2216.7	−0.86	986.38	1091.67
石家庄	1469.89	0.432193	554.3	534.52	−3.57	202.37	206.19
郑州	1996.37	0.494041	235.7	237.92	0.94	296.36	315.71
武汉	2079.82	0.373672	206.2	204.79	−0.68	480	732.21
长沙	2020.68	0.444389	228.7	228.2	−0.22	242.43	272.39
南京	2005.21	0.390826	242.07	242	−0.03	620.81	647.28
南昌	952.75	0.433048	191	193	1.05	185	201.5
沈阳	2283.51	0.455109	233	240.6	3.26	395	412
长春	1469.63	0.441463	1228.07	1226.94	−0.09	370.21	388.16
哈尔滨	1021.55	0.278739	1826.1	1965	7.61	345.3	359.21
西安	1003.57	0.3096	258.6	255.54	−1.18	277.31	277.31
济南	1352.42	0.345843	360.7	360.7	0.00	336.3	346.9
太原	596.88	0.506646	48.6	49.2	1.23	210.24	218.93
成都	2062.82	0.371592	334.7	356.54	6.53	418.23	441.82
合肥	1121.64	0.415176	219.5	218.84	−0.30	305.03	325.91
广州	3573.32	0.332454	100.8	100.65	−0.15	511.92	657.72
贵阳	352.77	0.314468	98.2	97.81	−0.40	166.51	170.85
杭州	2502.09	0.420576	162.63	162.99	0.22	354.7	374.62
福州	1127.59	0.361014	114.2	114.4	0.18	148.78	235.11
昆明	709.62	0.334663	160.1	157.5	−1.62	414.73	414.83
苏州	4916.49	0.532727	221.6	231.11	4.29	324.32	329.09
芜湖	645.29	0.582082	83.3	82.8	−0.60	130.12	135

续表

城市	建设用地年增长比率(%)	城市面积(平方千米)	单位用地面积产值(亿元/平方千米)	人口密度(万人/平方千米)	农业GDP(亿元)	农业人口(万人)	农业从业人员劳动生产率(亿元/万人)
北京	2.68	16411	0.839553	0.119493	12400.11	274.54	45.16686
天津	3.69	11916.88	0.774067	0.108585	14759.14	264.623	55.7742
上海	12.73	6341	2.707141	0.363034	12016.19	255.522	47.02603
重庆	10.67	82269	0.096337	0.035068	68159.99	1355.373	50.28873
石家庄	1.89	15848	0.214601	0.062415	36968.87	378.6504	97.63324
郑州	6.53	7446	0.542694	0.129331	12445.97	350.3394	35.52547
武汉	52.54	8494	0.655274	0.098508	17031.65	220.562	77.21934
长沙	12.36	11816	0.384826	0.055213	20189.12	175.8218	114.8272
南京	4.26	6587	0.778913	0.09601	14212.04	139.7648	101.6854
南昌	8.92	7402	0.29723	0.067853	12056.55	107.7829	111.8596
沈阳	4.30	12980	0.386556	0.055439	23281.20	176.5898	131.8377
长春	4.85	20571	0.16183	0.036891	25267.11	394.1675	64.10247
哈尔滨	4.03	53068	0.06906	0.018693	41266.77	432.0247	95.51948
西安	0.00	10108	0.320687	0.077437	14003.28	242.6463	57.71067
济南	3.15	8177	0.478232	0.073876	21507.75	79.91978	269.1167
太原	4.13	6988	0.168589	0.060175	2002.77	73.46135	27.26291
成都	5.64	12121	0.45799	0.0948	28533.68	228.8947	124.6585
合肥	6.85	7055	0.382934	0.070156	13264.86	155.9093	85.08062
广州	28.48	7287	1.474997	0.174309	18809.53	206.0248	91.29737
贵阳	2.61	8034	0.139632	0.053829	5709.962	137.825	41.42907
杭州	5.62	16596	0.358472	0.041523	20822.20	184.3396	112.9557
福州	58.03	13066	0.239048	0.049434	28266.77	205.0733	137.8374
昆明	0.02	21015	0.100899	0.03064	12022.67	234.3796	51.29571
苏州	1.47	8488	1.087289	0.123303	15596.86	313.98	49.67469
芜湖	3.75	3317	0.334215	0.069189	4922.14	78.948	62.3466

5 城乡统一建设用地系统的架构研究：五位一体

续表

城市	交通用地（平方千米）	交通密度（%）	绿地面积（公顷）	仓储用地面积（平方千米）	住宅用地面积（平方千米）	征地面积（平方千米）	征地面积占建设用地总面积的比值（%）
北京		0.00	62672			46.48	3.35
天津	61.98	0.52	19221	23.46	186.53	43.96	6.40
上海		0.00	120148				0.00
重庆	27.4	0.03	41244	16.87	282.15	48.02	4.40
石家庄	9.41	0.06	8862	7.87	58.75	2.38	1.15
郑州	16.81	0.23	11033	13.63	79.73	19.35	6.13
武汉	46.91	0.55	15447	15.94	219.12	44.66	6.10
长沙	7.84	0.07	8598	7.15	105.91		0.00
南京	29.14	0.44	77087	16.27	178.41	35.96	5.56
南昌	20.22	0.27	8113	3.32	50.64		0.00
沈阳	10	0.08	25994	8	133	38.9	9.44
长春	13.37	0.06	13459	11.47	111.27	44.33	11.42
哈尔滨	15.09	0.03	12805	8.26	107.76	13.9	3.87
西安	8.01	0.08	10959	11.61	65.7	38.43	13.86
济南	17.4	0.21	11667	7.6	89.52	21.27	6.13
太原	18.3	0.26	8243	8.8	48	8.69	3.97
成都	13.43	0.11	16448	6.6	154.43	15.91	3.60
合肥	6.69	0.09	11582	5.13	103.38	17.96	5.51
广州	6.87	0.09	124420	18.18	191.84	33.72	5.13
贵阳	13.57	0.17	6658	6.17	43.22		0.00
杭州	21.87	0.13	15118	6.44	94.74	27.68	7.39
福州	4.82	0.04	8122	2.5	97.26		0.00
昆明	13.36	0.06	8964	10.07	212.78	44.73	10.78
苏州	7.35	0.09	13987	4.31	76.86		0.00
芜湖	5.2	0.16	5144	3.5	32.2	11.02	8.16

续表

城市	灌溉面积（×10³公顷）	有效灌溉面积比重	房地产从业人数（万人）	上年房地产从业人数（万人）	房地产从业人数增长比例（%）	居民人均收入（元）	商品房平均价格（元）
北京	211.40	0.912387	31.28	29.88	4.6854	30665	17782
天津	344.60	0.864092	3.57	3.07	16.2866	24293	8230
上海	201.00	1	11.03	11.35	−2.819	31838	14464
重庆	685.30	0.309153	8.66	4.4	96.8182	19100	4281
石家庄	480.29	0.898544	0.33	0.27	22.2222	18290	3881
郑州	196.03	0.823932	2.22	1.96	13.2653	19376	4957
武汉	157.16	0.76742	2.53	2.25	12.4444	20806	5746
长沙	228.19	0.999956	3.42	3.09	10.6796	22284	4418
南京	189.75	0.784091	1.94	1.81	7.1823	28312	9565
南昌	191.10	0.990155	0.26	0.22	18.1818	18276	4566
沈阳	240.60	1	2.2	1.71	28.655	20541	5411
长春	240.76	0.196228	2.02	2.1	−3.81	17922	5178
哈尔滨	304.30	0.15486	2.6	2.38	9.2437	17557	5333
西安	187.57	0.734014	3.32	2.87	15.6794	18404	4453
济南	246.77	0.684142	2.6	2.22	17.1171	25321	6259
太原	49.20	1	0.48	0.5	−4	17258	7244
成都	320.28	0.8983	1.72	1.52	13.1579	20835	5937
合肥	244.95	1.119311	1.46	1.32	10.6061	19051	5905
广州	80.70	0.801788	8.67	7.04	23.1534	30658	11921
贵阳	30.50	0.311829	2.41	2.35	2.5532	16597	4410
杭州	162.99	1	5.27	3.56	48.0337	30035	14132
福州	114.40	1	2.21	2.3	−3.913	23246	8414
昆明	129.49	0.822159	1.9	0.61	211.4754	17958	3660
苏州	209.67	0.90723	0.5	0.44	13.6364	30366	8243
芜湖	87.62	1.058213	0.17	0.28	−39.286	18727	5196

5 城乡统一建设用地系统的架构研究：五位一体

续表

城市	房价收入比	政府土地出让金收入（万元）	房地产开发本年购置土地面积（万平方米）	房地产开发本年购置土地面积，同比增长（%）	房地产开发土地购置费（万元）	房地产开发投资土地购置费累计同比增长（%）	建设用地供给价格弹性系数
北京	0.579879	1397000	858.7	37.40	12927472	120.00	3.21
天津	0.338781	100000	652.5	46.70	1340768	51.70	1.11
上海	0.4543	334500	432.44	133.90	4492749	110.00	0.82
重庆	0.224136	587589	1354.93	11.50	3714362	56.00	4.87
石家庄	0.212192	238673	706.85	163.40	719000	23.20	0.14
郑州	0.255832	70000	1435.89	64.30	1401018	78.20	1.22
武汉	0.27617	180000	234.97	20.00	2194251	111.10	5.56
长沙	0.198259	120000	288.48	−26.50	1023000	69.10	−2.61
南京	0.337843	668106	192.35	−47.10	2202000	65.60	−1.39
南昌	0.249836	460000	164.45	7.30	460006	152.20	20.85
沈阳	0.263424	320500	1071.69	176.20	2372862	53.20	0.30
长春	0.288919	164710	499.5	3.00	866000	59.70	19.90
哈尔滨	0.303753	80000	388.58	3.10	540974	1.70	0.55
西安	0.241958	785805	395.38	83.90	873909	65.20	0.78
济南	0.247186	485514	532	315.10	1598000	66.60	0.21
太原	0.419747	508701	193.6	6.70	405000	8.80	1.31
成都	0.284953	185784	218.2	1.10	2312584	58.90	53.55
合肥	0.309957	326151	325.5	0.30	1997000	94.30	314.33
广州	0.388838	1439153	156.9	−72.80	1543000	9.60	−0.13
贵阳	0.265711	22968	596.1	223.50	324000	73.60	0.33
杭州	0.470518	1588243	435.9	17.40	4090000	67.70	3.89
福州	0.361955	2548154	332.4	12.30	2924000	225.70	18.35
昆明	0.203809	730559	325.7	−39.50	483000	−34.00	0.86
苏州	0.271455	944965	430.9	23.20	2236000	60.60	2.61
芜湖	0.27746	566528			2911649	40.75	

数据来源：中国经济与社会发展统计数据库 http: // tongji. cnki. net/kns55/index. aspx

根据指标选取体系中指标计算公式，对表 5.4 内的数据进行计算，转化为城乡统一建设用地系统评价指标数据。城乡统一建设用地综合评价指标数据见表 5.5，城乡统一建设用地子系统评价指标数据见表 5.6。

表 5.5　2010 年城乡统一建设用地综合评价系统指标数据

城市	GDP增长速度（%）	人均 GDP增长速度（%）	城市化率	农业经济结构	工业化率	农业综合产出能力（亿元/万人）	生产条件
北京	110.3	2.4	0.86	0.9	0.20061	45.16686	0.912387
天津	117.4	11.7	0.7955	1.6	0.478153	55.7742	0.864092
上海	110.3	6.4	0.889	0.7	0.380765	47.02603	1
重庆	117.1	16.2	0.5302	8.6	0.466569	50.28873	0.309153
石家庄	112.3	10.4	0.6172	10.87	0.432193	97.63324	0.898544
郑州	113	8.5	0.6362	3.08	0.494041	35.52547	0.823932
武汉	114.7	21.2	0.7364	3.06	0.373672	77.21934	0.76742
长沙	115.5	11.7	0.7305	4.44	0.444389	114.8272	0.999956
南京	113.1	10.1	0.779	2.77	0.390826	101.6854	0.784091
南昌	114	12.4	0.7854	5.48	0.433048	111.8596	0.990155
沈阳	114.1	12.5	0.7546	4.64	0.455109	131.8377	1
长春	115.3	14.8	0.4806	7.59	0.441463	64.10247	0.196228
哈尔滨	114	13.9	0.5645	11.26	0.278739	95.51948	0.15486
西安	114.5	13.8	0.69	4.32	0.3096	57.71067	0.734014
济南	112.7	11.1	0.8677	5.5	0.345843	269.1167	0.684142
太原	111	9.3	0.8253	1.7	0.506646	27.26291	1
成都	115	9.3	0.8008	5.14	0.371592	124.6585	0.8983
合肥	117.5	9.9	0.685	4.91	0.415176	85.08062	1.119311
广州	113.2	6.1	0.8378	1.75	0.332454	91.29737	0.801788
贵阳	114.3	14.3	0.6813	5.09	0.314468	41.42907	0.311829
杭州	112	8.7	0.7325	3.5	0.420576	112.9557	1
福州	114.2	13.1	0.6825	9.05	0.361014	137.8374	1
昆明	114	12.9	0.636	5.67	0.334663	51.29571	0.822159
苏州	113.3	5.7	0.70	1.69	0.532727	49.67469	0.90723
芜湖	118.2	18.7	0.656	4.44	0.582082	62.3466	1.058213

5 城乡统一建设用地系统的架构研究：五位一体

表 5.6 2010 年城乡统一建设用地子系统评价指标数据

城市	耕地年增长率	建设用地年增长比率	单位用地面积产值（亿元/平方千米）	人口密度（万人/平方千米）	耕地面积（×10³公顷）	绿地面积（公顷）	仓储用地面积（平方千米）
北京	0	0.026819	0.839553	0.119493	231.7	62672	
天津	−0.10823	0.036935	0.774067	0.108585	398.8	19221	23.46
上海	−0.00643	0.127257	2.707141	0.363034	201	120148	
重庆	−0.00859	0.106744	0.096337	0.035068	2216.7	41244	16.87
石家庄	0.03568	0.018876	0.214601	0.062415	534.52	8862	7.87
郑州	0.009419	0.065292	0.542694	0.129331	237.92	11033	13.63
武汉	−0.00684	0.525438	0.655274	0.098508	204.79	15447	15.94
长沙	−0.00219	0.123582	0.384826	0.055213	228.2	8598	7.15
南京	0.00029	0.042638	0.778913	0.09601	242	77087	16.27
南昌	0.010471	0.089189	0.29723	0.067853	193	8113	3.32
沈阳	0.032618	0.043038	0.386556	0.055439	240.6	25994	8
长春	0.00092	0.048486	0.16183	0.036891	1226.94	13459	11.47
哈尔滨	0.076064	0.040284	0.06906	0.018693	1965	12805	8.26
西安	−0.01183	0	0.320687	0.077437	255.54	10959	11.61
济南	0	0.031519	0.478232	0.073876	360.7	11667	7.6
太原	0.012346	0.041334	0.168589	0.060175	49.2	8243	8.8
成都	0.065252	0.056404	0.45799	0.0948	356.54	16448	6.6
合肥	−0.00301	0.068452	0.382934	0.070156	218.84	11582	5.13
广州	−0.00149	0.28481	1.474997	0.174309	100.65	124420	18.18
贵阳	0.00397	0.026065	0.139632	0.053829	97.81	6658	6.17
杭州	0.002214	0.05616	0.358472	0.041523	162.99	15118	6.44
福州	0.001751	0.580253	0.239048	0.049434	114.4	8122	2.5
昆明	−0.01624	0.000241	0.100899	0.03064	157.5	8964	10.07
苏州	0.042915	0.014708	1.087289	0.123303	231.11	13987	4.31
芜湖	−0.006	0.037504	0.334215	0.069189	82.8	5144	3.5

续表

城市	住宅用地面积（平方千米）	交通用地（平方千米）	征地面积占建设用地比值	房地产从业人数增长比例	房价收入比	政府土地出让金收入（万元）	建设用地供给价格弹性系数
北京			0.033535	0.046854	0.579879	1397000	0.31
天津	186.53	61.98	0.064015	0.162866	0.338781	100000	0.9
上海			0	−0.02819	0.4543	334500	1.22
重庆	282.15	27.4	0.043988	0.968182	0.224136	587589	0.21
石家庄	58.75	9.41	0.011543	0.222222	0.212192	238673	7.04
郑州	79.73	16.81	0.06129	0.132653	0.255832	70000	0.82
武汉	219.12	46.91	0.060993	0.124444	0.27617	180000	0.18
长沙	105.91	7.84	0	0.106796	0.198259	120000	−0.38
南京	178.41	29.14	0.055556	0.071823	0.337843	668106	−0.72
南昌	50.64	20.22	0	0.181818	0.249836	460000	0.05
沈阳	133	10	0.094417	0.28655	0.263424	320500	3.31
长春	111.27	13.37	0.114205	−0.0381	0.288919	164710	0.05
哈尔滨	107.76	15.09	0.038696	0.092437	0.303753	80000	1.82
西安	65.7	8.01	0.138581	0.156794	0.241958	785805	1.29
济南	89.52	17.4	0.061314	0.171171	0.247186	485514	4.73
太原	48	18.3	0.039693	−0.04	0.419797	508701	0.76
成都	154.43	13.43	0.03601	0.131579	0.284953	185784	0.02
合肥	103.38	6.69	0.055107	0.106061	0.309957	326151	0
广州	191.84	6.87	0.051268	0.231534	0.388838	1439153	−7.58
贵阳	43.22	13.57	0	0.025532	0.265711	22968	3.04
杭州	94.74	21.87	0.073588	0.480337	0.470518	1588243	0.26
福州	97.26	4.82	0	−0.03913	0.361955	2548154	0.05
昆明	212.78	13.36	0.107827	2.114754	0.203809	730559	1.16
苏州	76.86	7.35	0	0.136364	0.271455	944965	0.38
芜湖	32.2	5.2	0.08163	−0.39286	0.27746	566528	

数据收集整理完成后,笔者结合经济学原理和统计学模型,对数据进行建模分析。

5.3 城乡统一建设用地系统综合评价模型

城乡统一建设用地子系统的各项评价指标对综合评价指标起支撑作用,笔者运用相关分析,对城乡统一建设用地综合系统和子系统间的相关关系进行了分析。

5.3.1 综合评价指标标准化

在构建城乡统一建设用地系统的综合评价系统时,笔者选取的指标中包含5个不同量纲的指标。为使数据具有可比性,在同一维度上体现城乡统一建设用地系统的综合评价结果,笔者采用方差标准法对这5个指标进行标准化处理,消除量纲的影响。由于这5个指标是二级指标,它们需要通过可测量的7个三级指标对其说明。利用公式

$$Z = \frac{x_{ij} - \bar{x}_{ij}}{\delta} \quad i=1,2,3,4,5,6,7; j=1,2,3,\cdots,25 \quad (1-1)$$

Z:去量纲化后的数值;x_{ij}:原始数值;$\bar{x}_{ij}$:平均值;δ:标准差。

城乡统一建设用地综合评价指标的原始数据去量纲化处理后,生成新的矩阵,见表5.7。对数据去量纲化后,消除量级、单位、数据性质等不同带来的影响,从而为后文分析做数据准备。

表5.7 25年城市去量纲化后的城乡统一建设用地综合评价指标数据

城市	GDP增长速度	人均GDP增长速度	城市化率	农业经济结构	工业化率	农业综合产出能力	农业生产条件
北京	−1.8272	−2.2288	1.3692	−1.3346	−2.4234	−0.8223	0.4164
天津	1.6415	0.0733	0.7466	−1.0894	0.8859	−0.6064	0.2350
上海	−1.8272	−1.2386	1.6492	−1.4047	−0.2753	−0.7845	0.7454
重庆	1.4949	1.1872	−1.8145	1.3627	0.7477	−0.7181	−1.8491
石家庄	−0.8501	−0.2485	−0.9746	2.1578	0.3379	0.2456	0.3644

续表

城市	GDP增长速度	人均GDP增长速度	城市化率	农业经济结构	工业化率	农业综合产出能力	农业生产条件
郑州	−0.5081	−0.7188	−0.7912	−0.5710	1.0753	−1.0186	0.0842
武汉	0.3224	2.4248	0.1761	−0.5780	−0.3599	−0.1699	−0.1280
长沙	0.7133	0.0733	0.1191	−0.0946	0.4833	0.5956	0.7453
南京	−0.4592	−0.3228	0.5873	−0.6796	−0.1554	0.3281	−0.0654
南昌	−0.0195	0.2465	0.6491	0.2697	0.3481	0.5352	0.7085
沈阳	0.0293	0.2713	0.3518	−0.0245	0.6111	0.9419	0.7454
长春	0.6156	0.8406	−2.2933	1.0089	0.4484	−0.4369	−2.2732
哈尔滨	−0.0195	0.6178	−1.4833	2.2945	−1.4918	0.2026	−2.4286
西安	0.2247	0.5931	−0.2718	−0.1366	−1.1239	−0.5670	−0.2535
济南	−0.6546	−0.0752	1.4436	0.2767	−0.6917	3.7363	−0.4408
太原	−1.4852	−0.5208	1.0343	−1.0544	1.2256	−1.1868	0.7454
成都	0.4690	−0.5208	0.7978	0.1506	−0.3847	0.7958	0.3635
合肥	1.6904	−0.3723	−0.3201	0.0701	0.1350	−0.0099	1.1935
广州	−0.4104	−1.3129	1.1549	−1.0369	−0.8514	0.1167	0.0010
贵阳	0.1270	0.7168	−0.3558	0.1331	−1.0658	−0.8984	−1.8391
杭州	−0.9966	−0.6693	0.1384	−0.4239	0.1993	0.5575	0.7454
福州	0.0782	0.4198	−0.3442	1.5203	−0.5108	1.0640	0.7454
昆明	−0.0195	0.3703	−0.7931	0.3363	−0.8250	−0.6976	0.0775
苏州	−0.3615	−1.4119	−0.1753	−1.0579	1.5366	−0.7306	0.3970
芜湖	2.0323	1.8060	−0.6001	−0.0946	2.1250	−0.4726	0.9641

5.3.2 建立综合评价指标的相关分析模型

为了解城乡统一建设用地系统综合评价指标间的相关性。笔者根据公式(1-2)，利用SPSS软件进行了皮尔逊相关分析，结果见表5.8。

5 城乡统一建设用地系统的架构研究：五位一体

$$r = \frac{\sum_{i=1}^{n}(x_i - \bar{x})(y_i - \bar{y})}{\sqrt{\sum_{i=1}^{n}(x_i - \bar{x})^2 \sum_{i=1}^{n}(y_i - \bar{y})^2}} \quad (1\text{-}2)$$

r：相关系数；x,y：变量，$\bar{x},\bar{y}$：均值；$i=1,2,3,4,5,\cdots,25$；

表 5.8 综合评价指标之间的相关分析

		GDP增长速度	人均GDP增长速度	城市化率	农业经济结构	工业化率	农业生产条件	农业劳动生产率
GDP增长速度	Pearson 相关性	1						
	显著性(双侧)							
人均GDP增长速度	Pearson 相关性	0.635**	1					
	显著性(双侧)	0.001						
城市化率	Pearson 相关性	−0.473*	−0.519**	1				
	显著性(双侧)	0.017	0.008					
农业经济结构	Pearson 相关性	0.282	0.457*	−0.702**	1			
	显著性(双侧)	0.172	0.022	0.000				
工业化率	Pearson 相关性	0.379	0.201	−0.207	−0.097	1		
	显著性(双侧)	0.062	0.335	0.320	0.643			
农业生产条件	Pearson 相关性	−0.025	0.041	0.268	0.287	−0.166	1	
	显著性(双侧)	0.905	0.844	0.195	0.165	0.428		
农业劳动生产率	Pearson 相关性	−0.139	−0.355	0.575	0.477	0.296	0.090	1
	显著性(双侧)	0.508	0.081	0.003	0.061	0.151	0.670	

** 在0.01水平(双侧)上显著相关。

* 在0.05水平(双侧)上显著相关。

从表 5.8 中可知，综合指标间的相关关系具体表现为：

GDP 的增长速度与人均 GDP 增长速度之间的相关系数为 0.635**，呈正相关，相关性较强；城市化率与 GDP 的增长速度之间的相关系数为 −0.473*，呈负相关，相关性较弱；城市化率与人均 GDP 增长速度之间的相关系数为-0.519**，呈负相关，相关性中度；农业经济结构与人均GDP增长速度之间的相关系数为0.457*，呈正相关，相关性较弱；农业经济结构与城市化率之间的相关系数为-0.702**，呈负相关，相关性较强。其余变量之间相关性不显著，说明其余综合指标的相互影响较弱。

上述指标之间的相关系数说明，目前城乡建设用地系统存在不少问题，需要对其进行改革。首先，城市化率与GDP增长速度之间呈现出负相关，说明我国城市化质量有待改进，城市化速度有待调整，土地的城市化大于人的城市化对我国经济带来了不可忽视的负面影响。其次，农业经济结构与城市化率呈现出较强的负相关性，这说明我国农村土地在大量被强制征收为国有建设用地的同时，农业现代化和农村经济发展受到了较强的负面影响。因此，必须改革我国现行城乡二元分割的土地管理体制。最后，农业经济结构与人均GDP增长速度之间呈现出较弱的正相关，说明我国应该继续执行大力扶持农业的宏观经济政策，特别是要通过构建城乡统一的建设用地系实现对农业、农村和农民的支持。

5.3.3 综合评价指标因子分析

通过上节的相关分析，得出GDP增长速度、人均GDP增长速度、城市化率和农业经济结构存在相关关系，所以对这四个指标进行降维处理，进行了主成份和最大方差旋转的探索性因子分析，通过SPSS运行，结果见表5.9。

表5.9 部分综合指标的因子分析

新因子	变量	因子1	Communalities
经济发展水平	GDP增长速度	0.741	0.549
	人均GDP增长速度	0.821	0.674
	城市化率	-0.854	0.729
	农业经济结构	0.768	0.590

注：1. KMO值为0.660；Bartlett's球体检验的χ^2统计值的显著性概率为0.000；因子负载平方和累计占总体方差的比例为63.522%。

2. 上表中所列出的数据，communality值都大于0.59。

通过因子分析，笔者发现 GDP 增长速度、人均 GDP 增长速度、城市化率和农业经济结构在某一维度上能被同一因子解释的程度分别为 74.1%，82.1%，85.4%和76.8%；因此笔者对这四个具有相关关系的变量提取出了公因子经济发展水平作为城乡统一建设用地综合系统的新因子，作为构建模型的因变量之一。

通过因子分析，笔者还发现变量的共同度（Communality）都在 0.59 以上，说明变量能被因子说明的程度较高，即因子可解释程度较多，即原始变量信息的完整度被保留的较高，提取的新因子具有较强的代表性。

5.4 城乡统一建设用地子系统的线性相关分析模型

笔者构建出城乡统一建设用地五位一体系统，该系统通过五个子系统对综合系统的贡献作用，用以说明在构建城乡统一建设用地系统时，对五个子系统建设的必要性。在系统模型中，由于变量之间可能存在相互影响作用，笔者必须先对子系统的变量进行相关分析。

分析之前，笔者同样采用方差标准法（公式 1-1）对五个子系统数据进行了去量纲化处理，见表 5.10。

在统一子系统指标量纲的基础上，利用上文提到的皮尔逊公式 1-2 进行相关分析。通过运行 SPSS 软件，得到城乡统一建设用地子系统指标相关系数矩阵，见表 5.11。

表5.10 去量纲化后城乡统一建设用地子系统评价指标数据

城市	耕地年增长率	建设用地年增长比率	单位用地面积产值（亿元/平方千米）	人口密度（万人/平方千米）	耕地面积（×10³公顷）	绿地面积（公顷）	仓储用地面积（平方千米）
北京		−0.4921	0.5359	0.4839	−0.3256	1.0726	
天津	−3.2815	−0.4238	0.4195	0.3234	−0.0245	−0.2208	2.5295
上海	−0.2427	0.1861	3.8549	4.0664	−0.3809	2.7835	
重庆	−0.3072	0.0476	−0.7849	−0.758	3.2517	0.4347	1.3179
石家庄	−1.1158	−0.5457	−0.5747	−0.3558	0.2201	−0.5292	−0.3369
郑州	0.2304	−0.2323	0.0083	0.6286	−0.3144	−0.4646	0.7222
武汉	−0.2549	2.8747	0.2084	0.1752	−0.3741	−0.3332	1.1469
长沙	−0.1161	0.1613	−0.2722	−0.4617	−0.3319	−0.5371	−0.4692
南京	−0.0594	−0.3853	0.4281	0.1384	−0.307	1.5017	1.2076
南昌	0.2618	−0.071	−0.4279	−0.2758	−0.3953	−0.5515	−1.1734
沈阳	0.9229	−0.3826	−0.2691	−0.4584	−0.3096	−0.0192	−0.313
长春	−0.0782	−0.3458	−0.6685	−0.7312	1.468	−0.3924	0.325
哈尔滨	2.2198	−0.4012	−0.8334	−0.9989	2.7981	−0.4118	−0.2652
西安	−0.4039		−0.3862	−0.1348	−0.2826	−0.4668	0.3508
济南	0	−0.4604	−0.1062	−0.1872	−0.0931	−0.4457	−0.3865
太原	0.3178	−0.3941	−0.6565	−0.3887	−0.6545	−0.5476	−0.1659
成都	1.8971	−0.2923	−0.1422	0.1206	−0.1006	−0.3034	−0.5704
合肥	−0.1406	−0.211	−0.2756	−0.2419	−0.3488	−0.4482	−0.8406
广州	−0.0952	1.2499	1.6652	1.2902	−0.5618	2.9107	1.5587
贵阳	−0.1693	−0.4972	−0.708	−0.4821	−0.5669	−0.5948	−0.6494
杭州	0.0153	−0.294	−0.319	−0.6631	−0.4494	−0.343	−0.5998
福州	0.0015	3.2448	−0.5313	−0.5467	−0.537	−0.5512	−1.3242
昆明	−0.5355	−0.6716	−0.7768	−0.8232	−0.4593	−0.5262	0.0676
苏州	1.2303	−0.5739	0.9762	0.5399	−0.3267	−0.3766	−0.9914
芜湖	−0.2299	−0.42	−0.3622	−0.2561	−0.5939	−0.6399	−1.1403

5 城乡统一建设用地系统的架构研究：五位一体

续表

城市	住宅用地面积(平方千米)	交通用地(平方千米)	征地面积占建设用地比值	房地产从业人数增长比例	房价收入比	政府土地出让金收入(万元)	建设用地供给价格弹性系数
北京			−0.3941	−0.3704	0.2918	1.3424	−0.19
天津	1.0336	3.2724	0.3856	−0.1171	0.0320	−0.8262	0.0445
上海				−0.5342	0.1565	−0.4341	0.1717
重庆	2.4842	0.7468	−0.1267	1.6411	−0.0915	−0.011	−0.2297
石家庄	−0.9049	−0.5672	−0.9567	0.0125	−0.1044	−0.5944	2.4849
郑州	−0.5867	−0.0267	0.3159	−0.1831	−0.0574	−0.8764	0.0127
武汉	1.5280	2.1717	0.3083	−0.201	−0.0355	−0.6925	−0.2417
长沙	−0.1895	−0.6818		−0.2395	−0.1194	−0.7928	−0.4642
南京	0.9104	0.8738	0.1692	−0.3159	0.0310	0.1237	−0.5994
南昌	−1.028	0.2224		−0.0757	−0.0638	−0.2243	−0.2933
沈阳	0.2215	−0.5241	1.1633	0.1529	−0.0492	−0.4576	1.0024
长春	−0.1082	−0.278	1.6695	−0.5559	−0.0217	−0.718	−0.2933
哈尔滨	−0.1614	−0.1523	−0.2621	−0.2709	−0.0057	−0.8597	0.4102
西安	−0.7995	−0.6694	2.2930	−0.1304	−0.0723	0.3205	0.1995
济南	−0.4381	0.0164	0.3165	−0.0990	−0.0667	−0.1816	1.5668
太原	−1.068	0.0821	−0.2366	−0.56	0.1192	−0.1429	−0.0111
成都	0.5466	−0.2736	−0.3308	−0.1854	−0.026	−0.6828	−0.3052
合肥	−0.2279	−0.7658	0.1577	−0.2411	0.001	−0.4481	−0.3132
广州	1.1142	−0.7527	0.0595	0.0328	0.0859	1.4129	−3.3259
贵阳	−1.1406	−0.2633		−0.4169	−0.0467	−0.955	0.8951
杭州	−0.3589	0.3429	0.6381	0.5760	0.1740	1.6622	−0.2099
福州	−0.3207	−0.9024		−0.5581	0.0570	3.2672	−0.2933
昆明	1.4318	−0.2787	1.5063	4.1444	−0.1134	0.2281	0.1479
苏州	−0.6302	−0.7176		−0.1750	−0.0405	0.5866	−0.1622
芜湖	−1.3077	−0.8747	0.8362	−1.3304	−0.0341	−0.0462	

表 5.11 城乡统一建设用地子系统指标相关分析

		耕地年增长率	建设用地年增长比率	单位用地面积产值	人口密度	耕地面积	绿地面积	仓储用地面积	住宅用地面积	交通用地	征地面积占建设用地比值	房地产从业人数增长比例	房价收入比	政府土地出让金收入	建设用地供给价格弹性系数
耕地年增长率	Pearson 相关性	1													
	显著性(双侧)														
建设用地年增长比率	Pearson 相关性	-0.029	1												
	显著性(双侧)	0.891													
单位用地面积产值	Pearson 相关性	-0.095	0.134	1											
	显著性(双侧)	0.651	0.522												
人口密度	Pearson 相关性	-0.11	0.108	0.970**	1										
	显著性(双侧)	0.601	0.608	0											
耕地面积	Pearson 相关性	0.193	-0.124	-0.279	-0.298	1									
	显著性(双侧)	0.356	0.555	0.176	0.148										
绿地面积	Pearson 相关性	-0.056	0.134	0.810**	0.749**	-0.042	1								
	显著性(双侧)	0.791	0.522	0	0	0.842									
仓储用地面积	Pearson 相关性	-0.518*	0.064	0.404	0.41	0.237	0.547**	1							
	显著性(双侧)	0.011	0.771	0.056	0.052	0.276	0.007								
住宅用地面积	Pearson 相关性	-0.183	0.282	0.232	0.106	0.378	0.497*	0.688**	1						
	显著性(双侧)	0.402	0.193	0.287	0.630	0.075	0.016	0							

5 城乡统一建设用地系统的架构研究：五位一体

续表

		耕地年增长率	建设用地年增长率比	单位用地面积产值	人口密度	耕地面积	绿地面积	仓储用地面积	住宅用地面积	交通用地	征地面积占建设用地比值	房地产从业人数增长比例	房价收入比	政府土地出让金收入	建设用地供给价格弹性系数
交通用地	Pearson 相关性	−0.530**	0.126	0.156	0.146	0.124	0.053	0.699**	0.500*	1					
	显著性（双侧）	0.009	0.566	0.477	0.506	0.573	0.812	0	0.015						
征地面积占建设用地比值	Pearson 相关性	−0.153	−0.237	−0.268	−0.273	0.071	−0.136	0.343	0.209	0.084	1				
	显著性（双侧）	0.466	0.253	0.195	0.186	0.735	0.517	0.109	0.338	0.702					
房地产从业人数增长比例	Pearson 相关性	−0.119	−0.142	−0.21	−0.242	0.171	−0.05	0.186	0.557**	0.07	0.286	1			
	显著性（双侧）	0.57	0.5	0.313	0.244	0.414	0.811	0.394	0.006	0.752	0.166				
房价收入比	Pearson 相关性	−0.015	0.107	0.464*	0.422*	−0.215	0.518**	0.087	−0.055	0.157	−0.135	−0.28	1		
	显著性（双侧）	0.943	0.612	0.019	0.036	0.302	0.008	0.693	0.803	0.474	0.518	0.175			
政府土地出让金收入	Pearson 相关性	0.017	0.452*	0.082	−0.008	−0.236	0.215	−0.202	0.021	−0.274	−0.073	0.067	0.489*	1	
	显著性（双侧）	0.935	0.023	0.697	0.970	0.256	0.302	0.354	0.924	0.206	0.729	0.750	0.013		
建设用地供给价格弹性系数	Pearson 相关性	−0.075	−0.360	−0.319	−0.233	0.098	−0.523*	−0.329	−0.385	0	−0.034	0.016	−0.320	−0.371	1
	显著性（双侧）	0.727	0.084	0.129	0.272	0.649	0.009	0.135	0.077	0.998	0.876	0.941	0.127	0.074	

**：在 0.01 水平（双侧）上显著相关

*：在 0.05 水平（双侧）上显著相关

从表 5.11 中可知，子系统指标间的相关关系具体表现为：

人口密度和单位用地面积产值的相关系数为 0.970**，呈正相关，相关性非常强；

绿地面积与单位用地面积产值、人口密度、仓储用地面积相关系数分别为 0.810**、0.749**、0.547**，呈正相关，相关性依次减弱；

仓储用地面积与耕地年增长率、住宅用地面积的相关系数分别为 −0.518*、0.688**，前者呈负相关，相关性中度，后者呈正相关，相关性较强；

交通用地面积与耕地年增长率、仓储用地面积、住宅用地面积的相关系数分别为 −0.530**、0.699**、0.500*，前者呈负相关，相关性中度，后两者呈正相关，相关性减弱；

住宅用地面积与绿地用地面积的相关系数为 0.497*，呈正相关，相关性较弱；

房地产从业人数增长比例与住宅用地面积的相关系数为 0.557**，呈正相关，相关性中度；

房价收入比与单位用地面积产值、人口密度、绿地面积的相关系数分别为 0.464*、0.422*、0.518**，呈正相关，相关性较弱；

政府土地出让金收入与建设用地年增长率、房价收入比的相关系数分别 0.452*、0.489*，呈正相关，相关性较弱；

建设用地供给价格弹性系数与绿地面积的相关系数为 −0.523**，呈负相关，相关性中度；

上述相关关系说明指标之间存在相互影响和制约的关系。具体而言，是规划系统中的土地空间布局的变量对其他变量影响和制约关系比较显著，但是整体而言，变量间的相关性不显著。

其余变量间相关性不显著，说明这些变量相互之间的作用不强，较为独立。

5.5 城乡统一建设用地系统的相关分析模型

为研究城乡统一建设用地综合系统与五个子系统之间的相关关系，笔者

5 城乡统一建设用地系统的架构研究：五位一体

对城乡统一建设用地综合系统与五个子系统进行了相关分析。

在统一量纲化的基础上（见表 5.7 和 5.10），笔者利用上文提到的皮尔逊公式(1-2)，对城乡统一建设用地综合系统与五个子系统进行了相关分析，利用 SPSS 软件运行结果，得到相关系数矩阵，见表 5.12。

表 5.12 城乡统一建设用地综合系统指标与子系统指标的相关分析

		工业化率	农业综合产出能力	农业生产条件	经济发展水平
耕地年增长率	Pearson 相关性	−0.172	0.184	−0.154	−0.023
	显著性（双侧）	0.422	0.390	0.473	0.916
建设用地年增长比率	Pearson 相关性	−0.166	0.133	0.112	0.113
	显著性（双侧）	0.437	0.535	0.604	0.600
单位用地面积产值（亿元/平方公里）	Pearson 相关性	−0.072	−0.128	0.292	−0.662
	显著性（双侧）	0.732	0.541	0.157	0.000
人口密度（万人/平方公里）	Pearson 相关性	−0.052	−0.197	0.297	−0.640
	显著性（双侧）	0.803	0.346	0.149	0.001
耕地面积（千公顷）	Pearson 相关性	−0.054	−0.050	−0.754	0.570
	显著性（双侧）	0.797	0.813	0.000	0.003
绿地面积（公顷）	Pearson 相关性	−0.285	−0.116	0.055	−0.554
	显著性（双侧）	0.168	0.581	0.794	0.004
仓储用地面积（平方公里）	Pearson 相关性	−0.064	−0.270	−0.287	−0.068
	显著性（双侧）	0.771	.213	0.185	0.756
住宅用地面积（平方公里）	Pearson 相关性	−0.192	−0.054	−0.231	0.149
	显著性（双侧）	0.381	0.808	0.289	0.497
交通用地（平方公里）	Pearson 相关性	0.070	−0.121	−0.120	−0.031
	显著性（双侧）	0.752	0.582	0.586	0.889
征地面积占建设用地比值	Pearson 相关性	0.052	−0.085	−0.090	0.253
	显著性（双侧）	0.833	0.731	0.715	0.297
房地产从业人数增长比例	Pearson 相关性	−0.160	−0.078	−0.111	0.151
	显著性（双侧）	0.444	0.710	0.597	0.472

续表

		工业化率	农业综合产出能力	农业生产条件	经济发展水平
房价收入比	Pearson 相关性	−0.313	−0.182	0.243	−0.667
	显著性（双侧）	0.128	0.383	0.241	0.000
政府土地出让金收入（万元）	Pearson 相关性	−0.232	0.139	0.295	−0.246
	显著性（双侧）	0.264	0.509	0.152	0.237
建设用地供给价格弹性系数	Pearson 相关性	0.057	0.219	−0.085	0.226
	显著性（双侧）	0.792	0.303	0.695	0.288

**：在 0.01 水平（双侧）上显著相关

*：在 0.05 水平（双侧）上显著相关

从表 5.12 中可知，城乡统一建设用地综合指标和五个子系统指标间的相关性不显著，说明这些变量相互之间的作用不强，较为独立。

通过以上分析，说明目前我国城乡建设用地体制和机制存在问题，需要对各子系统进行优化建设和完善。

5.6 构建城乡建设用地统一的权利系统

5.6.1 关于农村集体土地所有权和集体经济组织成员权的探讨

赵学增（2011）认为，为了解决城市化进程中的圈地依赖问题和打破政府对城市化的垄断地位，农村集体土地所有权应该和国有土地所有权享有同等的法律地位[①]。笔者在前几章已经分析了构建城乡统一建设用地系统的目标和路径选择。虽然农村集体土地所有制是我国 20 世纪中期计划经济体制遗留下来的产物，"集体所有制"以其产权主体严重虚置带来的一系列弊端遭到了很多的批评。为了维护社会的稳定和减小制度变迁的成本，笔者认为集体土地所有制产权体系应采用改良的渐进型改革路线。这也符合党的十九大提出的城乡融合与乡村振兴应循序渐进的原则。

在优化和完善农村集体土地产权体系上，还有两个紧密联系的重要问题

---

① 赵学增. 必须重视和解决我国城市化进程中的圈地依赖问题[J]. 经济纵横，2011，(9)：1-5.

5 城乡统一建设用地系统的架构研究：五位一体

不得不在此进行讨论，一是农村集体经济组织成员权的确定问题，二是农村集体经济组织成员对农村集体土地所有权的占有关系问题。笔者认为，上述两个问题是农村土地产权制度改革和建立城乡统一建设用地系统的难点，目前在理论界争论颇多。

对于第一个问题的回答，戴威（2012）认为，农村集体经济组织成员权确定问题应该交由村民自治大会集体决定，同时又要让国家的强制性法律规定起到对个人成员的保护作用，在村民自治和国家强制规定之间找到平衡。最重要的是，要区分集体经济组织和村民自治组织，因而对集体经济组织成员和村民自治组织成员相区分[1]。集体经济组织成员权偏重的是独立的民事权和经济权，而村民自治组织成员权侧重的是选举权等政治权利。于梦秋等（2011）认为，应该固化集体经济组织成员权，以建立排他性农民家庭土地财产权[2]。

对于第二个问题，王小映（2003）[3]、朱新华（2010）[4]、姜爱林（2007）[5]、李晓冰（2011）[6]认为，农民个人是集体的一分子而成为土地的现实所有者。在上述前提下，创立农村集体土地的股份合作制和让农民成为集体土地的真正的股东是合理的。郑景骥（1997）认为，股份合作制不是股份制，但却是合作制，是合作制的低级形式[7]。郑云峰和李建建（2013）[8]认为，可以让农民"按份共有"集体土地所有权。农村集体土地实现所有权、承包经营权和使用权的三权分离。在实践中，农村集体土地股份合作制在珠江三角洲及长江三角洲

---

[1] 戴威. 农村集体经济组织成员权制度构建中的难点及其对策[J]. 中国集体经济，2012，（4）：10-11.

[2] 余梦秋，陈家泽. 固化农村集体经济组织成员权的理论思考[J]. 财经科学，2011，284(11)：87-91.

[3] 王小映. 土地股份合作制的经济学分析[J]. 中国农村观察，2003，（6）：31-39.

[4] 朱新华等. 土地股份合作制效率的经济学分析——基于国家、产权和契约的视角[J]. 中国土地科学，2010，24(6)：40-44.

[5] 姜爱林，陈海秋. 农村土地股份合作制研究述评——主要做法、成效、问题与不足[J]. 社会科学研究，2007，（3）：40-46.

[6] 李晓冰. 论公有制框架内的农村土地制度改革问题——农村集体土地所有制实现形式：土地股份合作制探索[J]. 中国集体经济，2011，（6）：1-2.

[7] 郑景骥. 股份合作制的属性与功能[J]. 经济学家，1997，（6）：16-17.

[8] 郑云峰，李建建. 城乡建设用地市场一体化问题探究[J]. 上海房地，2013，（2）：28-30.

城乡融合与乡村振兴：构建城乡统一建设用地系统论

等经济发达的地区较为盛行。笔者认为，农村集体经济组织成员可以享有农村集体土地所有权，但是仅仅是部分享有而已，农民个体对农村集体土地所有权的享有不能离开农村集体经济组织而存在。农民并没有可以脱离集体经济组织而存在的单独私有的土地所有权。农村土地集体所有权并不是农民用私有土地入股的私有权的简单加总，因此也不是简单的按份共有的关系。农民个体的土地所有权和农村土地集体所有权是共生共存的关系。

关于农村集体土地所有制形成的较早文献依据，应该追溯到1956年颁布的《高级农业生产合作社示范章程》，该章程第13条规定，入社的农民必须把私有的土地和耕畜、大型农具等主要生产资料转为合作社集体所有。而且该章程第11条还规定了农民有把土地等生产资料退出合作社的自由。随着社会的变迁，该章程中的上述退社规定早已经在实践和法律上被废止。笔者讨论的重点并不在于当前实践中存在的农村土地股份合作制是否是较优的农村土地产权制度改革模式，笔者关心和讨论的重点是农民个体与农村集体土地所有权的关系、农民个体分享的集体土地所有权是否可以继承以及农民集体经济组织成员权确定问题。

在各地的实践中，大多是农民以农村集体土地的使用权入股，以达到规模经营的目的。实行农村集体土地股份制的地区通常规定：社区成员享有的土地股份不具有完整意义的所有权，不能买卖、转让和继承，只能分红。农村集体土地股份制执行成本高，比较适合个别经济发达地区的发展情况，不具有普适性[①]。这种模式对于促使建立城乡统一的建设用地市场并没有大的突破和帮助。这和笔者所讨论的农民分享的农村集体土地所有权是两个不同的范畴。

笔者一直致力于厘清农村集体土地所有权的性质问题。农村集体土地实行所有权与使用权相分离，其中使用权是广义的使用权，包括农村土地承包经营权。为了改革和完善农村集体土地产权制度，笔者建议，不管是农村集体土地的所有权还是使用权，都可以进行继承。但是鉴于我国农村集体所有

---

① 姜爱林，陈海秋. 农村土地股份合作制研究述评——主要做法、成效、问题与不足[J]. 社会科学研究，2007, (3): 40-46.

土地制度存在的特殊性，应该对这两种产权的继承区别对待。根据构建城乡统一建设用地系统的思路，首先，应该修订《继承法》(1985)和《农村土地承包法》(2002)的相关条款，让包括农村宅基地和农村承包地在内的农村集体土地使用权可以依法继承。为了社会的和谐稳定，我们采用了渐进型改革路线，保存了现行的农村土地集体所有制。但是农村集体所有制产权主体模糊带来的弊端让我国农村土地制度改革一直被局限于一个比较尴尬和狭窄的圈子里，制约了改革的力度和效果。

笔者认为，从长远发展来看，我国农村土地集体所有制的规模和范围只应该逐渐缩小，而不是被无限放大。制度变迁的最终路径选择是土地的全面国有化。这种路径变迁方向也符合我国的政治体制要求。基于上述理由，国家必须对农村集体土地所有权的继承进行特殊的限定，农村集体土地所有权应该实行有限继承。在新构建的城乡统一建设用地系统中，如果农村居民以公平市场价格的平等交易方式转让了农村宅基地或农村承包地，他转让的只是农村宅基地和农村承包地的使用权，该被转让土地的所有权还仍然是集体所有，没有发生变化。笔者认为，转让了土地使用权的集体经济组织成员，仍然保留了分享集体土地所有权的权利，只要集体土地所有权没有发生改变，他仍然应该被算作该集体经济组织的成员。当他转让的土地使用权到期并收归集体之后，他可以再次获得土地的使用权并享有对土地所有权和使用权的继承权。但是，最重要的一点是，国家必须对他分享的集体土地所有权继承问题进行这样的特殊限定：只有他的后代直系血亲才可以继承，其他任何人都无权继承。集体土地所有权的有限继承权范围明显要比当前《继承法》规定的范围窄，因此，建议《继承法》作出相应修订。当该农户没有上述法定继承人时，该土地的所有权则收归国有，如果该土地使用权已经转让给他人使用而且还未到期，待使用权转让期限到了之后收归国有。

再结合土地所有权由农村集体单向流往国家的制度安排，农村土地集体所有制在若干年后必然逐渐消亡，土地全面国有化随即平稳实现。城乡土地的所有权和使用权在那时才真正完全统一，全面城乡统一的土地市场才真正完全建立起来。把农村集体土地所有权和使用权的转让和继承分开并区别对待，尊重和保护了农民的土地财产权，赋予了土地对农村居民终身有效的保障功能，这不但是对我国社会保障制度的有效补充，而且也是构建城乡统一土地市场的必然选择。

在厘清了农村集体土地使用权和所有权问题后，农村集体经济组织成员权问题也就不难界定了。笔者支持戴威和于梦秋的观点，认为应该区分农村集体经济组织成员和村民自治组织成员，而且集体经济组织成员应该进行固化。而且笔者的观点还更加深化和明确，即界定是否为集体经济组织成员，只以是否分享土地集体所有权为标准。当初以土地加入农业生产合作社的农民及其后代直系血亲，只要集体土地所有权没有发生改变，就终身为集体经济组织成员，享有参与集体经济组织内部收益分配的权利。因而，集体经济组织成员身份权也和集体土地所有权具有相同的有限继承权。那么，即使是转让了农村集体土地使用权（包括农村宅基地和农村承包土地的使用权）的农村集体经济组织成员，不管他们居住在哪里，不管他们的户口在哪里，他们同样为集体经济组织成员。但是，他们也许不再是村民自治组织成员，随着城乡一体化的户籍制度改革的深化，他们可以选择在常住地行使自己的选举和被选举权等一系列的政治权利。根据构建城乡统一建设用地系统的设想，作为非集体经济组织成员的城市居民如果到农村投资买房长期生活，他们可以成为村民自治组织的成员，可以在当地农村行使自己的政治权利，但是却永远成不了农村集体经济组织的成员，因为他们享有的永远是农村集体土地的使用权。

5.6.2 创新城乡土地所有权行使主体

我国《宪法》第十条明确规定：农村和城市郊区的土地，除由法律规定属于国家所有的以外，均属于集体所有。《土地管理法》（2019年修正）第十一条对农村土地集体所有作出了更具体的规定：农民集体所有的土地依法属于村农民集体所有的，由村集体经济组织或者村民委员会经营、管理；已经分别属于村内两个以上农村集体经济组织的农民集体所有的，由村内各该农村集体经济组织或者村民小组经营、管理；已经属于乡（镇）农民集体所有的，由乡（镇）农村集体经济组织经营、管理。根据上述法律规定我国农村集体土地的所有权就被划分成了三类，即属于村农民集体所有的集体土地，属于村内农民集体所有的土地和属于乡镇农民集体所有的土地。虽然农村集体土地被具体分为了三种不同类型的公共所有权主体，但是作为公共所有权，仍然有难以克服的所有权主体虚置的弊端。因此还必须进一步对这三种所有权主体进行明确和界定，以提高其在市场经济体制中进行决策的效率。

在目前的土地管理体制下，政府集土地所有者、土地管理者、土地执法者、土地供应者、征地者等多种角色于一身，在土地市场中出现了错位、越位与缺位现象(郑云峰，李建建，2013)[①]。在农村，农村集体土地通常是由村民小组、村委会或乡镇府的名义代为行使所有权，但实际上是由乡镇或村干部等少数人代替农民集体行使所有权。村民小组、村委会或乡政府本身是国家基层行政机构，行使政府对社会的行政管理职能才是其主要功能，但这样的行政机构同时又代表农民集体行使土地的经济管理职能。这在实践中已经导致了寻租、腐败和管理低效的情况出现。这样的管理体制不符合优化和完善社会主义市场经济体制要求，不符合社会经济转型期我国政府由全能型、管理型政府向服务型政府转变的改革方向。笔者赞成城乡土地实行所有权职能与国家对土地的管理职能相分离的制度[②]，这样才能真正实现政、企分开，转变国家行政管理机关既是"运动员"又是"裁判员"的双重身份。因此，必须要让乡镇和村行政机构的行政职能和经营农村集体土地的经济经营管理职能相分离，实行政企分开。具体建议如下：

一、重新界定农村集体土地所有权行使主体

(一)属于村农民集体所有的集体土地，召开全体村民会议进行投票，选举成立村专职土地管理委员会，土地管理委员会为管理土地的常设机构。土地管理委员会接受村民的委托并代表村农民集体经济组织行使集体土地的所有权，成为合法的市场经济交易主体。农村土地管理委员会的组织结构可以参照现代企业董事会的建立模式进行组建。其权利包括对农村集体土地依法进行发包的权利；对农村集体土地依法进行开发经营的权利；农村土地所有权变更(被国家征收)时的谈判权利；依法对农民土地使用权转让行使审查的权利；以及对农村集体土地开发、经营等获得的收益资金进行管理、处置和

[①] 郑云峰，李建建.城乡建设用地市场一体化问题探究[J].上海房地，2013，(2)：28-30.
[②] 钱忠好.中国农村土地制度变迁和创新研究[J].中国土地科学，1998，12(5)：32.

分配的权利等。土地管理委员会必须对全体村民负责并接受村委会和农民的监督，每年以会议和书面材料的形式定期向农民、村委会汇报工作。禁止村干部到土地管理委员会担任任何职务。如果发现土地管理委员会有营私舞弊损害农民集体或个体农民利益的违法违规行为，可由村委会发起村民大会，罢免违法人员并重新增选土地管理委员会成员，如果违法违规行为对农村集体或个体农民造成了损失，必须对相关主体进行赔偿。如果其行为构成了犯罪，村民可向司法机关检举，由司法机关对违法人员进行依法处理。

（二）为了节省组织和管理成本，属于村民小组的农民集体土地，同样委托给村级农村土地管理委员会一并进行经营和管理。村民小组集体经济组织成员同时又是村集体经济组织成员，因此，这里面出现了身份兼具的情况。但是村集体经济组织和各村民小组集体经济组织有独立的经济利益，所以在土地收益分配上可以按照占有份额的差异进行单独核算。村级农村土地管理委员会可以组建现代股份制企业对农村集体土地进行统一管理和经营。

（三）属于乡镇农民集体所有的土地，改变原来由乡镇府代表乡、镇农民集体行使所有权的模式，转变为在各村土地管理委员会成员中选举一定比例的代表成立乡镇土地管理委员会，依法代表乡镇农民集体行使乡镇土地所有权，并成为土地市场中的经济交易主体。乡镇土地管理委员会依法享有对乡镇集体所有的土地依法进行开发经营等各项权利。乡镇土地管理委员会对乡镇政府和乡镇人民代表大会负责并接受其监督，每年定期以书面材料形式向乡镇人民代表大会或乡镇府汇报工作。同时禁止乡镇干部兼乡镇土地管理委员会的任何职务。

总之，农村土地管理委员会必须对农民集体负责。乡镇及村委会有权对农村土地管理委员会的土地利用、经营和管理进行监督指导。农村土地管理委员会必须依法服从国家的土地管理法律法规，依法服从规划、建设、农业等相关行政机关的管理。

二、重新界定城市国有土地所有权行使主体

根据《土地管理法》第2条的规定，我国土地实行全民所有制和劳动群众集体所有制。全民所有土地即国家所有土地的所有权由国务院代表国家行使。国务院是我国最高行政管理机关，主要行使国家行政管理权。本着政企分开

的原则，笔者建议城市国有土地由国有土地资产管理部门代表国家行使土地所有权职能。国有土地资产管理部门作为国有土地所有权的行使主体，依法享有国有土地的处置决策权、收益权和土地的经营开发权等。这种决策权和土地行政管理部门对土地的管理权是截然不同的。国有土地资产管理部门在市场经济体制当中是独立的经济主体，同样要服从国家的法律法规，不具有凌驾于其他市场经济主体的特殊地位。国有土地资产管理部门以全体社会的总福利最大化为目标，在国家相关法律法规监控下对国有土地进行合理开发和经营，在土地利用上服务于国家产业发展政策、达到土地利用的社会效益、经济效益和生态效益综合最大化。

在重新界定了城乡土地的所有权行使主体之后，各级政府对于土地的经营管理权力和行政管理权力完全分离，实现了土地管理的政企分开。政府实现了从土地经营者到土地监管者的转变。一方面，作为土地的经营管理者，国有土地资产管理部门和农村土地管理委员会可以根据实际需要成立土地开发经营股份公司分别对城乡土地资产进行管理、经营和开发，自主经营、自负盈亏。另一方面，作为城乡土地市场的行政监管者，国家对于城乡土地的行政管理职能统一到土地行政管理机关，由各级土地行政管理机关统一进行城乡地政管理。政府应综合配套运用经济法律等手段对土地市场进行科学宏观调控，坚持城乡土地市场统一管理的原则，作为服务型政府统一管理好城乡地政工作。同时，国家土地行政管理部门还需要和农业管理部门、土地规划管理部门、建设管理部门、房产管理部门、土地税收管理部门等政府职能部门协作和配合，各司其职，履行国家公共管理权力职能，对城乡土地市场依法依规进行相关管理。

5.6.3 创新我国农村集体宅基地使用制度

我国农业人口众多，在新中国成立后很长一段时间，农业人口曾达到总人口的80%左右[1]。农村宅基地面积占全部农村建设用地面积的比例也不是一个小数目。随着城市化和现代化的不断发展，农业人口向城市人口转移，

---

[1] 夏桂祥. 我国农业非农业人口统计存在的问题及对现有农业人口的估计[J]. 人口与经济，1989，(2)：56.

农村住房被大量闲置,浪费了土地资源。据统计,在我国约 2 亿亩农村宅基地中,约 10%～20%是闲置的,部分地区闲置率甚至高达 30%[①],有些地方还存在一户多宅的情况。农村土地的闲置和浪费造成了可供分配的宅基地资源紧缺,有些地方就打起耕地的主意,频频以挤占耕地来补宅基地缺口。盘活农村宅基地、还农民土地财产权、优化整合城乡建设用地资源,从而节约集约利用国土资源的呼声一直没有停止过。根据现行土地管理制度,我国农村宅基地是无偿、无限期和无流动使用的,属于划拨和福利性质的。这和我国改革前的城市国有建设用地使用制度很相似。1990 年国务院出台了《城镇国有土地使用权出让和转让暂行条例》,奠定了城市国有建设用地市场繁荣发展的基础。笔者认为,我国农村宅基地使用制度也应参照上述条例进行改革,让农村集体建设用地使用制度和城市国有建设用地使用制度全方位统一起来。农村宅基地使用制度创新应该分类进行,一是针对已有存量宅基地的权利制度创新,二是针对新增宅基地的权利制度创新。

5.6.3.1 关于初始存量宅基地确权登记制度的探讨

目前我国农村既有存量宅基地的来源一般有两种。一种是从继承祖辈住房得来的,另一种是经过乡(镇)政府国土地和县国土资源局审批划拨得来的。通过乡(镇)政府国土所审批获得的宅基地在我国目前存量宅基地中占了很大比例,这和我国曾经执行鼓励多生多育的生育政策有关。原有宅基地不能满足多子女农户的住房需要。当农村居民的儿女长大成家时,必须申请新宅基地才能满足生活需要。不管来源如何,农村宅基地使用普遍存在面积超标的问题。而且到目前为止,我国还没有一部法律对全国农村宅基地使用标准进行过统一规范和限制。为了安全性和独立性,农民还习惯在住房周围修建院墙,院墙内除了住房就是院坝。院坝对于农村居民也是非常重要的。在农忙季节,院坝是农民晾晒粮食的场所,在平常是农民休闲锻炼的场所;在逢年过节的时候,又是农民款待亲友大摆酒宴的场地。同时院坝也兼具了农民住房改建维修的储备用地的功能。因此,在对农村宅基地进行初始权利界定并

---

① 张亚莉. 动态管理宅基地户数和面积——对遏制农村宅基地闲置浪费现象的一点建议[DB/OL]. http://www.mlr.gov.cn/xwdt/xwpl/201106/t20110628_888267.htm.

颁发宅基地使用权时，应该把住房和院坝都考虑进去。如果在改革过程中忽视农民既有的利益，容易遇到来自农民的反抗，从而影响改革顺利进行。根据笔者到农村的走访调查，在政府主导下对农村宅基地确权颁证时，出现了农民在自己院坝抢修住房情况。这些抢修的住房质量差，容易造成安全隐患。破坏了农村住房布局的和谐美。同时其使用功能差，浪费财力和物力。院墙在农村除了安全性之外，还起到了一个约定俗成的重要功能，即产权界定功能。院墙在农村一般是稳定的，如果农户任意把院墙向外扩展，会引起农户之间的矛盾，而且也会受到相关部门的管制。因此笔者认为，在对宅基地初始权利进行界定和登记时，应该尊重历史和事实，把院墙内的院坝面积也算进去。

农村居民的住宅面积大小不等，为了防止和打击农村居民非法多占农村土地修建住房，维护农村社会正义公平，在进行农村宅基地初始确权登记时，必须要核算人均宅基地使用面积。首先，农村宅基地应以合作社为单位在合作社内进行平均核算。因为在当初农村集体所有制形成过程中，农民是把包括宅基地在内的土地等生产资料入社形成合作社，从而形成了今天的土地集体所有制。从尊重历史和事实的角度出发，应在合作社内核算。具体方法是：宅基地人均平均使用面积＝社内宅基地总面积/合作社内集体经济总人口。对于超过平均使用面积的农户，有两种选择。第一种选择是让其退出超过宅基地使用权平均面积以上的土地，要么让其向社集体经济组织补交土地使用费，由村土地管理委员会代管资金。对于人均宅基地平均使用面积不足的农户，也有两种选择：要么由合作社集体经济组织对其补偿相应的费用，要么由集体经济组织向其补足宅基地面积。各个地方的耕地保护指标应层层分解，直至下放到农村集体合作社以内，对于耕地保护不力的合作社，由国土部门和农业管理部门责成村土地管理委员组织进行合作社内建设用地复垦并进行经济处罚，确保耕地数量和质量。对于耕地保护情况好的合作社，应由相关部门对该合作社进行经济奖励。

5.6.3.2　划分宅基地类型及界定其享有的权益

在确定了初始宅基地确权登记的上述原则之后，土地管理部门对经过确权登记的既有存量宅基地颁发宅基地使用权证书。这种初始宅基地使用权应该和在城乡统一建设用地市场上流转取得的宅基地使用权有所区别。可以把这类宅基地确定为Ⅰ型宅基地。Ⅰ型宅基地和20世纪90年代初城市国有建设用地制度改革时的房改房用地很相似。为了减少制度变迁的成本，这类土地暂时不需要缴纳土地使用费。但是为了和城市建设用地使用制度接轨，深化我国市场经济体制改革，必须要对Ⅰ型宅基地的使用期限进行限定，建议从颁发土地使用证之日算起，使用期限为70年，到期之后向集体经济组织续交土地使用费。

Ⅰ型宅基地可以进入城乡统一的建设用地市场进行交易，但前提是必须要向集体补交土地使用费，向国家缴纳税费。可参照城市国有建设用地出让、转让时的各种税费标准缴纳税费。当Ⅰ型宅基地进入市场流转成功后，自动变为Ⅱ型宅基地，颁发Ⅱ型农村集体建设用地使用权证书。Ⅱ型宅基地的使用年限为Ⅰ型宅基地的剩余年限。集体经济组织成员在土地流转市场上转让Ⅰ型宅基地使用权之后，不得再向集体经济组织申请Ⅰ型宅基地。但今后如果需要宅基地，其可以到市场上重新购买Ⅱ型宅基地使用权。法律不限制Ⅱ型宅基地的购买经济主体，包括城市居民在内的任何单位或个人都可以购买Ⅱ型宅基地。Ⅱ型宅基地及其上房产的交易程序可参照《城镇国有土地使用权出让和转让暂行条例》(1990)及《城市房地产管理法》(2007年修正)标准执行。Ⅰ型宅基地出让和转让收益归农村集体经济组织和农民所有，土地出让收益在土地所属的农民集体经济组织内进行分配，资金用于支持农业和农村的发展，提供农村公共产品。政府虽然不直接参与农村建设用地出让金和转让金的分配，但是要以税收工具对农村集体经济组织的土地出让金和农村居民宅基地使用权的转让金进行调节。

Ⅰ、Ⅱ型宅基地使用权的转让连同房产的买卖必须签订正式合同，经过农村集体土地管理委员会的审核同意之后，到国土行政管理机关和房地产行政管理行政机关办理相应的房地产转让登记手续并同时缴纳税费。同时，应该赋予农村集体经济组织在相同价格基础上对农村居民的宅基地的优先回购权。这种制度设计一是为了保护集体土地所有权主体的利益，避免集体建设用地被滥用；二是有利于集体经济组织对于农村集体土地的宏观调控，对农村土地综合整理和储备工作等有利。

5 城乡统一建设用地系统的架构研究：五位一体

最后，笔者并不支持对农村宅基地使用权设置市场准入条件的限制。原因在于，农民是有理性的经济人，在市场经济中，每个有理性的经济人都可以对自己的行为负责。如果政府以保护的名义对农民的正当市场行为进行限制，实质上是一种变相的不公正，是对农民地位、能力的歧视和对其成为完全市场交易主体的人为干预。我国工业化、城市化、农业现代化、信息化进程和城乡统筹协调发展的步伐将有可能受到影响。即便是农民在城市长期务工经商，有了丰厚的收入和固定的住所，也难保这部份人在激烈竞争的市场经济洪流中不会破产。所以，以保护的名义对农民拥有的宅基地使用权设置市场准入条件是没有必要的，这种善意的愿望不会给农民带来任何的保险和保障，只会损害他们的土地财产权利。那么政府为了农村土地管理制度变迁急需要做的事情是尽快建立和完善包括农民在内的全体社会成员的社会保障制度。为在现代市场竞争经济体制之下暂时失败的所有社会成员提供没有任何身份区别的社会救助和保护。

建立农村新型宅基地产权制度，必须要依靠修订相关法律规定和建立健全一系列社会配套制度作为保障，这将在第七章集中论述。

5.6.3.3 农村新增宅基地制度管理

根据人口和经济发展形势的需要，农村土地管理委员会仍然保留给本集体经济组织内的农户划拨宅基地的权利，但是新分配的宅基地必须要限制人均使用面积、使用期限。而且划拨得到的增量宅基地也属于Ⅰ型宅基地，纳入Ⅰ型宅基地进行管理。拥有农村住宅的居民修建新房屋，必须优先利用原有宅基地，不得随意占用农用地。但是允许其在复垦其原有宅基地并通过验收之后，置换到其他符合规划的地方重新修建住宅。在坚持农民自愿的原则下，法律法规应支持修建符合规划的农村住宅集中居住区，支持城乡建设用地增减挂钩项目和支持"拆院并院"项目。将多余或闲散的农村建设用地复垦为农用地，用置换出来的建设用地指标换取农村生产和建设资金。新占宅基地面积原则上不能大于原有宅基地面积。土地置换要符合国家相关法律法规的规定，依法进行。

5.6.4 关于修建在农村集体土地上的"小产权房"的解决方案

严焰(2008)称"小产权房"又称为"乡产权房"的，是指建设在农村集体土地上，一般由乡镇、村委会与开发商合作建设，或由乡镇、村委会自行开发建设，亦有小部分由村委会审批、村民自行建设，以较低的价格向村民以外的城市居民销售的房屋。小产权房未经过合法审批，未向国家缴纳税费，不具有合法产权证[①]。对"小产权房"的定义比较多，笔者认为上述定义比较科学和完整，准确描述了小产权房产生的性质。目前城乡建设用地二元化管理体制是导致"小产权房"出现的根本原因，这是特定时代的产物，也是制度不均衡的产物。这是农村居民、城市居民和开发商等社会各方利益集团在追求现行土地管理制度之外的外部利润导致的必然结果。要解决这个难题，长远之计是对现行城乡土地二元化管理制度进行改革。当务之急是坚决叫停正在修建的小产权房，停止正在出售的小产权房，完全杜绝这类房的新开工建设，防止小产权房继续蔓延。对已经出售和入住的"小产权房"要区别对待处理，不能回避这个难题，应及时制定出解决的对策。在分类处理"小产权房"问题上，要把公平公正和社会稳定和谐结合起来，还需要尽量避免社会资源的浪费，能利用的建筑尽量回收利用。

5.6.4.1 对违反土地利用总体规划侵占农用地而修建的"小产权房"的处理

修建于农用地上的小产权房，不符合规划，破坏了耕地保护政策，属于严重违法违规。应该坚决拆除这样的建筑进行土地复垦。如果拆除和复垦成本过大，则要求建筑物归属地的集体经济组织复垦相同面积的自有建设用地，用于补偿已经损失的耕地。复垦费由小产权房归属地的乡（镇）政府、村委会、村民和原有开发商负责。同时，农村相关机构、村民个人和原有开发商还必须无条件退还原有购房人的购房款，并赔偿部分银行利息损失和部分装修款。在责任划分中，从重到轻依次为乡镇和村干部、开法商、村民和购房者。对"小产权房"的修建和销售最应该负责任的是乡政府和村委会，作为地方基层行政组织，维护和执行国家的法律法规是其最重要的职责，但是其却知法犯法，为了追求经济利益成为"小产权房"蔓延的推手。所以除了对购房人进行经济赔偿之外，还应该对直接负责的地方行政首脑依法惩处。其次是开发商

---

① 严焰."小产权房"的形成原因与出路探究[J].特区经济，2008，(2)：213.

5 城乡统一建设用地系统的架构研究：五位一体

和相关村民。开发商作为商人虽然是追逐利性的，但这毕竟是严重违法违规的业务，因此开发商需要退还已赚取的利润用于拆除违法建筑和复垦土地，并补偿购房者损失。最后需要负责任的是购房者，不管他们是出于何种动机和目的去购房，也属于自愿违法。因此他们也需要为此付出代价。作为弱势群体，他们虽然得到了退还房款的补偿，但是利息和装修款和搬家费等等费用却不能得到完全补偿。

对于不能拆除的建筑，国家应以成本价格进行收购。即等农村基层行政组织、村民和开发商把售房款全部退给购房者之后，国家再对相关组织、个人和开发商支付房屋的修建成本，并征收相应的土地，把小产权房强制征收为国有。这块地由农村集体所有转变为国家所有。在完成对该"小产权房"收购之后，国家付出了征地成本和房屋修建成本，该建筑所有权及土地所有权归国家所有，用于城市居民住房保障。政府保障原购买该"小产权房"的居民的优选居住权，如果符合条件，原"小产权房"购买者可以向政府申请廉租房，申请成功则可以继续入住，入住居民必须遵守国家廉租住房管理制度。

5.6.4.2 对符合规划而修建在农村集体建设用地上的"小产权房"的处理

在原有农村集体建设用地上建设的小产权房，违法原因主要源于城乡土地二元分割管理体制。笔者在前几章已经详细论述了城乡土地二元分割管理体制带来的弊端，那种土地管理体制已经不适应社会的发展和需要，是计划经济时代遗留下来的问题。而且，这种小产权房符合土地利用总体规划，在有些地方基本和城市商品房连成一片。不影响国家的土地用途管制和规划实施，没有破坏国家的耕地政策。住房是一个刚性需求，在城市房价畸高而社会保障性住房供应不足的情况下，就会激发个人去持有"小产权房"。再加上到农村去购房的人大多数属于中低收入群体，受到外部的影响刺激或者被迫无奈去持有"小产权房"，购房以居住为目的。所以，出于对该类建筑的违法根源、保护社会弱势群体并平抑城市房价的考虑，笔者认为，对该类住房，应该根据新规定，重新核算其住房价值，在相关交易主体向国家等相关利益主体缴纳税费并履行完各种登记交易手续之后，颁发农村集体Ⅱ型土地使用权证书和房产证书。该建筑的土地所有权仍归集体经济组织所有，和农村Ⅱ型宅基地享有平等权益。

在处理"小产权房"问题时，应先以市县为单位对小产权房项目进行全面详细排查，统计其在建、在售、已建、已售"小产权房"的分布情况、占地规模、数量以及业主类型，根据"小产权房"不同类型有区别地制定处理措施。在对"小产权房"进行类型划分时要实事求是，讲究证据和依据，避免出现偏差。

5.6.5 关于乡镇、村办企业、公用事业用地及经营性用地使用权制度的探讨

乡镇企业是集体所有制企业，是1984年由社队企业改名而来的。1996年10月，国家颁布了《中华人民共和国乡镇企业法》，该法第二条规定："本法所称乡镇企业，是指农村集体经济组织或者农民投资为主，在乡镇（包括所辖村）举办的承担支援农业义务的各类企业。"可见乡镇企业对于农村和农业的发展起了极其重要的作用，其重要性以法律的形式被定义为"承担支援农业义务"。朱嘉蔚(2011)认为，乡镇企业是农村经济的重要支柱和国民经济的重要组成部分。乡镇企业的重要作用体现为吸收农村剩余劳动力，提高农民收入，支援农业，推进农业和农村现代化。因此其深化了乡镇企业定义。认为在县域以下，以农民就业为主，承担支农义务，以开发农村资源、繁荣农村经济、促进农村城镇化为目标，有效连接城乡经济发展的各类企业（国有和外商独资除外）都界定为乡镇企业[①]。笔者虽然不完全赞同其对乡镇企业概念的扩展，但是笔者认为，乡镇企业和村办企业及其对农村发展的作用类似，因此在用地制度上应该统一。

在过去的土地管理体制下，乡镇企业和村办企业使用的农村土地大多缺乏统一规划，乡镇企业布局分散。使用权属于划拨性质，使用权的取得是无偿的，使用期限没有限制，使用权流动性不强。这种旧有体制造成了农村集体建设用地的粗放使用和闲置浪费。因此，笔者认为，在兼顾乡（镇）、村企业对农业、农村、农民的重要性和节约集约利用土地资源的基础上，应该改变原有土地使用权的"三无"状况。对乡镇、村企业用地的改革思路如下：

为了提高土地的利用效率，节约和集约使用土地，乡镇、村企业使用集

[①] 朱嘉蔚. 我国乡镇企业持续发展的制约因素及对策[J]. 企业经济，2011，(6)：27-28.

体经济组织土地的，除了向国家缴纳相关税费外，还必须要向农村集体经济组织缴纳土地使用费。可以一次性向集体缴纳土地出让费，也可以每年向集体缴纳土地租用费。并同时向国家缴纳税费。考虑到乡镇、村企业的地位和对农村的支持和贡献，土地出让费应该给予优惠，可参照国有建设用地工业地价的出让标准收取费用并略低于城市工业地价标准。使用期限从颁证之日算起，参照国有工业用地50年的使用期限执行。自然资源管理部门对乡镇、村企业颁发集体工业用地使用权证书。集体工业用地使用权可以在乡镇、村企业因破产、兼并时一并转移该企业用地的使用权，但必须要经过集体经济组织同意并到相关部门办理土地使用权登记转移手续。土地使用权转让后的使用期限以原有企业用地的剩余年限为准。

为了保证农村的正常生产生活，农村公共管理和公共服务用地、交通用地等公益性用地，依然保留无偿划拨使用制度。相关部门对这些公益事业用地颁发集体划拨土地使用证。集体划拨土地使用权不能直接进入土地市场进行交易，必须向集体补交土地出让金并完善了相关审批手续之后才能进入市场交易。如果这些单位因停办或者拆并时，原有土地使用权应交还集体经济组织，由集体经济组织把这些土地作为储备用地统筹使用。

目前属于集体经济组织的其他闲置建设用地大多分散，这些土地可由土地管理委员会代表集体经济组织进行土地整理归并，作为储备用地。根据2019年新修订的《土地管理法》，这些农村集体建设用地在符合规划的前提下可以作为经营性建设用地直接出让或出租给城乡居民个人或单位使用，这对于保护集体经济组织和农民的财产权益，提高农村居民生活水平具有重大意义。

5.6.6 构建城乡建设用地统一的权利系统

根据产权经济学理论，土地产权体系大致包括土地的所有权、使用权、占有权、处置权、收益权、租赁权、抵押权、继承权等。根据前面的分析阐述，笔者把对城乡建设用地的权利系统相统一的建议作如下归纳总结：

（一）城乡建设用地出让权相统一：农村土地管理委员会可以代表农村集体经济组织对农村集体建设用地的使用权依法进行划拨或出让，这和国家资产管理部门代表国家对城市国有建设用地的使用权进行划拨或者出让是一个性质。

（二）城乡建设用地转让权相统一：农村集体建设用地和城市国有建设用地的使用权都可以依法在城乡统一的建设用地市场上再次进行转让。获得城乡建设用地使用权的第三方享有该建设用地剩余出让年限的使用权。

（三）城乡建设用地具有统一的划拨性质建设用地：农村集体建设用地保留了农村Ⅰ型宅基地、农村公益事业用地等为福利性质的划拨用地，城市国有建设用地也有一定规模和范围的福利性质的公益性事业用地。

（四）城乡建设用地中的非公益性事业用地的土地产权权利束包括统一的租赁权、使用权、占有权、收益权、有限处置权、抵押权和继承权等。

笔者设计了城乡建设用地统一的权利系统图，如图5-2所示。

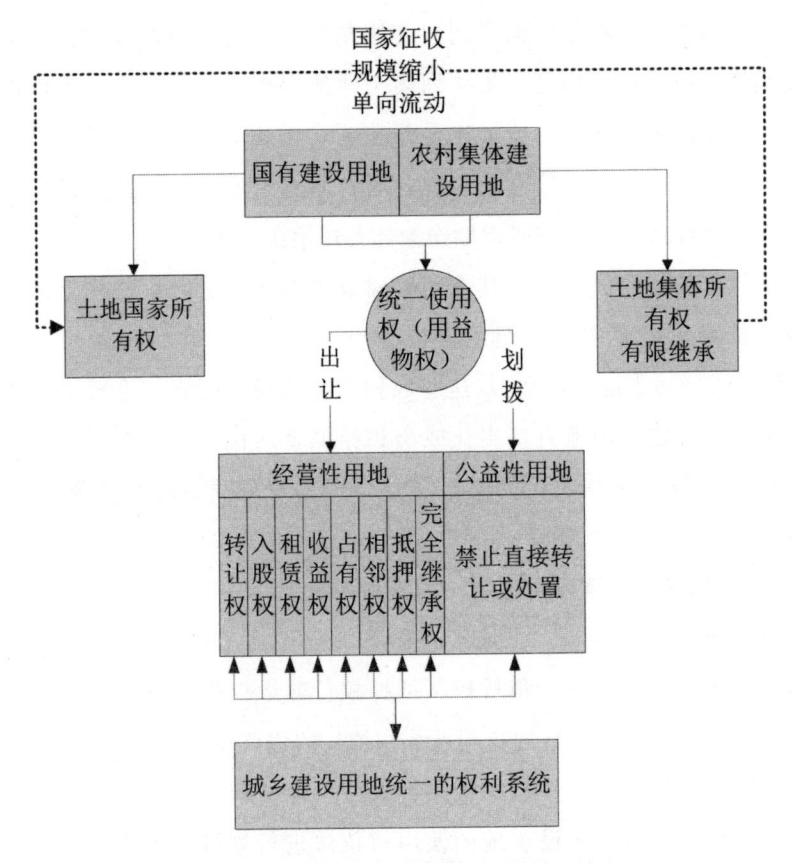

图5-2 城乡建设用地统一的权利系统

5.7 构建城乡建设用地统一的用途系统

5.7.1 土地用途管制的涵义和作用

由于土地利用具有社会性和外部性，因此即使是在土地私有化的国家，土地利用也不可能是不受政府管制的随心所欲的行为。土地的社会属性决定了土地用途管制在各种不同经济体制的国家都是重要的土地宏观调控手段。早在1573年，西班牙国王曾颁布法令，强制把屠宰场迁出城市。1875年，为了使工人居住得离工厂更近，德国柏林政府对城市进行分区，让工人的住所和工厂区混合布局。1916年，纽约市把城市划分为工业区、商业区和居住区。纽约市政府还对各用地区的建筑密度、容积率和空地率等进行具体详细限制。[①] 以上事例可能算是政府对土地用途进行管制有明确文字记载的最早记录了。

在我国由计划经济向市场经济转型过渡的初期，农村土地的价值在由农业用途转为建设用途的过程中不断增值和显化；同时，我国土地管理法规和管理手段落后。上述两个方面的原因导致了我国农村耕地被大量侵占转为建设用地，我国土地利用管理一度出现无序和失控局面，这也引起了大量有识之士对粮食安全问题的担忧和改革相关土地管理制度的呼吁。1997年，国务院发布《关于进一步加强土地管理切实保护耕地的通知》，首次要求对我国土地实行严格的用途管制。1998年，我国《土地管理法》正式将土地用途管制定为我国基本的土地管理制度。该法第四条规定："国家实行土地用途管制制度"。同时，第四条规定，土地利用总体规划把土地划分为农用地、建设用地和未利用地。笔者认为，上述划分是最粗略和最顶层的划分。农用地和建设用地可以更进一步细分。农用地用途可以细分为耕地、园地、林地、牧草地等。建设用地可以分为农村建设用地和城市建设用地，再往下细分，还可以分为居住用地、金融商业用地、工业用地、基础设施用地，等等。

对于土地用途管制的内涵，陆红生(1999)等认为，它指以土地利用总体规划为主要依据，对土地用途和土地用途变更进行审批管理和强制性限制。

---

① 王万茂. 土地用途管制的实施及其效益的理性分析[J]. 中国土地科学，1999, 13(3): 9-12.

目的是严格限制农用地转为建设用地,对耕地实行特殊保护,对建设用地总量进行总体控制。① 程久苗(2000)认为,土地用途管制是指土地管理部门用科学方法把区域内土地划分成各种使用区域并规划其用途,再把各用途区域内的土地逐宗编定并依法实施各种管制措施的行为。笔者认为,应该对土地用途管制的内涵进行拓宽,土地用途管制不仅仅应该注重对农用地转为建设用地的严格审批,不仅仅是对耕地进行特殊而严格的保护。在城市化、工业化和城乡一体化发展的大背景下,土地用途管制更重要的作用是从整体上起到对于城乡土地集约和节约利用的促进作用,从注重建设用地准入审批转为同时注重对于建设用地后期的动态利用和用途管制上来,从统一城乡建设用地用途的角度加强国家产业布局的统一性、整体性和协调性。同时,国家对土地用途采用除行政命令之外的经济、税收管制手段,还能促使土地利用的外部性内部化,促使土地利用公平和效率的平衡。国家征收的耕地占用税就是一个很好的例子。

综上所述,笔者把我国土地用途管制的内涵及作用界定为:土地用途管制是指国家采用土地利用总体规划、土地利用年度计划和农用地转用审批管制等强制措施,对土地进行区域划分,确立不同的土地用途,其作用是为了严格保护永久性基本农田、促进城乡土地利用的集约性、节约性以及城乡土地产业布局的统一性和协调性。国家通过建立国土空间规划体系,坚持生态优先、绿色、可持续发展,科学有序统筹安排生态、农业、城镇等功能空间,优化国土空间结构和布局,提升国土空间开发、保护的质量和效率。统筹安排城乡生产、生活、生态用地,满足乡村产业和基础设施用地合理需求,促进城乡融合发展。

5.7.2 我国城乡建设用地用途划分标准与土地用途管制现状

根据《中华人民共和国城乡规划法》(2019年修正),《城市用地分类与规划建设用地标准》(GB 50137—2011)于2012年开始实施。根据《城市用地分类与规划建设用地标准》,我国城乡土地被分为城乡建设用地和非建设用地2大类,8中类,17小类。按照土地的主要性质对城乡建设用地进行划分,城乡

---

① 陆红生,韩桐魁. 土地用途管制的难点和对策研究[J]. 中国土地科学,1999,13(4):18-30.

5 城乡统一建设用地系统的架构研究：五位一体

建设用地被分为城乡居民点建设用地、区域交通设施用地、区域公用设施用地、特殊用地、采矿用地。其中，城乡居民点建设用地被分为城市建设用地、镇建设用地、乡建设用地、村庄建设用地和独立建设用地。城市建设用地共分为8大类，35中类，44小类。城市建设用地的8大类包括居住用地、公共管理与公共服务用地、商业服务业设施用地、工业用地、物流仓储用地、交通设施用地、公用设施用地、绿地。

《城市用地分类与规划建设用地标准》(GB 50137—2011)比1990年颁布的旧标准在统筹城乡土地分类上有了很大进步，为统一城乡建设用地的用途系统打下了一定的基础。但是其对农村建设用地的划分过于粗略和简单，没有从根本突破城乡土地二元管理体制框架，回避了对于某些位于农村区域的各种建设用地的权利归属划分问题。首先，区域交通设施用地、区域公用设施用地、特殊用地、采矿用地和城乡居民点建设用地平行划分，这些地属于农村集体还是城市国有，没有得到明确说明。城乡居民点建设用地当中包括的独立用地，这些地是属于农村集体建设用地还是属于城市国有建设用地，也没有得到明确说明。其次，该标准也没有对农村集体建设用地作出更多的划分与说明，这和城市建设用地8大类、35中类和44小类的详细划分和说明形成了鲜明对比，农村集体建设用地包含的范围和内容显得狭窄而模糊。显然，标准中关于农村集体建设用地最明确无误的表述为：镇建设用地、乡建设用地和村庄建设用地属于农村集体建设用地。农村集体建设用地的用地分类应该参照国有建设用地进行更为具体细致的划分，才符合构建城乡统一用地系统的要求。

我国《土地管理法》、《森林法》、《草原法》、《基本农田保护条例》等相关法律对于我国土地用途类型的转换程序作了具体规定和要求，目的是对耕地进行特殊保护，实现耕地占补平衡。但是目前土地用途管制实践中也出现了一些问题。首先，土地用途管制容易受到局部土地利用经济效益指标和领导政绩工程的用地需求的影响[①]，导致土地用途管制刚性不足，弹性过大。其

---

① 黄贤金等. 区域土地用途管制的不同方式[J]. 南京大学学报(自然科学)，2003，39(3)：411-422.

次，我国土地用途管制偏重于对农用地转用的增量建设用地进行管理，对于存量建设用地的详细控制性用途管理显得比较薄弱。这容易造成存量建设用地的粗放和低效利用。再次，对于各种不同用途类型的建设用地的布局不科学，相关部门没有对存量建设用地进行定期的动态监测管理，因此土地用途管理显得过于僵化，土地利用总体规划不够先进。土地用途规划和管制常常滞后于社会经济发展的需要。

5.7.3 构建城乡建设用地统一的用途系统

构建城乡建设用地统一的用途系统是构建城乡统一建设用地市场的前提条件和要求。城乡建设用地是城乡统一的土地市场交易的客体，客体的用途统一了，才能形成统一的城乡建设用地市场。这也符合社会公平要求。笔者设计了城乡建设用地统一的用途系统图，如图5-3所示。城乡建设用地可统一划分为公益性用地、经营性用地和未利用的储备用地。公益性用地和经营性用地的具体用途见图5-3。其中，要注重以土地整理工程进行土地储备，获得可利用的储备土地。农村建设用地特别零星分散，需要进行土地整理，置换或者合并建设用地，让可利用的建设用地形成适度规模才能增加建设用地的可利用性和经济性。农村集体建设用地的整理和储备工作可直接由农村土地管理委员会牵头负责，但必须经自然资源管理部门依法审批。这突破了以前由政府委托的土地储备中心垄断征地市场进行建设用地储备的做法。如果涉及到耕地的占补平衡和增减指标挂钩，则需要政府、用地单位、农村集体经济组织和农民共同配合。

5 城乡统一建设用地系统的架构研究：五位一体

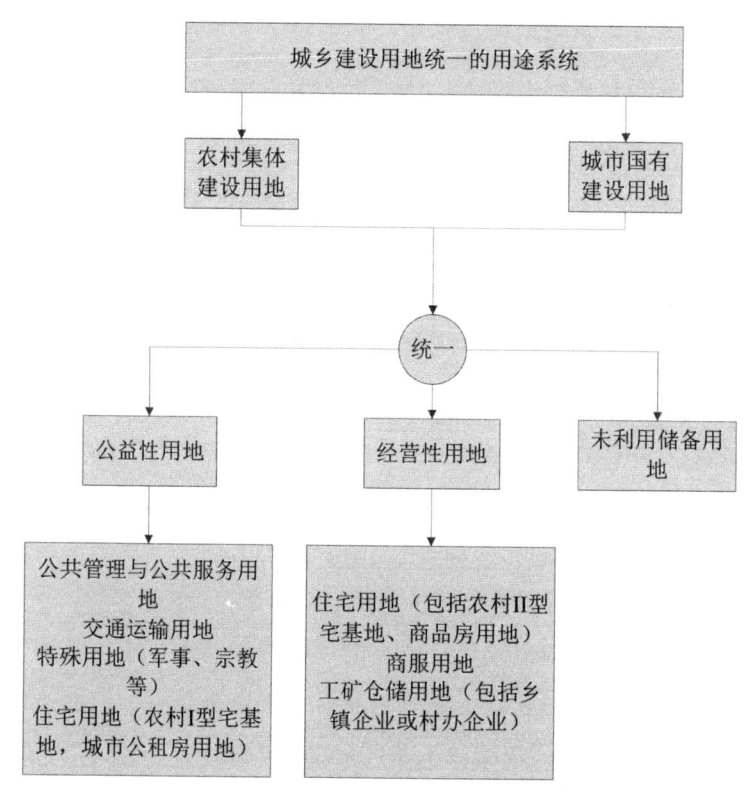

图 5-3　城乡建设用地统一的用途系统

首先，城乡建设用地统一的用途系统表现为建设用地的具体用途类型相同。城市土地和农村土地的用途只与土地的产业承载功能相关，城乡土地用途与土地权属身份无关。这就要求农村集体建设用地的土地用途和城市国有建设用地的土地用途相统一。根据社会经济发展的实际要求并随着城市化和工业化进程的深化，城市工商业发展向农村区域扩散的也不断加快，因此农村集体建设用地类型也可以划分为居住用地、公共管理与公共服务用地、商业服务业设施用地、工业用地、物流仓储用地、交通设施用地、公用设施用地、绿地。农村集体建设用地各种不同地类的使用年限可以参照《城镇国有土地使用权出让和转让暂行条例》(1990)第十二条的规定执行，和城市国有建设用地相同类型土地的使用年限接轨。

其次，根据十八届三中全会通过的《中共中央关于全面深化改革若干重大问题的决定》的精神和2019年修正后的《土地管理法》，可以统一将农村集体建设用地和城市国有建设用地划分为公益性用地和经营性用地。让农村集体经营性建设用地和城市国有经营性建设用地的用途和使用权相统一，都可以出让、转让、租赁、入股、抵押等，农村集体土地所有权可以不发生变化。农村土地管理委员会和国有资产管理部门分别可作为城乡经营性建设用地的使用权出让主体对土地使用权依法出让，农村集体建设用地和与国有建设用地实现土地同等入市和同权同价。对于农村集体建设用地用于公益性用途的，国家或集体经济组织向用地单位无偿划拨土地使用权或要求用地单位以成本价获取土地使用权。农村集体公益性用地的使用要分为两种情况。一种情况是农村集体经济组织内部公益事业需要使用土地的，这种情况由农村土地管理委员会在集体经济组织内依法无偿划拨土地使用权。另一种情况是国家为了公共利益需要使用土地的，这种情况国家需要采用征用或者征收方式获得农村集体土地的使用权并对集体经济组织进行公平合理的补偿。

最后，城乡建设用地应该实行统一的用途管制制度。土地利用影响到自然、经济和社会等各个方面，土地利用具有很强的外部性。因此土地用途管制的效果对于国家社会、经济和生态环境的影响重大。土地利用总体规划、土地利用年度计划、农用地转用审批制度是土地用途管制的主要手段，一定要严格执行。但是土地用途管制不能仅仅局限于控制农业用途转为建设用途的增量建设用地增长，同时还要对城乡存量建设用地的利用情况进行监测，提高存量建设用地的集约利用程度，合理调整存量建设用地的产业布局结构，杜绝城乡土地资源的闲置和浪费，让土地资源利用形成可持续性发展的良性机制。土地用途管制还应该根据社会经济发展情况对建设用地内部地类的转换进行定期适当调整，避免出现用途管制过于僵化而与社会发展脱节。合理的用途安排才能得到相关利益主体的支持，否则会增加土地用途管制的执行成本，达不到好的用途管制效果。为了达到更好的调控效果，国家相关行政管理机构对于土地用途管制的手段应该多样化，可以把强制性手段与经济税收、思想意识形态宣传与教育等调节手段相结合，农业、林业、水利、交通、城建等与土地利用相关的管控部门应统一协作，从而形成有序、有层次和有

5 城乡统一建设用地系统的架构研究：五位一体

组织的城乡土地用途管制的有机系统[①]。

在符合城乡土地利用总体规划和严格的土地用途管制前提下，农村集体建设用地使用权才可以和国有建设用地使用权同等入市，进行出让、转让、租赁和抵押等。严格保护耕地，是我国的基本国策之一。建立集体建设用地交易许可管制制度对于形成健康、有序的城乡统一建设用地市场至关重要。凡是不符合城乡土地利用规划和土地用途管制的农村集体建设用地，严禁进入城乡统一的土地市场进行流转。凡是符合土地利用总体规划和土地用途管制、用地手续齐全、不存在权属争议的集体建设用地，则可以在保留集体土地所有权的前提下对土地的使用权进行依法流转。随着城乡统一建设用地市场的建立和发展，今后不管土地用途为居住用地、商业用地、工业用地、基础设施用地还是其他任何用途的用地，都可以保留农村集体所有的权属性质，不必要强制性把农村集体建设用地转变为城市国有。土地用途与土地的身份无关，只与其产业承载功能有关。按照上述改革思路，在将来全面建立城乡统一用地系统后，城市的土地也不一定全部属于国家所有，城市用地当中也可能有属于农村集体所有的土地。因此，宪法及相关法律法规的相关条款今后也有可能由全国人大进行研讨和修订。

5.7.4 建立复耕地质量评价体系是实现城乡土地统一用途系统的制度保障

耕地占补平衡是我国耕地保护的一项基本制度。为了获取建设用地指标，农村集体建设用地常常被复垦为耕地。在实践中，各地土地整治中心难以保证复垦的新增耕地质量。有时甚至连数量也达不到要求。主要体现为，以区位条件和配套设施不好的土地置换土地区位条件和配套设施齐备的土地；以贫瘠的土地交换肥沃的土地；以山区贫瘠坡地置换平原的良田；新开垦的土壤物理和化学条件达不到耕作的要求。

产生上述问题的主要原因有三个。一是为了节省土地复垦的成本费用或者预留的耕地保护基金数额不能满足土地开发的要求；二是新增耕地验收走过场，不严格执行规定。因为土地复垦质量验收部门是土地管理和农业管理

[①] 程久苗. 试论土地用途管制[J]. 中国农村经济，2000，(7)：22-30.

行政部门，土地整治中心也属于政府部门的下属事业单位。整治和验收都属于政府部门，无法相互严格执行规定；三是我国并没有建立起科学合理的耕地质量评价体系。耕地质量评价可操作性和统一性较差。

根据构建城乡统一建设用地系统的构想，农村集体建设用地在符合规划的前提下可以进行土地综合整治，农村集体经济组织可以申请进行农村集体建设用地指标交易，农村集体建设用地使用权可以直接进入城乡统一的建设用地市场进行交易。因此土地整理和复垦将大量涌现。在这种情况下，必须严格土地用途管制，其中非常关键的就是要对复垦的新增耕地进行比以往任何时候都严格的质量评价和验收。因为这不仅关系到粮食安全问题，还关系到建立城乡统一建设用地系统的成败。

建立科学的复耕地质量评价体系是土地用途管制的关键。应该在以下几方面进行改进：

一是提高耕地保护补偿专项资金的金额，对耕地开垦和保护加大资金和技术投入。政府对于产生建设用地指标的农业发展区加大转移支付，提高农业区基本农田的质量和数量，激发其保护耕地的积极性和主动性。

二是让土地整治中心进行改制，脱离政府，让其由事业单位变为企业。土地整治中心转变为土地整治公司，接受政府、集体经济组织或者个人的委托进行土地整治业务。

三是建立科学的复耕地质量评价体系，形成公开透明和操作性强的耕地质量评价体系，使土地验收部门真正有耕地质量评价的科学依据。

四是建立耕地保护的奖惩机制，对于复耕地质量效果好的进行奖励，对于质量或数量不符合要求的复耕地，要严励惩罚。

5.8 构建城乡建设用地统一的市场系统

5.8.1 构建城乡建设用地统一的使用权出让市场

土地使用权出让市场也是土地一级市场或土地批租市场。在原有土地管理体制下，国家是城市建设用地使用权的唯一合法出让者。旧《土地管理法》第43规定："任何单位和个人进行建设，需要使用土地的，必须依法申请使用国有土地。"该条款从法律上长久地定下了农村集体土地的主导用途为农用，

5 城乡统一建设用地系统的架构研究：五位一体

城市国有土地的主导用途为工商业的城乡土地二元分割管理模式。2019年，原有的《土地管理法》被修订，土地利用总体规划、城乡规划确定为工业、商业等经营性用途，并经依法登记的集体经营性建设用地，土地所有权人可以通过出让、出租等方式交由单位或者个人使用。集体经济组织作为独立的土地所有权人，也可以成为建设用地的合法出让者。在城乡统一建设用地市场中，一级土地出让市场有两个合法的建设用地出让主体：一个是国家，另一个则是农村集体经济组织。

在目前，我国包括农村集体所有制在内的土地公有制地位丝毫不能动摇（郑景骥，1988）[1]，除了国家征收土地的情况之外，土地出让和转让市场都是指土地使用权出让和土地使用权转让市场。在前几节中，笔者建议，农村集体土地由农村土地管理委员会代表农民集体行使所有权，城市国有土地由国有资产管理部门代表国家行使土地所有权职能。那么，很自然，农村集体土地可以由农村土地管理委员会在符合规划和土地用途管制的前提下依法行使农村集体建设用地的出让权。城市国有建设用地的出让权由国家资产管理部门代表国家行使。农村土地管理委员会和国家资产管理部门是土地使用权市场中土地使用权的供给者，即通常意义上的"建设用地使用权卖家"。城乡建设土地使用权的市场需求者（买家）则分别为农村居民、城市居民、企事业用地单位等等。国家土地行政管理、房产管理、建设管理、农业管理、税收管理、规划管理等相关部门则为城乡建设用地使用权出让和转让等市场行为进行法律法规上的监管，进行各种土地权利转移登记和颁发土地相关权利证书，提供法律咨询和公共服务等。而各级国家土地行政管理机关则是城乡建设用地使用权出让和转让的唯一合法平台，对城乡统一建设用地市场的依法、有序运行至关重要，城乡建设用地使用权的出让和转让、抵押等涉及到土地使用权转移事宜都必须要到土地行政管理部门办理相关手续和按照合法程序进行。总之，国家土地管理部门、农业管理部门、规划管理部门、建设管理部门、房产管理部门、土地税收管理部门等政府职能部门只行使国家公共权利职能，各司其职，对城乡统一土地市场依法依规进行相关管理。

---

[1] 郑景骥. 我国农村土地制度的改革[J]. 财经科学, 1988, (12): 9-12.

这里需要说明的一个问题是，笔者在这里所讨论的"土地使用权出让"是广义上的，既包括城乡经营性建设用地使用权的有偿让渡，也包括农村集体建设用地使用权出让给城乡居民建房，也包括城乡公益性用地使用权的无偿划拨或仅以成本价为收取标准的让渡。如果是农村集体内部需要使用公益性建设用地，由土地管理委员会依法提供农村集体所有的划拨土地，划拨标准和审批程序必须依法到土地管理行政管理机关等相关部门办理审批手续。李萍(2005)认为，我国农村公共产品提供不足。因此在农村公益性用地及建设上，国家应该向农村地区进行适当资金补贴[①]。笔者认为，进行农村土地制度改革和建立城乡统一的建设用地市场将是解决上述问题的有效手段。如果是国家因为公共利益而使用的公益性用地，由国家资产管理部门负责划拨土地，国家资产管理部门也要通过自然资源管理部门依法依规进行公益性建设用地的划拨。

5.8.2 构建城乡建设用地统一的使用权转让市场

在长期的城乡二元化分割土地管理体制下，农村建设用地过去因为在法律上完全被禁止进入城市国有建设用地市场进行流转，目前农村土地市场刚开始萌芽，并没有形成合法的规模化的建设用地二、三级市场。而城市建设用地的二、三级市场却相当成熟和发达。在城市土地二、三级市场上，土地使用者对土地使用权可以进行转让(含出售、交换、赠与)、出租、入股、抵押等。市场机制在城市土地二、三级市场中发挥了巨大的土地资源配置作用。城市土地二、三级土地市场具有显著的供求规律特征，土地价格受供求规律影响，土地的流通性较强，二、三级土地市场结构为垄断竞争市场或局部的完全竞争市场。

根据建立城乡统一建设用地市场的思路和构想，在统一了城乡建设用地使用权的出让市场之后，还需要构建城乡统一的建设用地使用权转让市场，允许农村建设用地使用权直接进入城市国有建设用地市场流转，让城乡建设用地实现同地、同权和同价。城乡建设用地使用权转让供给主体(卖家)是城乡居民、城乡企事业用地单位。城乡建设用地使用权转让的需求主体(买家)

---

① 李萍."三农"问题与财政政策取向[J].社科纵横，2005，20(20)：55-56.

5 城乡统一建设用地系统的架构研究：五位一体

也是城乡居民、城乡企事业用地单位。市场机制对土地资源配置起决定性作用。城乡建设用地的价格只与土地用途有关、与土地区位条件有关、与土地供求关系有关，与土地是属于农村集体所有还是城市国有的权属身份无关。城乡建设用地使用权转让后的使用年限为原土地使用者剩余的年限。由于我国实行严格的土地用途管制，因此在二、三级土地市场中，土地使用权的转让不能改变原有的土地使用用途。如果需要改变用途，必须要依法进行相关审批。那么在城乡统一的建设用地市场中，农村集体建设用地使用权转让制度和城市国有建设用地使用权转让制度实现对接和统一，农村集体建设用地使用权可以依法进行转让或转移，具体形式包括租赁、入股、抵押、交换、赠与、继承，等等。

根据笔者前几节的论述，农村Ⅰ型宅基地是指农村集体经济组织成员初始取得的无偿划拨的福利用地。农村行政机关、学校、卫生等用地属于无偿使用的农村公益性建设用地。这些属于农村福利性质和公益性质的建设用地的转让制度，应该根据《城镇国有土地使用权出让和转让暂行条例》(1990)第7章关于划拨土地使用权的转让规定执行，从而实现农村集体所有划拨用地和城市国有建设用地划拨用地转让方式与转让制度的对接和统一。上述土地如果要入市流转，必须知会农村集体经济组织并向农村集体经济组织补缴一定的土地使用费。因为农村集体经济组织作为农村集体建设用地所有者的权利必须在经济上得到实现和尊重。农村宅基地Ⅰ型在转让之后不能再向集体经济组织申请新的福利宅基地。上述制度设计正好和我国目前城市国有建设用地当中的划拨用地的入市流转制度相统一。

5.8.3 构建城乡建设用地统一的征地市场

《中华人民共和国宪法》第10条规定："国家为了公共利益的需要，可以依照法律规定对土地实行征收或者征用并给予补偿。"《土地管理法》(2019年修订)第48条规定，征收土地应当给予公平、合理的补偿，保障被征地农民原有生活水平不降低、长远生计有保障。这两部法律规定体现了国家征地的合法性以及强制性，同时也从法律上提高了被征地农民的待遇，防止被征地农民合法权益被过度侵害。但我国没有任何一部法律对征收或者征用的唯一理由(即公共利益)做出过准确的内涵或外延的正式说明。

由于法律法规没有对"公共利益"概念和内涵作出过明确和权威的正式说明，"公共利益"概念的模糊性在学术界受到了一致诟病，这也是在征地实践中最有争议和最容易引发矛盾的"死角"。汪晖和黄祖辉认为，我国现行征地制度改革的核心在于清晰地界定公共利益的含义和明确划分征地范围，征地补偿应以土地市场价值为基础[1]。征地制度的弊端在理论界已经形成了共识，大致集中在这几个方面：因公共利益界定不清而导致土地征用目标泛化，政府对土地征用具有过大的自由裁量权；在征地赔偿标准上容易产生纠纷，农民缺乏维护自身权益的土地权力基础和法律及组织保障；地方政府具有侵害农民土地权益的利益驱动；公共利益界定和征地补偿标准制定存在技术上的困难；征地制度难以有效遏制土地的低效率利用，造成农地过度损失；与征地配套的社会保障体系不完善等[2]。史清华(2011)认为，征地导致农民收入下降只是引发失地农民问题的表面根源，没有实现"程序公平"才是现行征地制度的根本缺陷。重塑征地制度的成败关键就在于能否实现程序公平[3]。李建建(2002)认为，征地制度改革是我国土地使用制度改革的重要组成部分，因此征地制度改革应该和我国土地使用制度改革目标相一致，实现土地资源的市场化配置[4]。严法善等(2010)认为，要控制政府的土地财政行为，必须以市场化方式完成政府的征地行为，减少土地使用权买卖价格差距，形成以市场化价格补偿农民的机制[5]。笔者在前面已经阐述了国家不应该全面垄断城市国有建设用地使用权一级出让市场的观点，那么为了建立城乡统一的建设用地市场，国家强制性征地行为不但要退出城乡经营性建设用地市场，而且对于城市公益性用地也要区别对待。现行土地管理体制下的征地市场要缩小，征地市场只能保留因国家公共利益需要的征地权。根据构建城乡统一的建设用地

---

[1] 汪晖，黄祖辉.公共利益、征地范围与公平补偿——从两个土地投机案例谈起[J].经济学季刊，2004，4(1)：249-262.

[2] 钱忠好等.农民土地产权认知、土地征用意愿与征地制度改革——基于江西省鹰潭市的实证研究[J].中国农村经济，2007，(1)：28.

[3] 史清华等.征地一定降低农民收入吗：上海7村调查——兼论现行征地制度的缺陷与改革[J].管理世界，2011，(3)：77-82.

[4] 李建建.我国征地制度改革与农地征购市场的构建[J].当代经济研究，2002，(10)：51-55.

[5] 严法善，刘杰.中国高房价问题的成因及对策——基于经济、制度、心理三个维度进行分析[J].上海市经济学会学术年刊，2010：205-218.

市场思路，建立健全统一的征地市场涉及到如何确立公共利益、如何确定补偿原则、如何缩小征地范围、如何解决征地中出现的争议等问题。如何防止局部集团商业利益假"国家公共利益"之名对公益性用地进行侵犯是今后城乡统一建设用地系统形成之后应该重点关注和防范的问题，这个问题本质上也根源于"公共利益"之争。从建立城乡建设用地统一的征地市场的角度，笔者认为，应该改革现行征地制度，让农村集体建设用地和城市国有建设用地的征收或征用在以下几个方面相统一。

5.8.3.1 统一土地征收、征用的主体和客体

本着尊重和维护社会主义市场经济中土地产权交易主体经济平等权的原则和精神，农村集体土地所有权和国有土地所有权在经济上是平等的。因此，在坚持社会主义公有制和在符合土地利用总体规划和土地用途管制的前提下，农村集体经营性建设用地使用权可以不必通过国家征地而直接依法进入国有建设用地市场进行交易流转，交易流转形式包括农村集体建设用地使用权的直接出让和用地单位和个人对农村集体建设用地使用权的转让、租赁、入股、抵押，等等。对于国家因公共利益需要而使用的公益性建设用地，国家可以依法启动强制征收或征用程序，强制征收或征用农村集体所有的或者城市国有的各种用途的土地。征收和征用的对象可以是农村集体土地的所有权或使用权，也可以是城市国有土地的使用权。享有启动土地征收征用权的唯一合法主体是国家和政府，没有任何其他组织或者个人拥有此权力。征地的客体为城乡居民和城乡用地单位。根据现行法律法规，我国两种土地公有制的所有权必须是单向流动的，即由农村土地集体所有制向全民所有制流动。笔者认为，在构建城乡统一的建设用地系统过程中，应该保留和坚持这一规定。只有保留和坚持这一规定，才能让我国土地制度逐渐过渡到全面国有化，实现城乡土地制度的真正统一和一元化管理。笔者在前面对此已作了详尽论述。

5.8.3.2 统一征地行为中公共利益和公共产品(公共服务)的界定和划分

政府应该尽快出台关于"公共利益"概念的权威界定，广泛征求社会各界意见，以民主集中制的形式尽快明确"公共利益"涉及的范围并最终用法律形式固定下来。"公共利益"应为土地征收或征用的唯一目的，并且是以之作为判断土地征收和征用正当性的唯一标准。在政府和社会各界对"公共利益"达

成共识并统一思想之后，对于"公共利益"的服从才会有效率，才能减少征地中出现的纠纷和矛盾，这才是促使真正符合国家公共利益的征地行为得到顺利落实的关键所在。

根据经济学原理，社会产品可以分为公共产品和私人产品。公共产品以其非排他性和非竞争性特点而与私人产品相区别。市场机制在公共产品的供给上通常会出现"失灵"。而国家却可以弥补市场失灵，成为公共产品最优效率的供给者。公共产品如果由私人提供，交易和谈判成本巨大，效率损失巨大。其中公共产品又可分为纯公共产品和准公共产品两种类型。纯公共产品具有完全的非排它性和非竞争性，私人产品具有完全的排他性和竞争性，而准公共产品则介于纯公共产品和私人产品之间。典型的纯公共产品表现为国防、军事、科教文卫、能源、水利、交通、通讯以及环境保护等，纯公共产品包括的范围很小。准公共产品却较多。公益性用地都是为提供公共产品（包括公共服务）服务的，在我国现行的征地实践中，由于"公共利益"界定上的模糊性和准公共产品的存在，让国家的征地行为一直在正当与不正当之间受到非议。

笔者认为，只要是为提供公共产品和公共服务而需要的建设用地，都符合公共利益的要求，都属于公益性用地，因此都可由政府以划拨方式供给建设用地。根据构建城乡统一建设用地系统的新思路，提出根据公共产品（公共服务）受众面广度和公共利益的两种类型进行划分。凡是属于提供纯公共产品的用地，国家在征用或征收时对被征地单位或个人以土地的成本价进行补偿。同时，因为公共产品是有层级和区域之分的。相同的公共产品，对于下级政府是公共产品，对上级政府却未必是公共产品。在"分灶吃饭"的财政体制下，各个地方政府有自己独立的经济利益。不同的利益集团分别有自己的经济利益。我国社会表现出了利益主体多元化和复杂化。笔者认为，只有中央政府出资的涉及到国计民生的重大项目，公共利益的受众面才最广，因此，这种用地可以和纯公共产品具有同等待遇。公共利益因受众面广度的不同和公共产品性质的不同可以被划分为"大公共利益"和"小公共利益"。"大公共利益"是指符合全体国民的利益或者以提供纯公共产品为目的的利益。符合"大公共利益"的项目主要包括提供纯公共产品或中央政府出资的项目，最典型的"大

5 城乡统一建设用地系统的架构研究：五位一体

公共利益"用地有军事、国防、环境保护、抢险救灾、承载国家重大政治、经济和文化政策的用地等。"小公共利益"则是指符合地方区域内人民的利益或者以提供准公共产品为目的的利益。符合"小公共利益"的项目主要包括地方政府独立出资的项目和科教、文化、道路、公园和市场建设等项目用地。符合"大公共利益"的用地项目，可以成本价对被征地单位或个人进行补偿；符合"小公共利益"的用地项目，应该以市场公平价格对被征地单位或个人进行补偿。笔者建议国家建立"公共利益目录"，采用列举法划清公共利益和非公共利益的边界，同时还需要划清"大公共利益"和"小公共利益"的边界。防止局部商业利益用地假公共利益之名对公共利益用地的侵犯，防止公共利益异变为集团利益[①]。

5.8.3.3 统一征地补偿原则：以成本价格补偿和公平市场价格补偿

前面笔者已经论述过，城乡建设用地的用途可忽略土地所有权性质统一被划分为公益性建设用地和经营性建设用地。城乡经营性建设用地应该完全以出让或者转让的市场机制定价方式供地。公益性用地是为提供公共产品（公共服务）服务的，因此最有效率的方式是由政府采用征收或者征用的方式供地。笔者认为，启动土地征收和征用权是否合法的唯一依据和标准是"公共利益目录"。凡是在"公共利益目录"列举范围内的项目用地，国家和政府都可以启动征地权。凡是不在"公共利益目录"列举范围内的项目用地，禁止启动征地权。同时，土地征收和征用补偿标准和方式应该根据"公共利益"的两种类型被划分为两种情况：如果符合"大公共利益"标准，国家对被征地个人或单位以成本价格进行补偿，补偿资金由中央政府和地方政府按一定比例共同承担；如果只符合"小公共利益"标准，则应以公平的市场价格对被征地单位或个人进行补偿，补偿资金由地方政府和用地单位以一定比例共同承担。

笔者对"公共利益"进行了两种划分，因而对于不同用地进行了不同补偿度的设计。对于符合"大公共利益"的公益性用地，国家征用该地块是因为该块地的特殊区位条件或者物理性质对全国政治、军事、经济和文化影响重大，该土地原所有人或者使用人必须接受国家的征地要求，这也是作为公民对国

---

① 陈其林. 公共产品、公共利益及其不确定性[J]. 中国经济问题，2007，(4)：7-16.

家和社会应该尽的义务。鉴于土地征用的意义重大，其强制性和紧迫性程度很高，因此补偿标准应该采用足够的成本价格进行补偿。在实践中，符合"大公共利益"的用地项目数量少，范围小，保留一小部分以"成本价"进行补偿的方式，不会破坏城乡统一的建设用地市场的市场性基础，反而这是对于市场经济体制下"市场失灵"的调控和补充。但是被征用土地的个人或者单位的利益在事实上受到了损害，这种损害既包括经济上的、生活上的，也包括心理上造成的干扰和不适应。政府不应该要求因征地而利益受到损害的人独自承担社会的发展成本。经济学上对"经济人"的假定在现实生活中是相当适用的，道德情操和觉悟在解决社会经济矛盾上起的作用非常有限。而且，符合"小公共利益"的用地项目在实践中比较多，对社会主义市场经济体制的影响面大。因此，对于符合"小公共利益"的征地项目，应该用享受到公共利益的公共大众的钱来补偿这个承担了社会发展成本的土地所有人或者使用人，而且还应该在经济上适当给予一定奖励，这就表现为基于公平的市场价格的补偿。这既彰显了法制的公平和正义，又因土地征收和征用补偿标准的纠纷减少而大大提高了征地执行的效率。"小公共利益"的重要性和强制性显然不如"大公共利益"，在这种情况下，以公平的市场价格进行补偿更有利于建设用地的节约集约利用，同时也减少了征地矛盾和提高了政府征地的效率。

国家不能作为城市国有土地的所有者在经济上与民争利。国家对城市国有建设用地体现的是终极所有权和管辖权，对农村集体建设用地体现的主要是政治上的管辖权。因而国家对土地的所有权和管辖权在经济上的实现形式应该是通过对城乡建设用地统一收取土地增值税、土地使用税费、房产税等税费来实现。同时，笔者认为，在同等条件下，改变农村集体土地所有权性质的征地补偿价格应该比仅仅转移土地使用权的补偿价格高。因为前者是土地所有权转移价格，而后者只是土地使用权转移价格。经过改革开放以来的发展，我国已经不再是一个以牺牲农业发展工业经济的穷国，我国在政治、经济等方面的综合国力已经大大增强。《中共中央关于全面深化改革若干重大问题的决定》(2013)提出，"城乡二元结构是制约城乡发展一体化的主要障碍。必须健全体制机制，形成以工促农、以城带乡、工农互惠、城乡一体的新型工农城乡关系，让广大农民平等参与现代化进程、共同分享现代化成果"。有数据显示，1995年至2007年，扣除通胀因素后，政府财政收入增加5.7倍，而城镇居民人均可支配收入只增加1.4倍，农民人均纯收入只增1.2倍[①]。而且，政府除了财政收入，还掌握包括国企、公有土地和矿产资源，大部分能赚钱的行业都被政府所垄断。2013年，全国公共财政收入约12.9万亿元[②]。因此，2019年《土地管理法》进行了修订，国家还富于民，提出以公平合理价格对被征地人进行补偿。

5.8.3.4 统一征地程序和征地争议解决途径

在提高了征地补偿标准之后，在经济成本的约束下，政府必然会减少运用国家行政手段进行城乡土地征收或征用的频率。确因公共利益需要进行征地的，必须要依照法律程序进行征地。在征地过程中必须做到程序公平。尊重和重视社会及城乡居民的知情权、谈判权和诉讼权。必须改变政府既是征地的发起和批准机关，同时又是征地争议的最权威裁定者，政府的双重身份在征地争议的处理上有失公平。2019年修订后的《土地管理法》规定，拟征地应当开展拟征收土地现状调查和社会稳定风险评估，征收土地应予以公告至少三十日，听取被征地的农村集体经济组织及其成员、村民委员会和其他利害关系人的意见，在必要时还应当组织召开听证会，并根据法律、法规的规定和听证会情况修改征地方案。政府只能作为土地利用制度的管理者和监督者，为土地管理提供法律和制度保障，以法制化来保障土地征收征用程序的公平和公正，而不能在土地征用问题上享有自由裁量权。应该用司法的公正性来对抗行政权力的滥用，这也是社会公平正义的要求。

5.9 构建城乡建设用地统一的价格系统

价格、产权与市场机制是不可分割的三位一体，产权不明确就没有经济意义上的价格，在产权明晰的情况下，干涉价格就等于侵犯产权（袁文平，李义平，1994）[③]。在社会主义市场经济体制下，应该在产权明晰的基础上，以

---

① 互动百科. 国富民穷[DB/OL]. http：//www.baike.com/wiki/国富民穷.
② 中华人民共和国财政部. 2013年财政收支情况[EB/OL]. http：//gks.mof.gov.cn/zhengfuxinxi/tongjishuju/201401/t20140123_1038541.html.
③ 袁文平，李义平. 价格、产权与市场机制[J]. 财经科学，1994，(2)：1-8.

市场机制的定价方式发挥价格信号的资源配置作用。城市地价体系是不同类型的土地价格比例关系和同一类型的地价的差价关系所组成的有机整体。从现象上看，其反映了各种地价之间的数量关系，从本质上看，其反映了交易各方之间的经济利益关系[①]。在上述城市地价体系的定义基础上，笔者认为，城乡建设用地统一的价格系统是由有相互联系和相互制约关系的农村和城市建设用地价格组成的有机整体。城乡建设用地统一的价格系统的主要内容包括城乡建设用地使用权出让价格、使用权转让价格、征地价格和农村集体建设用地指标价格及上述各种地价的形成机制和方式，最核心的要求是上述各种城乡建设用地价格形成统一的定价机制和方式。笔者认为，我国城乡统一建设用地的新型价格关系表现为：农村集体建设用地使用权出让和转让价格＝城市国有建设用地使用权出让和转让价格；国家城乡土地征收价格＝城乡土地市场公平交易价格；城乡土地所有权价格＞城乡土地使用权价格。

5.9.1 统一城乡建设用地使用权出让价格形成机制

5.9.1.1 统一城乡建设用地使用权出让价格形成机制的基本原则

农村集体经济组织和国家作为不同的建设用地所有权拥有者，应该享有同等的法律和经济地位。那么，农村集体经济组织和国家对自己所拥有的土地使用权则有同等的处置权。根据构建城乡统一建设用地系统的构想，新型的建设用地使用权的出让范围被拓宽了。农村土地管理委员会和国家资产部门分别作为不同产权所有者代表，可以依法出让农村集体所有和国家所有的建设用地使用权，土地使用者必须依法向农村集体经济组织和国家交付建设用地土地出让金。城乡统一建设用地使用权的出让是指农村集体经济组织或者国家资产管理部门对建设用地一定期限的使用权向社会公众进行让渡，土地使用权出让以市场机制形成价格为主要方式，土地出让价格高低只与建设用地用途、出让期限和市场供求关系有关，与土地的所有权属性无关。

那么，城乡经营性建设用地使用权的出让可以统一采取协议、招标、拍卖和挂牌等方式进行。城乡建设用地的出让应该依法依规进行，土地自然资源管理部门作为监管和服务部门，必须对土地出让进行监管和提供优质平台。

---

① 杨继瑞. 中国城市地价论[M]. 成都：四川大学出版社，1998. 79-85.

城乡公益性建设用地,也统一由农村集体经济组织或者国家资产管理部门供地,供地可采用无偿划拨或者核算成本价的方式。

本着社会公平和公正原则,城市和农村划拨性质的建设用地使用权不能进行转让、出租和抵押等。但是在依法向国家或者集体经济组织补交了土地使用费和向国家缴纳了各种税费之后,土地使用权可以进行转让、出租或抵押并办理登记手续。笔者建议,为了盘活农村土地资产和提高农民财产性收入,有建筑物的农村宅基地Ⅰ型在转为农村宅基地Ⅱ型之前禁止转让或抵押,但是允许出租。

5.9.1.2 基于农村集体建设用地指标价的集体建设用地出让价

农村集体建设用地指标是指农民和农村集体经济组织在自愿的前提下,将废弃或闲置的农村集体建设用地进行综合整治,提高农村集体经济组织内部建设用地的集约程度,缩减农村集体经济组织内部的建设用地数量,并将节省出来的建设用地复垦为耕地,从而形成可在一定范围内进行交易的建设用地指标。在实践中,农村集体建设用地指标有不同的名称。例如成都称上述指标为城乡建设用地增减挂钩指标,重庆把农村集体建设用地指标称为地票。

城乡建设用地增减挂钩指标和地票还有区别。城乡建设用地增减挂钩指标必须成立增减挂钩项目区,在项目区内进行建新和拆旧,在项目区内进行耕地占补平衡和相应利益分配协调。而地票制度只是把废弃或闲置的农村建设用地复垦为耕地,产生的建设用地指标在农村土地交易所内交易为城市建设用地指标,因此并不涉及到指标产生区的拆旧问题,也没有相对应的建新区。

由于农村集体建设用地零星而分散,因此零散的农村集体建设用地一般不能达到工商业建设的用地需求。根据构建城乡统一建设用地的构想,一般情况下,在符合规划的前提下,农村土地管理委员会在出让农村集体建设用地时,需要先进行农村建设用地整理、归并以及农村建设用地和农地之间的置换复垦工作。对农村建设用地在空间上连片开发,这样才能增强建设用地的经济价值和提高土地利用效率,节省开发成本和提高效率。这是形成农村集体建设用地指标交易制度的必要性之一。

同时，由于国家对耕地执行严格的保护政策，我国18亿亩耕地保护红线不能被打破。在这种情况下，我国的耕地占补平衡政策一直要求严格执行。那么具有区位优势的城市近郊和不具有区位优势的偏远农村就有了建设用地指标协调和交易的需求。城市远郊农村把集体经济组织内部的建设用地复垦为耕地，把节省出来的建设用地指标转让给城市近郊农村用于发展建设。这是形成农村集体建设用地指标交易制度的必要性之二。

农村集体建设用地指标交易实质是我国耕地占补平衡政策在实践中的发展和创新。这种指标交易需求不仅仅存在于本市、县内的近郊和远郊，本省内不同的市、县也有需求，甚至在省域之间也有强烈的需求。东部沿海经济发达地区和西部经济发展相对落后地区之间也有需求，但是这种跨省指标交易因为受到国家政策的限制并不能形成交易制度，指标交易的范围在实践中受到了很大限制。今后还应该加强对农村集体建设用地指标交易的合理范围进行论证和研究。

在现行的土地管理体制下，目前大多是以政府委托的土地整治中心负责组织土地整治和复垦，从而产生农村集体建设用地指标。银行对于土地整治中心进行土地前期整治在资金上给与了贷款支持。当指标落地时，政府必须对落地区的农村集体建设用地进行征收或者征用。

根据构建城乡统一建设用地系统的构想，农村集体建设用地整治和指标交易必须要打破目前政府垄断的现状。农村土地管理委员会可以委托土地整治中心进行农村集体建设用地的整治复垦，可以将产生的建设用地指标在正规的交易平台上进行交易。当指标落地时，在符合土地利用总体规划的前提下由农村集体经济组织之间以市场化方式进行交易和协调。落地区的农村集体建设用地可以不必经过国家征地，而直接由落地区的农村土地管理委员会负责申请相应地块的招标、拍卖和挂牌出让。由于指标产生区向指标落地区转移了土地发展权，因此指标落地区应该向指标产生区进行转移支付和经济补偿。

农村集体建设用地指标交易必须在政府土地行政管理部门的监督和指导下进行，并规范各种申请和审查程序。指标交易的主体也扩大了范围，政府、农村集体经济组织、城乡企事业用地单位或者自然人都有资格申请购买农村集体建设用地指标和申请指标落地。

产生指标的成本费用主要包括指标产生区农村集体经济组织的耕地复垦费用以及土地整治贷款利息等。当指标在农村土地交易所以"招拍挂"方式进行交易时，通常会产生较高的溢出价。同时，当指标落地区对相应地块以市场化方式进行拍卖时，还会产生农村集体建设用地出让收益。但是，目前很多地方的异地指标买卖市场化配置程度不高，人情关系和公关占了很大比重，因此导致了耕地的代保金较低①。今后应该加大异地建设用地指标的市场化配置程度，同时可以探讨建设用地指标交易的年租制度，指标落地区按年向指标产生区支付指标使用费或耕地代保金。年租根据物价水平和经济发展水平每年进行调整。这样可以提高指标落地区使用指标的成本，促使指标落地区提高自身区域内的土地集约利用程度。同时，与物价水平同步增长的指标费对于指标产生区的利益也能起到长久的保障作用。

综上所述，指标落地区农村集体建设用地使用权总价格＝指标产生区农村集体建设用地指标价格＋指标落地区农村集体建设用地使用权价格。指标落地区农村集体建设用地出让总收益应在指标产生区和指标落地区的农村集体经济组织之间、农民和各级政府之间进行分配。笔者将在关于农村集体建设用地入市流转的利益分配问题一节(5.11)中进行具体讨论。

5.9.2 统一城乡建设用地使用权转让价格形成机制

根据构建城乡统一建设用地系统的构想，农村集体建设用地和城市国有建设用地应该在权益和市场上进行统一。那么，城乡统一建设用地使用权的出让是指城乡居民或用地单位在城乡土地二、三级市场上依法转移农村集体所有或者城市国有建设用地使用权的行为。城乡建设用地使用权转让主体和需求主体均为城乡居民和用地单位。城乡二、三级土地市场是以市场机制为主进行土地资源配置的繁荣市场，在这个市场中，房和地通常难以完全分开，土地使用权的转移常常又涉及土地上建筑物的一并转让。城乡建设用地使用权的转让包括出售、抵押、继承、赠与、互换、入股等。市场机制在土地二、

---

① 李效顺，曲福田等．基于管理者认知调查下的土地指标配置分析[J]．中国人口·资源与环境，2011，21(11)：92-98．

三级市场中发挥决定性作用，出售是土地二、三市场中最主要的土地使用权转让方式。

城乡建设用地土地使用权转让价格高低只与建设用地用途、土地使用权剩余年限和市场供求关系有关，与土地的所有权属性无关。城乡建设用地使用权转让市场不仅仅涉及地的转移，常常还涉及房产的转移。城乡建设用地使用权出让、转让、出租、抵押、终止及有关的地上建筑物、其他附着物的登记，由政府土地管理部门、房产管理部门依照法律法规办理。尤其是农村集体建设用地使用权的转让，必须要严格执行农村集体建设用地入市交易许可审查制度。各相关监管部门应该严格执法，高水平服务，综合配套运用经济法律等手段对土地市场进行科学宏观调控，坚持城乡土地市场统一管理的原则，作为服务型政府统一管理好城乡地政工作，确保城乡建设用地使用转让市场的健康、有序发展。

5.9.3 统一城乡建设用地的征地价格形成机制

农村建设用地的征收或征用既包括对农村建设用地所有权的征收，又包括对农村建设用地使用权的征收或征用。其中还涉及农用地的征转用。城市建设用地的征收或征用是指政府对城市建设用地使用权的征收或者征用，俗称"城市拆迁"。根据构建城乡统一的建设用地系统的构想和思路，上述两种土地的征收和征用定价方式应该相统一，表现为统一的补偿原则和统一的定价方式。在上几节笔者已经阐述了城乡建设用地征收和征用的补偿原则，即根据"大公共利益"和"小公共利益"的不同划分，实行以足够的成本价格或者公平市场交易价格的标准进行补偿。因"大公共利益"需要而征地的，应以足够的成本价格标准进行补偿，由中央政府和地方政府按一定比例给付补偿金；因"小公共利益"需要而征地的，应以公平市场交易价格的标准进行补偿，由地方政府和用地单位按比例承担补偿费用。定价方式为由各相关利益主体平等谈判和协商决定最终征地价格。如果征地价格上不能达成一致，依法依规召开听证会对征地方案进行修改。

笔者认为，国家和政府征地的补偿方式还应该多样化。除了进行货币补偿之外，还可以探索形式多样的补偿方式对被征地人给予足够的补偿。在计划经济时代，除了货币补偿，国家曾以招工的方式对失地农民进行过补偿，在当时的体制下，国家企事业单位的员工意味着经济上和生活上的终身保障，因而在征地补偿标准上的纠纷较少。在当今市场经济体制下，用招工方式进行补偿明显已不合时宜，因为市场经济体制下的人力资源流动性大，已经基本没有所谓的"铁饭碗"了。建立健全社会保险机制对全民的保障作用在我国社会主义市场经济中越来越重要。除此之外，在征地补偿方式上，可以探索融合的股份合作制度。国家和政府征地进行开发建设，农村集体经济组织享有一定比例的股权，长期享有土地增值收益的分配权。国家和政府在开发完土地之后，也可以通过划出一定比例的土地留给集体经济组织经营，以保障其成员的生产和生活。

5.9.4 统一城乡建设用地的基准地价评定方式

土地价格作为经济杠杆在土地市场中能起到自动配置土地资源的作用，是市场机制运行的核心和关键。城镇国有建设用地价格的评估已经形成了一套成熟的理论和方法，出台了《城镇土地分等定级规程》、《城镇土地估价规程》等行业标准规范。然而目前我国农村大多只开展了农用地基准地价和征地区片综合地价的评估工作，只有广东、重庆等少数地区进行了农村集体建设用地基准地价评估。农村集体建设用地定级与基准地价评估基本还处于空白状态，这不利于城乡统一的建设用地系统的建立。应该积极探索适合农村集体建设用地价格的评估方法，形成行业标准，尽快建立国有建设用地和集体建设用地相对接的基准地价评估技术体系。

农村集体建设用地基准地价是指在正常市场条件下，适用于流转目的、用于特定基准日、一定使用年期、基于土地质量相近、条件相似的集体建设用地区域性的平均价格[①]。对农村集体建设用地进行分等定级和评估基准地价，有利于提高农村集体土地管理水平和维护土地所有人和土地使用人的合法权益，能为城乡统一的建设用地市场的有序、健康和规范运转提供强大的技术支撑。在城乡土地管理体制进行大的调整和变革的时代背景下，农村集体建设用地定级与基准地价评估工作迫在眉睫，其重要性具体表现为以下几

---

① 杨杰，任绍敏.广东省农村集体建设用地定级与基准地价评估探讨[J].安徽农业科学，2010，38(17)：9141.

个方面：

(一)对农村集体建设用地进行分等定级和科学评估基准地价，建立农村集体建设用地基准地价评估体系，是全面掌握土地质量及利用状况，合理规范和引导集体建设用地市场健康、有序良性发展的需要。

在集体建设用地市场刚成立的阶段，土地交易不规范，成交量小。土地价格具有很大的随机性、偶然性和不合理性。土地交易能参考的资料和案例少。因此，政府必须在集体土地流转成交量爆发之前建立起科学合理的农村集体建设用地基准地价评估体系。定期向社会公布，合理规范和引导市场交易行为。

(二)对农村集体建设用地进行分等定级和评估基准地价，建立农村集体建设用地基准地价评估体系，才能保障集体经济组织对集体建设用地使用权在低于基准地价时候的优先回购权。防止集体土地资产流失，保障农民利益，防止人为因素对集体建设用地市场带来破坏性冲击，防止耕地资源随着集体建设用地市场的开放受到破坏和侵占。

(三)对农村集体建设用地进行分等定级和评估基准地价，建立农村集体建设用地基准地价评估体系，才能对集体建设用地的征收征用、使用权出让、转让、抵押与租赁提供合理科学的价格水平参考和指导，保护护集体建设用地交易双方的权益，规范交易秩序。集体建设用地市场机制才能进入平稳、健康、顺利的运转机制。

(四)对农村集体建设用地进行分等定级和评估基准地价，建立农村集体建设用地基准地价评估体系，才能为国家在集体建设用地流转时征收土地增值收益等相关税费提供价格依据和标准，才能保障集体建设用地流转时税费核算的公开化、透明化和科学化。

在对农民集体土地进行分等定级和基准地价评估时不可过于保守，不可抱着城乡二元体制分隔管理体制下的惯例对土地进行估价，即国有建设用地使用权价格＞集体建设用地使用权价格＞征地区片综合地价＞农用地基准地价。构建城乡统一建设用地系统的目的就是要打破原有的按照城乡身份和权属归属关系非平等赋予土地的权益的土地管理制度。因此城乡建设用地必须做到"同地、同权、同价"。土地质量相同、区位条件相同、使用用途相同的土地，不管是属于农村集体所有还是国有，土地等级和基准地价应该相同。随着农村集体建设用地市场改革的深化，随着城市化和工业化的深化，今后在城市不会再出现国有土地垄断的情况，会出现国有建设用地和农村集体建设用地交叉并存分布于各类大中小城市的局面。

在城乡建设用地二元分割管理体制下，农村集体建设用地分等定级和基准地价评估理论基础薄弱，缺乏相应的理论体系，测算方法单一。更因为缺少相应的法律保障，各地政府出台的一些价格指导意见在价格估算上较保守，不利于市场培育。重庆市制定的"地票"基准价格，是市政府在综合考虑耕地开垦费、新增建设用地费、土地有偿使用费等因素的基础上制定的，基本上以成本测算法为主[①]。以成本测算法为主是城乡建设用地二元分割管理体制对农村集体建设用地产权歧视的产物，已经不适应社会制度变迁和发展的需要。因此从长远来看，农村集体建设用地基准地价评估体系必须要和原有城镇基准地价和农用地基准地价体系进行平稳对接和统一，在确定集体建设用地使用权基准地价时，应充分考虑它们之间的关系，借鉴《城镇土地估价规程》、《城市土地分等定级》方法，保证成果的科学性和可操作性。

5.10 构建城乡建设用地统一的规划系统

在旧有的城乡二元化土地管理体制下，我国农村土地主要规划为农用，城市土地规划为建设用途。即使是农村集体建设用地，也主要是为农业生产服务而进行建设。根据建立城乡统一建设用地市场的设想，应该建立城乡建设用地统一的规划系统。土地的用途只与土地的产业承载功能相关，与土地的所有权归属无关。农村集体所有的土地也可以在不改变所有权属性的情况下依法参与城市建设。农村集体建设用地和城市国有建设用地享有平等权益，国家、集体和城乡居民个人都可以依法通过不同形式向城乡统一的建设用地市场供地。

在这种多元化市场供地机制下，为了保护耕地不被非法侵占和确保城乡

---

① 邱凌. 重庆市集体建设用地土地使用权流转价格评估体系建设思路探讨[J]. 宁夏农业科技，2011，52(09)：80.

各产业用地布局的科学性、合理性和协调性，必须建立农村集体建设用地入市交易的准入审查制度。必须真正强化土地利用总体规划对农村集体土地入市和农用地转用的强制约束作用，只有符合城乡土地利用总体规划、手续合法的集体建设用地才能进入土地市场流转。为此，要从以下几个方面建立和健全城乡建设用地统一的规划系统。

5.10.1 提高规划的科学性和权威性

按照《土地管理法》第四条的规定，国家实行土地用途管制制度，严格限制农用地转为建设用地，控制建设用地总量，对耕地实行特殊保护。使用土地的单位和个人必须严格按照土地利用总体规划确定的用途使用土地。但是在过去很多年，土地利用总体规划在实践中并没有发挥应有的约束力和强制性，其对耕地保护的力度不强，土地利用总体规划常常让步于地方政府首脑的意志而轻易改动。如在某城市，十年不到的时间里，城市规划作了四次大的调整[①]。在农村集体建设用地入市放开的初期，农村大部分可用地块的区位条件好，选择余地大。这些区位条件好的地方必然会吸引大量企业的投资，引起社会企业对这些土地的激烈竞买。建设用地的利用模式一般具有不可回退性，因而土地的利用模式对社会影响久远。因此，与土地规划相关的各部门在制定土地利用总体规划时，要从城乡经济的长远发展与构建和谐城乡关系大局出发，规划好各个产业用地的协调性。在城市化和工业化快速发展的今天，要按照《城乡规划法》(2008)的要求，特别规划好城市郊区的土地利用规划。具体应该从以下方面提高规划水平的科学性和规划的权威性：

首先，应该特别注意做好郊区农村的土地规划工作。郊区是城乡接合地带，在经济利益驱动下，很容易造成违法违规擅自把耕地转变为建设用地进行谋利的行为。城市郊区通常兴建了大量出租的农房，不少的乡镇企业，建筑布局比较乱，污染较难控制，由于人口数量多而杂，居民居住环境和生态环境不太好，"脏、乱、差"现象比较普遍。因此，必须全面科学规划城郊接合部各产业的土地利用布局。还要注重规划的长期性适用性，在城乡接合部

---

① 巫文强. 城市郊区土地规划、征管和产权变异对经济发展的影响及其对策[J]. 改革与战略，1998，(6)：17.

提前规划好市政基础设施用地,如交通设施用地、能源设施用地、通信设施用地、环境设施和防灾设施用地等,为城市化和工业化的发展打好基础,避免若干年后出现频繁大规模的城市改造和搬迁等浪费国家财力、物力资源的情况。

其次,在制定规划时要贯彻"三个集中"的思想,即农民向中心村集中居住,工业向工业园区集中发展,农地向规模化集中经营。注意加大农村居民点的居住密度,改变以前农村居民住房散乱分布的特点。鼓励既有存量农村住宅以置换方式向中心村集聚,规定新增农村居民住宅必须向中心村集中或小城镇发展,工业企业向工业园区集中。这样更便于对农村集体建设用地的管理和动态监测,也有利于增强各种类型土地开发利用的聚集效应。即促使农村集体农地更容易形成连片规模化产业,促进农业现代化;农村集体建设用地的社会经济功能更强,城乡居民的居住环境和生态环境更好,居住人口的聚集效应还能加快农村工商业的发展。

5.10.2　提高广大民众在规划制定和监督执行当中的民主参与度

各级城乡土地规划部门在制定城镇体系规划、城市规划、镇规划、乡规划和村庄规划等各种规划时,为了提高规划的科学性、适应性和合理性和权威性,应该广泛听取社会大众的意见,注意提高规划的民主参与度、公开度和透明度。特别是在制定控制性详细规划和修建性详细规划时,尤其要听取基层民众的意见和建议。基层民众是使用土地的直接人,规划方案与其有直接厉害关系。虽然《城乡规划法》(2008)赋予了各级人民代表大会在规划编制过程中的民主参与权,但是在实践中,人民代表大会通常是一种形式上的会议,代表们一般提不出太多的建设性修改意见。因此,制定规划的具体单位在形成规划方案时尤其要先进行调查走访,广泛听取基层广大民众的意见,民意获取不能只靠开人大代表会来获取。规划方案应该在报送各级人大代表会议进行审议之前注重大力提高民意的参与度。

根据笔者的走访调查,乡村规划的制定目前在实践中民意参与度尤其不够。虽然《城乡规划法》在第二十二条规定:"乡、镇人民政府组织编制乡规划、村庄规划,报上一级人民政府审批。村庄规划在报送审批前,应当经村民会议或者村民代表会议讨论同意。"但是,目前农村村民的规划法律法规意识非常淡泊，几乎没有规划的概念。很少有地方因为规划问题专门召开过村民会议。因此长期以来，农村村民违法违规用地多，屡禁不止，成为土地执法监管的难点。《城乡规划法》第九条规定："任何单位和个人都应当遵守经依法批准并公布的城乡规划，服从规划管理，并有权就涉及其利害关系的建设活动是否符合规划的要求向城乡规划主管部门查询。"但是，对于普通大众，特别是农村村民而言，查询规划的途径因公开度和透明度不高，找到负责的具体部门和负责的具体人员进行查询比较困难，通常他们会因某些政府职能管理机构的办事效率低下而被推诿拒绝，或者被部门规定的繁琐手续吓退。

因此，规划制定必须要特别注重提高基层广大民众的参与度，特别是农村村民的参与度。乡村规划的制定一定要依法召开全体村民大会进行宣传和讨论，绝对不能只让村民代表代表全体村民进行讨论。而且要建立便于普通居民查询各类规划的制度，让社会每一位成员都参与到城乡土地规划的制定与监督中来。这样才能形成规划的科学合理性和权威性，《城乡规划法》才能因执法成本的降低而真正被严格执行。

最后，为了节约和集约利用土地，还应建立动态的规划执行和监测机制，防止城乡已审批土地被长期闲置，防止各地进行浪费土地资源的重复建设，增强全国经济布局的合理性。对于长期被闲置的土地，要对用地单位或个人进行通报批评，督促其尽快对土地进行开发利用。对于重复建设的项目，坚决不核发建设工程规划许可证。国家各级土地规划部门定期对各个市、县的土地利用情况进行动态检测并考核，对不符合土地集约节约利用的地区，将减少对其分配各类用地的利用年度计划指标。

5.10.3 切实保护耕地，建立农村集体建设用地入市交易准入审查制度

严格的土地管理制度对于保护耕地和保持社会稳定大局作用重大（胡小平，2008）[①]。为了切实保护耕地，提高规划法律法规对土地用途管制的管控作用，让城乡土地规划的科学制定和严格执行促使城乡土地利用布局合理，改善城乡生态居住环境，禁止农村集体土地在市场准入放开之初盲目非法入

---

① 胡小平.严格的土地管理制度是保证我国长治久安的一项根本大计[J].财经科学，2008，249(12)：11-13.

市，笔者建议建立农村集体建设用地入市交易准入审查制度，对符合条件的农村集体建设用地颁发土地交易许可证。严格执行《城乡规划法》的规定，严格核发建设用地规划许可证、建设工程规划许可证、乡村建设用地规划许可证。对于不符合规划、未按照规划用途规定使用的土地，坚决不核发相关规划许可证。土地行政管理部门对未获取相关规划许可证的用地单位或个人，坚决不批准建设用地。建议农村集体建设用地入市交易许可审查程序为：由土地规划部门和土地行政管理部门对农村集体建设用地入市交易资格先进行审查，审查标准大致为是否获得乡村建设用地规划许可证，土地权利证书是否齐全、土地权属清晰，是否有土地权属纠纷，是否有和农村土地管理委员会和市、县土地管理部门共同签订的土地出让合同，是否有合法的农村集体建设用地使用权转让合同等。审查合格的才能获得农村集体建设用地入市交易许可证。只有获得入市许可证的农村集体建设用地才能进入城乡统一土地市场进行流转。

5.11 关于农村集体建设用地入市交易的收益分配问题

在进行收益分配制度改革研究之前，必须要先明晰市场经济中的各经济主体的权、责、利关系。

根据马克思地租地价理论可知，土地本来没有价值，只是因土地中凝结了人类的物化劳动才具有价值。土地"和一切自然力一样，没有价值，因为它本身没有任何物化劳动，因而也没有价格，价格通常不外是用货币来表现的价值。在没有价值的地方，也就没有什么东西可以用货币来表现"[1]。但是，马克思又指出："没有一块土地是不用投资而提供产品的"[2]，"一块已耕土地，和一块具有同样自然性质的未耕土地相比，有较大的价值"[3]。这说明现代社会人们利用的任何土地都耗费了人类劳动，人类进行了投资。马克思对人类在土地上的投资进行了更精辟的说明，"资本能够固定在土地上，即投入土地，其中有的是比较短期的，如化学性质的改良、施肥，等等，有些是比较

---

[1] (德)卡尔．马克思．资本论，第三卷[M]．北京：人民出版社，1975：729．
[2] (德)卡尔．马克思．资本论，第三卷[M]．北京：人民出版社，1975：796．
[3] (德)卡尔．马克思．资本论，第三卷[M]．北京：人民出版社，1975：699．

长期的,如修排水渠、建设灌溉工程、平整土地、建造经营建筑物,等等[1]"因此,对土地进行投资和改良,会"增加土地产量,并使土地由单纯的物质变为土地资本"[2]。人类投入土地资本是应该有回报的,马克思更进一步指出,回报即"为投入土地的资本以及作为生产工具的土地由此得到的改良而支付的利息"。这种土地投资回报包括了地租回报。马克思说,"资本化的地租,从而,正是这个资本化的贡赋,表现为土地价格,因此土地也像任何其他交易品一样可以出售[3]。"也即:土地价格是地租的资本化。

马克思指出,任何形式的地租,都是以土地所有权的存在为前提。"土地所有权的前提是,一些人垄断一定量的土地,把它作为排斥其他一切人的、只服从自己个人意志的领域[4]。"一切形态的地租都是"土地所有权在经济上的实现[5]"。地租又可分为垄断地租、绝对地租和级差地租。马克思认为,在资本主义社会,无论租种好地还是坏地,都必须交纳地租。不管租种什么样的土地都必须交纳的地租,就是绝对地租。其中级差地租按照形成条件又可以分为级差地租Ⅰ和级差地租Ⅱ。级差地租Ⅰ,是指由于土地的肥力和位置差别而产生的超额利润转化而成的地租;级差地租Ⅱ,是指由于在同一块土地上各个连续投资劳动生产率的差别而产生的超额利润转化而成的地租。

以马克思的地租地价理论作指导,笔者认为,城乡统一建设用地市场中各经济主体在集体建设用地出让、转让、经营开发等市场行为中的分配应按照如下原则进行:

(一)农村集体建设用地属于集体所有,那么集体经济组织的所有权应该在经济上得到实现。集体经济组织应该得到集体建设用地的绝对地租,绝对地租应该由使用农村集体经济组织建设用地的个人(包括农村集体经济组织成员)缴纳。不管是农村集体土地长期使用还是短期租赁使用,都应该向集体经济组织缴纳费用。农村集体土地的长期使用权包括农地承包经营权和农村宅

---

[1] (德)卡尔.马克思.资本论,第三卷[M].北京:人民出版社,1975:698.
[2] (德)卡尔.马克思.资本论,第三卷[M].北京:人民出版社,1975:699.
[3] (德)卡尔.马克思.资本论,第三卷[M].北京:人民出版社,1975:874.
[4] (德)卡尔.马克思.资本论,第三卷[M].北京:人民出版社,1975:695.
[5] (德)卡尔.马克思.资本论,第三卷[M].北京:人民出版社,1975:715.

基地使用权。当农村集体建设用地的使用权进行出让时,农村集体经济组织应该分享一部分土地出让收益。收取的土地收益可由农村土地管理委员会代收代管。相应地,农村集体建设用地指标交易收益也应上缴一部分给农村集体经济组织,由农村土地管理委员会代管资金。

(二)农村集体建设用地凝结了人类的物化劳动,凝结了农村集体、国家对土地进行投资的土地资本。城市化和工业化进程中城市的辐射功能增强,城市产业规划布局改变大,国家对城市周边郊区的交通、能源、水利等基础设施投资力度大,从而使农村集体土地的需求大而土地增值大。因此,农村集体和居民的投资应该得到级差地租,国家的投资应该得到级差地租带来的土地增值收益。农村集体的地租在土地出让收益中扣除,国家得到的投资回报应以土地增值税的形式在土地出让和转让金中扣除。因为国家对土地的基础性投资的强度和持续时间远远超过集体经济组织的投资强力和时间,所以国家应该在集体建设用地使用权出让和转让收益中多次收取土地增值税,而集体经济组织则只能在集体建设用地出让时以土地出让金的形式收取一次。国家获得的土地收益可由国有资产管理部门代收代管。

(三)依法使用土地的城乡单位和居民在土地上也进行了连续投资,所以也应该得到级差地租的回报。他们的投资回报体现在对土地进行利用、经营、开发、出租、转让等方面获得收入,并获得抵押、继承、赠与、互换等相关权利。同时履行缴纳各种与土地使用相关的各种税费和遵守国家关于土地规划和土地用途管制的义务。

(四)管理城乡土地的相关国家职能部门由于在城乡土地管理等地政工作中做出了贡献,付出了劳动,维护了城乡统一建设用地市场的正常交易秩序,提供了交易平台,为土地市场机制的顺利运转起了重要组织和法律保障作用。因此,应该以各种土地权证的登记、转移等服务手续费形式收取佣金。

五、在农村集体建设用地指标交易收益分配中,必须要处理好中央政府、地方政府、农村集体经济组织和农民之间的利益分配问题。同时要协调好农业发展区和工商业发展区的利益问题。

中央政府、地方政府、农村集体经济组织和农民在利益分配中产生了复杂的博弈关系。在利益分配中,首先要明确各经济主体的权利和责任,根据权利和责任进行利益分配。中央政府和地方政府具有土地利用规划权和监督管辖权,担负着土地利用公共行政管理职责,因此在指标交易收益分配中主要是以税、费的形式收取土地管理费和交易服务佣金等。在指标落地时政府应该从落地区农村集体建设用地流转收益中收取耕地保护补偿专项资金,用于转移支付给承担耕地保护任务的农村集体经济组织和农民家庭。

农村集体经济组织享有农村集体土地的所有权,从而享有土地的处置权。因此当农村集体建设用地所有权发生变动时,也即当政府因公共利益的需要对农村集体建设用地所有权动用征收权时,农村集体经济组织应该享有较大的相关赔偿分配比例。

农民个体只完整享有农村集体土地的使用权,因此当农村集体建设用地的所有权没有发生改变,只是使用权在城乡统一建设用地市场上进行交易时,分配比例就必须区别对待了。如果交易指标的产生是由于复垦农民宅基地而产生的,则农民家庭享有较大的分配比例和优先分配权。如果交易指标的产生是由于复垦乡镇村企业和农村公益性用地产生的,则集体经济组织享有较大的分配比例和优先分配权。

集体经济组织收取的土地收益,主要用于农村建设和发展农业生产,并最终由农村集体经济组织成员享受利益。

指标产生区把土地的建设发展权出让给了指标落地区。因此指标落地区应该对指标产生区进行一定的补偿。政府财政应该对指标产生区加大转移支付力度,均衡农业区和工业区的财力。从经济上加大鼓励农业区进行耕地开发和保护的积极性。这体现了社会公平和谐发展的要求,也是有效协调建设问题、粮食安全问题以及保护生态环境问题的要求。

以上只是笔者在大原则上对于农村集体建设用地依法入市的收益分配探讨,具体分配比例和方式应该在进一步科学论证之后,以合法程序交由各级政府人民代表大会具体讨论,制定相关法律法规细则。

5.12 本章小结

本着实现农村集体建设用地与城市国有建设用地"同地、同权、同价"的目标,本章构建了城乡统一的建设用地系统框架。让国家作为国家权力机构的社会管理职能与作为土地所有权主体的经济职能相分离：在农村设立土地管理委员会代表农村集体经济组织行使土地所有权职能；让城市国有资产管理部门代表国家行使国有土地所有职能。同时，自然资源管理部门、农业农村管理部门、规划管理部门、建设管理部门、房产管理部门、土地税收管理部门等政府职能部门只行使国家公共权利职能，各司其职，对城乡统一土地市场依法依规进行相关管理。实现真正的政企分开制度。

  笔者从明确界定农村集体土地市场各经济主体产权入手，对农村集体建设用地使用权进行多项分类，分别赋予其应有的产权权利。并对"小产权房"等农村集体土地遗留难题进行了探讨和提出解决方案。构建城乡统一的建设用地系统，就是要让集体建设用地和城市国有建设用地享有平等的经济和法律权益。集体建设用地使用权可以直接进入城市国有建设用地市场进行流转，最终形成统一的权利系统、统一的用途系统、统一的市场系统、统一的价格系统和统一的规划系统。要实现上述目标，农村集体建设用地使用制度必须与城镇国有建设用地使用制度相衔接、相配套，逐步实现城乡建设用地的"同地、同权、同价"。其中，笔者还对我国征地制度改革和农村集体建设用地依法入市产生的土地收益分配原则进行了讨论，提出了相关建议。最后，笔者根据本章主要内容设计了构建城乡统一建设用地系统的架构图，如图5-4所示。

  笔者在本章对于构建城乡统一建设用地系统的架构设计必须要靠其他一系列的法律法规制度改革的综合配套才能实现，这将是下一章内容讨论的重点。

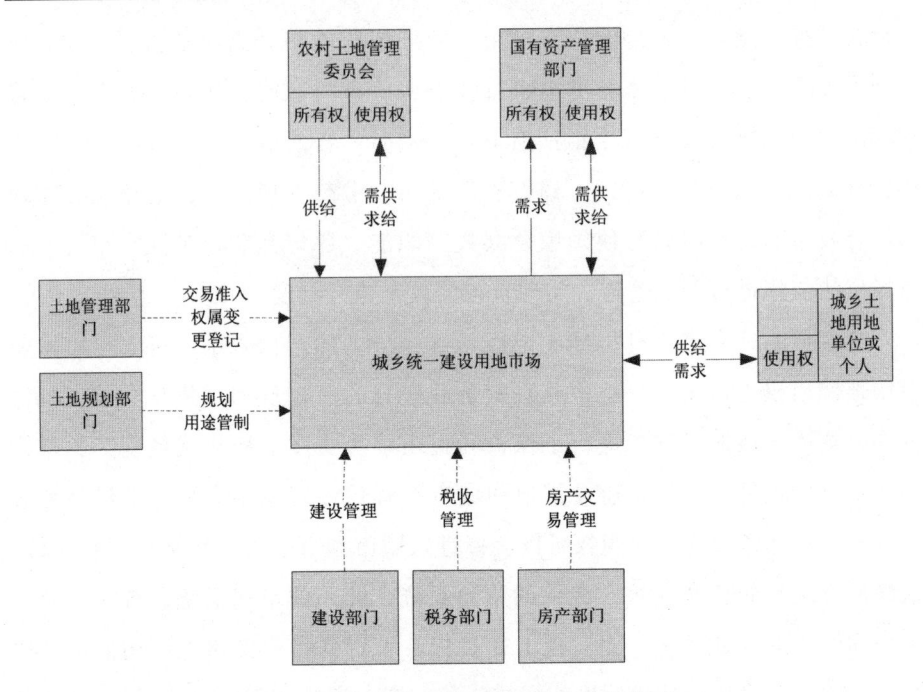

图 5-4　城乡统一的建设用地系统架构图

6 关于各地农村土地制度改革探索的评价与分析

随着城市化的深入发展和进程加快,农民大规模涌入大城市寻找带来更高报酬的工作机会,城市的繁荣吸引了越来越多的年轻农民。年轻农民离开农村走向城市成为不可阻挡的大趋势。农村土地由于劳动力向城市的转移而开始粗放耕作或抛荒,城市由于农村人口的涌入而过度拥挤,城市建设用地空前紧张,城市房价在政府严厉的"限购"、"限贷"管制下仍然居高不下。与此相反,农村"豪华"的农民住宅却空置,出现大量"空心村"、"留守老人"、"留守儿童"现象。农民的梦想在城市,归宿在农村。城乡资源在城乡土地制度二元化和户籍制度二元化的制度壁垒下难以融合交流,社会资源得不到优化整合。与此同时,农村集体所有土地用地制度在社会经济发展的洪流之下受到了巨大冲击。在巨大利益机制的驱动下,农地自发无序进入城市国有建设用地的违法事件屡禁不止。

在这种社会现实下,政府开始重视农村土地制度带来的问题,各地地方政府开始自发积极对农村土地制度进行探索和研究,以期自上而下对相关社会制度和农村用地制度进行改良,达到统筹城乡协调发展、促进经济社会进步和提高人民生活幸福指数的目的。各地纷纷向中央政府申请批准为综合配套改革试验区,以便得到更大的政策支持。

截至2013年4月,国务院已经批准了11个国家级综合配套改革试验区。其中包括上海浦东新区综合配套改革试点、天津滨海新区综合配套改革试验区、重庆市全国统筹城乡综合配套改革试验区、成都市全国统筹城乡综合配套改革试验区、深圳市综合配套改革试点。虽然还有不少地方在农村土地制度改革方面也做了不少创新,但其提交的申请并未获国务院批准。国家选择这些符合条件的地区开展综合配套改革试点,可以以试点地区为载体,实现重点突破与整体创新，率先建立起完善的社会主义市场经济体制，为全国其他地区的综合改革起示范作用。另一方面，可以把改革风险和试错成本控制在一定区域之内，平稳有序推进改革进程。从案例的代表性和适用性方面考虑，笔者选取的农村土地制度改革案例并不仅仅局限于上述区域。

6.1 苏州农村集体所有建设用地使用权流转模式

从20世纪90年代初开始，在利益机制驱动下，苏州市集体土地使用权的交易一直在地下进行。随着苏南地区经济的蓬勃发展，苏南地区农村非农建设用地流转几乎呈现出失控的状态。为了合理引导和规范集体土地使用权的地下和非法流转行为，解决土地地下交易市场的乱象，苏州市政府于1996年进行了改革尝试，颁布了《苏州市农村集体存量建设用地使用权流转管理暂行规定》（简称《暂行规定》），文件共9章42条，从8个大的方面规定了农村集体所有建设用地可不经过国家征用而进行流转的实施细则。它开创了政府主导集体建设用地流转的先河，这是继深圳率先试行城市国有土地有偿使用制度创新之后的又一历史性突破。该《暂行规定》主要内容如下：

（一）文件对农村集体建设用地进行了概念界定，还对集体建设用地流转的内涵作出了明确说明："农村集体存量建设用地（以下简称集体建设用地），是指农村集体土地中已依法办理过使用手续的非农业建设用地和农业建设用地；集体建设用地使用权流转，是指集体建设用地的使用权通过有偿、有限期转让（包括作价投入和交换等）、出租等方式造成土地使用权属转移或实际使用人发生变更的行为。"

（二）把农民修建房屋的宅基地排除在集体建设用地市场之外，不允许农村宅基地使用权进行交易。农村其他集体建设用地使用权实行有偿和有限期流转制度。集体建设用地的流转期限和经营项目的相应使用年限一致。农村集体建设用地流转的最高期限参照国务院第55号令规定的土地使用权出让最高期限执行。

（三）明确了农村集体土地的所有者和使用者，并依法对农村集体土地确权颁证。集体土地所有权的代表为集体经济组织。集体建设用地的流转主体分为两级，分别为镇和村集体经济组织。农村集体建设用地的需求者是使用土地的独立法人单位或者个人。政府土地管理部门负责组织对集体土地进行全面权属核查，在法律上明确土地所有权和使用权者，对权属清晰的合法集体建设用地颁发集体土地所有权和使用权证书。

（四）保留了国家对农村建设用地的征用权。政府根据建设项目的性质和要求，可以先办理集体建设用地征转用手续，然后把征用的原有农村集体建设用地转变为国有建设用地，然后再到土地一级市场上进行土地使用权的出让或划拨。同时，《暂行规定》禁止在集体建设用地举办大型娱乐和高档房地产开发项目。

（五）根据企业性质不同而采用不同的集体建设用地政策。当乡（镇）范围内的乡镇办或村办企业因转换经营机制发生兼并或改变企业组织结构而发生了土地使用权属变更，或者当公益事业设施用地的实际使用者依法发生变更，可办理权属变更审批手续和权属登记手续转移土地使用权或实际使用者。

企业转让、出租、作价入股举办外商投资企业或内资联营企业和跨乡（镇）组建企业集团公司或股份合作公司等情况造成土地使用权流转的，必须通过集体建设用地流转的办法转换土地使用权属或更换实际使用者。

（六）对集体建设用地的价格进行动态和区别管理。对农村集体建设用地进行分等定级和基准地价评估，根据社会经济发展和土地市场供求状况定期公布和调整农村集体土地基准地价和标定地价。在土地价格上，非农业集体建设用地和农业建设用地的评估价格不同。规定了全市集体建设用地流转最低保护价。

（七）规定了集体建设用地的流转审批权限和方式。集体建设用地流转参照国有土地使用权出让审批权限报批。集体建设用地的初次流转和再次流转必须签订合同，按照规定进行。规定了集体建设用地转让金的收取方式可以分为一次性收取方式或采取年租制收取地租的方式。如果按年收取地租，地租应每三年调整一次，但是调整幅度不超过30％。

（八）规定了集体建设用地流转收益的分配主体和相应比例。当集体建设用地第一次流转时，流转方和政府共同分配土地流转金。流转方必须从土地流转金中拿集体建设用地最低保护价的30％用于向政府缴纳。市、县级市（郊区）和乡（镇）政府三级参与分配流转方缴纳的土地流转金。上述三级政府部门的分成标准为：市政府以每平方米1.5元的标准收取，剩下的土地缴纳金，县级市收取30％，乡（镇）政府保留剩下的70％。当集体土地第二次流转时，总增值额20％以内的免交增值费。超值部分按30％收取增值费。集体建设用地增值费，只在县级市（郊区）和乡（镇）政府分配，县级市（郊区）政府分得30％，剩下的70％归乡（镇）政府分配。并同时规定，各级政府收取的集体建设用地流转收益和土地增值费专项用于土地资源保护和开发，进行专项存储并由同级政府财政机构监督。乡（镇）集体经济组织作为土地所有权者取得的土地收益，由集体经济组织自行管理。土地资金主要用于发展经济、安置农民的就业与生活和进行农村基础设施投资和建设等。

6.2 对苏州模式的评析

苏州自20世纪90年代中期乡镇企业开始改制后，乡镇企业非常发达。《苏州市农村集体存量建设用地使用权流转管理暂行办法》（1996）的颁布为乡镇企业改制提供了宽松便利政策。在当时宽松和便利的政策引导下，大部分苏州乡镇企业因为改制进行了集体建设用地的流转，并且依照规定办理了农村集体建设用地流转登记。从1996年到2006年的十年期间，苏州市共流转农村集体建设用地约5333公顷[1]。苏州集体土地流转制度的改革，是典型的政府主导型。政府根据社会经济发展和现实需要，与时俱进，主动及时提供管理和规范社会乱象的政策，促进了社会的和谐和稳定发展，规范了农村集体建设用地流转的有序和依法进行，对土地流转市场起到了促进健康发展的良好作用。笔者对苏州农村集体建设用地使用制度改革评析如下：

（一）政府重视农村集体建设用地确权颁证的重要性，这在当时的社会条件下是很大的进步。科斯认为，产权是一系列用来确定每个人相对于稀缺资源使用时的地位的经济社会关系[2]。在交易费用不为零的社会里，产权制度对生产和资源配置会产生重要影响。因此，农村集体建设用地的顺利健康交易

---

[1] 搜狐网. 多地推进农村集体建设用地转试点[DB/OL]. http://hrb.focus.cn/news/2012-12-12/2631048.html.

[2] R.科斯, A.阿尔钦等. 财产权利与制度变迁——产权学派与新制度学派译文集[C]. 上海：上海三联书店, 1991: 204.

和流转,必须要以明晰的产权作为基础。农村土地产权纠纷多、产权不明晰、产权证件不齐备的情况非常普遍。农村土地的确权颁证工作是耗费巨大资金和人力的事情,各地普遍反映在这方面得到的资金投入不足。今后,各级政府还应该加大对农村土地确权颁证工作和权属变更登记工作的资金和人力的投入力度。

(二)《暂行规定》并没有松绑农村宅基地的管理制度,宅基地没有被纳入农村集体建设用地流转市场。同时,《暂行规定》对于农村集体建设用地流转的用途规定得过于僵化,放慢了构建"同地、同权和同价"的城乡统一建设用地市场的步伐。首先,农村集体建设用地还被禁止流转用作开发大型娱乐项目和高档房地产项目,这就让可流转建设用地范围大大收缩,集体建设用地的适用性也骤然降低。其次,按照《暂行规定》的要求,农村集体建设用地基本只能用作工业企业用地,这降低了土地的市场增值价格。农村宅基地一般面积大,粗放使用,而且随着工业化和城市化的快速发展,农村住房被大量闲置。为了节约集约利用农村土地资源,杜绝闲置和浪费,必须要把农村宅基地也纳入土地流转范围。农村宅基地是否能依法流转与农村居民的利益紧密相关,只有允许农村宅基地依法流转,农民的土地财产权才能得到保障,农民的收入提高才会有更大保障,城乡的土地资源也才能有效整合和良性互动。在人地关系紧张的基本国情限制条件下,特别是城市住房紧张和价格畸高的情况下,今后必须探索利用农村集体建设用地直接开展房地产开发项目的制度,从而缓解城市压力和解决城市居民住房难问题,让所谓的"小产权房"的难题退出历史舞台。

(三)《暂行办法》同时还要求对集体建设用地进行价格评估,公布基准地价和标定地价,实行集体建设用地最低价保护措施,这标志着农村集体建设用地管理水平上了一个新台阶和农村集体建设用地市场的市场化程度提高。这也有利于农村集体经济组织的利益得到比较好的保护。价格是市场机制的核心,是引导资源配置的杠杆。资本化的地租表现为土地价格或土地价值[①],土地价格的决定因素除了地租之外,还由市场供给力量和需求力量的平衡、

---

① (德)卡尔·马克思. 资本论,第三卷[M]. 北京:人民出版社,1975:704.

市场的成熟度等复杂因素来决定。由于农村集体建设用地市场初步建立,市场机制不成熟,土地资源又是影响国计民生的大事,因此需要政府对价格进行合理引导和管理。苏州市的改革初步建立起了农村集体建设用地流转市场模式,虽然部分实现城乡建设用地市场的对接,但是苏州市尽力实现"国有集体同价制度",这也是苏州的创新和进步之处[①]。

(四)《暂行办法》明确规定了农村集体建设用地流转收益分配的原则和比例。收益在市、县级市(郊区)和乡(镇)政府和农村集体经济组织四级进行分配,其中大部分分配给了乡政府和农村集体经济组织。个体农户没有管理土地流转收益的权利,并没有直接参加利益分配。省级和中央政府也没有参加利益分配。

上述分配方式排挤了中央和省级政府对农村集体建设用地使用权流转的增值收益分配权,造成了省级政府和中央政府财政收入上的损失,不便于从国家层面上加强对农村集体建设用地的规范管理和引导。按照构建城乡统一建设用地系统的新思路,农村集体建设用地直接入市也必须探索中央政府对农村集体建设用地流转收益的分配比例问题,分配途径主要是从土地税收和房地产税收方面入手。

而且上述分配方式还容易引起腐败和农民个体的不满。农村因土地补偿、土地收益分配而产生的矛盾已成为最为集中和突出的矛盾,农村土地利益分配不公问题已经成为了我国社会不和谐的根源之一。农村集体建设用地属于集体共有,农民作为"个人",不是"集体",而是"集体"的组成个体单元。农村集体土地正是因为其产权"虚置"的弊病,通常会让集体经济组织的代理人——乡镇、村、社干部——侵犯集体经济组织的利益。土地流转收益大部分分配给乡政府,由乡政府统筹安排使用。在缺乏有力监管的情况下,这部分资金的使用会出现问题,农民得不到实惠而影响社会稳定。

6.3 芜湖市农村集体建设用地使用权流转模式

1999年底,安徽省芜湖市成为经国土资源部批准的开展农村集体建设用

---

① 姜爱林."苏州模式"与农村集体建设用地制度创新[J].数量经济技术经济研究,2001,(7):35.

地使用权流转的试点地区。在改革之初,为了把试验成本控制在一定区域和范围内,芜湖市只在五个镇的范围内进行封闭式试点。这五个镇内的农村集体建设用地流转试验封闭进行了四年左右,取得了一定的经验。后来土地流转试点范围由原来的五个镇扩大到十五个地区。随着试点地区土地流转经验的积累,2006年芜湖市开始在全市范围内全面实行农村集体建设用地流转制度。在坚持农村集体土地所有制不动摇和农村集体建设用地所有权不改变的前提下,农村集体建设用地的使用权可以依法流转,农村集体建设用地的使用权可以出让给有用地需求的单位或者个人,农村集体建设用地实行有偿和有限期流转制度。2000年,芜湖市政府出台了《芜湖市农民集体所有建设用地使用权流转管理办法(试行)》(以下简称《办法》),共6章34条,主要内容如下:

(一)《办法》规定了土地流转适用对象,强调了土地利用总体规划和土地利用年度计划的约束作用。只有符合土地利用总体规划和土地利用年度计划的农村集体建设用地才具备流转资格。集体建设用地流转实行规划先行和严格执行土地规划监督管理,才能形成合理的城乡用地结构和用地布局,才能形成良好的土地市场流转秩序。

(二)《办法》明确规定,农民集体所有建设用地的使用权可以在保留农村集体所有的情况下入市进行有限期的有偿流转。但是不排除必须依法通过征收或征用把农村集体建设用地转为国有建设用地的情况存在。农村集体建设用地使用权依法流转需要到土地管理部门进行土地使用权转移登记。《办法》特别规定,除了土地规划为空地的情况之外,修建了地上建筑物的非空置土地的使用权才能进行转让,导致集体建设用地使用权转移的原因是集体建设用地上建筑物的买卖。

(三)《办法》对农村集体建设用地流转范围进行了拓宽,不仅乡镇企业用地、乡镇公共设施和公益事业用地和其他设施建设用地可以入市流转,农村居民宅基地也可以在符合规划的前提下入市流转。这是土地管理制度改革上的一个较大的突破和飞跃。《办法》强调对农村集体建设用地流转的程序严格进行规范,当农民集体建设用地使用权依法进行流转时,必须要依法履行集体建设用地使用权转让手续并进行登记。《办法》还拓宽了集体建设用地流转的形式，指出集体建设用地使用权的转让、入股、租赁、联营联建和抵押等都是农民集体建设用地使用权流转的合法形式。

（四）对农民集体所有土地的流转使用年限进行了限定，国有土地使用权最高出让年限是农民集体所有建设用地使用权流转年限的上线。农村集体所有土地再次进行流转，合同约定的流转期限不得超过前次流转合同约定的剩余年限。

（五）芜湖市对农村集体建设用地的补偿方式进行了创新，补偿方式更加灵活和多样化。补偿方式包括：(1)以货币方式对农村集体经济组织进行一次性清算和补偿；(2)将固定年期的土地使用权租赁费用一次性返还被占地的农村集体经济组织；(3)从被占用的建设用地中划出10%到15%的生产生活用地，留给被占用土地的农村集体经济组织；(4)用地部门或单位向被占用土地的农村集体经济组织支付土地使用权年租金；(5)为被占用土地的农村居民购买养老保险和进行充分劳力安置等。(6)采用股份制模式对占地的农村集体经济组织进行补偿，将土地补偿的各种费用折算成股份，农村居民以股份形式参与分红。

（六）规定了土地流转收益的分配原则和比例。土地流转总收益的分配原则为"谁所有，谁投入，谁受益"，土地所有者与市、县、乡（镇）人民政府共同享有土地流转收益的分配权。土地使用权人必须将土地流转中获得的土地流转收益以一定比例上缴市和县人民政府。土地流转收益可以根据实际情况一次性缴纳或者按年缴纳。如果农民集体所有建设用地再次流转，需要缴纳土地增值税，增值税缴纳标准参照国有土地增值税征收办法和标准执行。土地使用人向政府部门上缴的土地流转收益实行收支两条线的专款专用制度，主要用于土地开发整理和城镇建设发展，同时还必须接受相关部门的监督和检查。

6.4 对芜湖模式的评析

（一）安徽省芜湖市在农村集体建设用地管理制度方面的改革仍然没有界定清楚农村集体建设用地的所有权行使主体，农村集体土地"所有权虚置"问题仍然没有得到解决。政府的社会管理职能和经济管理职能没有进行较好的

6 关于各地农村土地制度改革探索的评价与分析

分离。政府在农村集体建设用地流转中仍然起着相当重要的主导作用。但是其改革力度大,进步性明显。土地流转范围和对象明显拓宽了很多。农村宅基地使用权、公共管理和公共服务用地使用权、乡镇和村办企业用地使用权和其他设施建设用地使用权都可以在符合规划的前提下依法进入市场流转。这种扩大更有利于盘活农村建设用地的价值,让农民在宅基地的取舍上有了理性选择的空间,让新的用地个人或单位有更多的建设土地选择范围,因此增大了农村集体建设用地流转的成交数量。截至2008年,全市共盘活存量建设用地5280亩,提高了土地集约利用水平和土地利用效率[①]。《办法》在扩大农村集体建设用地流转范围基础上,同时强调土地利用总体规划和土地利用年度计划对土地流转的约束作用,这也符合《土地管理法》等法律法规的规定。

(二)《办法》对农村集体建设用地的交易流转进行了非常严格的限制,即地上无建筑物的土地不能进行使用权流转。这条限制性规定的目的是为了防范恶意炒作地皮行为的发生,促使形成公平合理和健康的土地市场交易秩序。同时也可以预防农村个别人为了攫取到更多的建设用地流转收益,从而采用空手套白狼的方法非法恶意圈占耕地,改变耕地的农业用途,非法用于交易。但是,这种规定合理性的存在条件是当时土地规划和土地用途管制权威性不够,如果完善和改进土地规划系统和土地用途系统的科学性和权威性,建立和完善农村集体建设用地入市的交易审查制度,上述规定则完全是不必要的。《办法》同时强调要尊重农民集体经济组织和农村居民在建设用地流转上的自主性,规范土地流转程序,重视签订书面协议的必要性,显得更加人性化和法制化。也只有在尊重农民意愿的情况下,才能维持社会的和谐稳定发展,才能在一定程度上杜绝农村出现的土地矛盾和纠纷。《办法》强调村民出卖或者出租住房后,不得再申请宅基地。这不违背《土地管理法》的规定,也符合公平原则,有利于保护耕地和集约节约利用土地。

(三)对被占地农民的补偿方式具有灵活性和多样性。根据建设项目和用地方式的不同,可以选择一次性货币补偿安置方式,也可以划出一定比例的

[①] 许恒周,曲福田等.集体建设用地流转模式绩效分析——基于SSP范式对苏州、芜湖的解释[J].经济体制改革,2008,(2):108.

土地留给农村集体经济组织进行生产、经营和建设，还可以将土地补偿补助费折成股份，能长期分红。充分考虑了农村的长远发展问题，更有远见性和战略性。同时，还给农民购买养老保险和进行劳动力安置，让农村土地对农民生活的保障功能不因为土地使用权的流转而消失，而是换成了另一种可靠的方式。这些补偿措施当时在全国都是属于非常先进的，对于农村社会的和谐稳定也起到了重要作用。

尽管政府想尽力保障土地使用权流转后农民的根本利益，在住房、养老、就业方面给予很大的保障力度。但是在整个国家经济体制和社会经济发展水平限制之下，土地使用权流转后，农民生活质量和就业质量从长远看还是没有得到足够保障。农民由农业转入其他行业后，就业质量水平低，工作不稳定，低收入水平和不断上涨的物价成本差距越来越大。城市生活的压力会让农民对以前闲适的农村生活习惯产生怀念，生活幸福感降低。只有在建立健全城乡统一建设用地市场系统之后，再同时辅之以其他社会配套制度的改革，才能从根本上解决农村居民的长远生活保障等一系列民生问题。今后还需要探索更科学和多元化的补偿方式，不断完善和提高农村集体土地流转利益分配方式和具体操作细则。

6.5 成都模式

2003年，成都开始施行以"三个集中"为突破口的城乡一体化发展战略。"三个集中"，是指在贯彻国家宏观调控政策和市场机制推动下，工业向集中发展区集中；按照依法、自愿、有偿原则，土地向适度规模经营集中；在产业聚集和城镇建设推动下，农民向集中居住区集中。2007年，成都市通过国家批准，成为全国统筹城乡综合配套改革试验区之一，根据统筹城乡综合配套改革试验的要求，成都市以土地确权赋能为基础，以"三个集中"为核心，以市场化为动力，全面推进土地管理制度的改革[①]。自从成都施行"三个集中"以来，涉及大量农户宅基地复垦、农户搬迁和集中安置居住区等工作。为了

---

① 严金明，王晨. 基于城乡统筹发展的土地管理制度改革创新模式评析与政策选择——以成都统筹城乡综合配套改革试验区为例[J]. 中国软科学，2011，(7)：2.

6 关于各地农村土地制度改革探索的评价与分析

配合土地资源的大调整，政府开始了全面的土地确权颁证工作，这是农村土地使用制度改革的基础和保障。在集体建设用地方面，首先对农村宅基地进行确权颁证，在农用地方面，首先确定农户的承包经营权，然后再对自留地、开荒地、未利用地等按照"应确尽确"的原则进行确权颁证。确权以实测面积为基础。在确权方式上，成都市做到了工作细致到位和程序公开、公正、公平和合法。确权程序包括动员、入户调查、实地测量、村庄评议与公示、法定公示、最后颁证。成都各区县（市）在农地整治和流转方面的具体措施不尽相同，概括起来主要有三种方式。

一、政府主导集体建设用地的整理并垄断土地供应管理模式

政府统一整理统一供应土地，成立集体建设用地土地储备中心，建立集体建设用地交易的统一平台。成都市锦江区集体建设用地储备中心负责组织集体建设用地的整理工作，对农村集体建设用地的交易进行统一管理。区国有农投公司和农村集体经济组织依法依规联合成立集体建设用地土地储备中心。土地储备中心根据各种规划和法律法规统一向市场供应土地。对集体建设用地使用权价格分等定级进行评估，定期公布集体建设用地基准地价。完善集体建设用地交易相关的登记手续，确保集体建设用地交易规范有序进行。农村集体建设用地流转获得的总收益，在政府、农村集体经济组织和农民之间进行一定数额的初次分配，但是在分配之前必须扣除应缴纳的相关税费和土地前期整理开发成本，剩下未分配部分归农村集体经济组织所有。

二、城乡建设用地增减挂钩指标交易模式

从2003年开始，成都开始对农用地和建设用地进行综合整治，尝试把节余土地指标用于城市建设。为了规范各地城乡建设用地增减挂钩试点工作，国家颁布了《城乡建设用地增减挂钩试点管理办法》（国土资发[2008]138号）。根据该文件的定义，城乡建设用地增减挂钩是指依据土地利用总体规划，将若干拟整理复垦为耕地的农村建设用地地块（即拆旧地块）和拟用于城镇建设的地块（即建新地块）以相等面积共同组成建新拆旧项目区（简称项目区），通过建新拆旧和土地整理复垦等措施，在保证项目区内各类土地面积平衡的基础上，最终实现增加耕地有效面积，提高耕地质量，节约集约利用建设用地，城乡用地布局更合理的目标。以挂钩周转指标安排项目区建新拆旧规模，调

控实施进度,考核计划目标。项目区内建新地块的规模用挂钩周转指标进行控制,挂钩周转指标也是拆旧地块整理复垦耕地面积的标准。

成都的建设土地指标十分稀缺。2010年,国家给成都中心城区土地利用的计划是1.3万亩左右,而成都的刚性需求达到了6.8万亩。前期的土地整理由政府主导和政府出资,当地政府资金压力不小。从2003年到2010年,成都完成的整治项目接近300个,投入资金接近60亿元[①]。为了缓解政府土地整理的前期资金压力,成都市将土地指标进行标准化,引入社会资本参与到土地指标的竞买当中。竞买人可通过农村土地综合整治直接获取建设用地指标,也可在成都农村产权交易所购买相应面积的建设用地指标,或向成都农村产权交易所缴纳建设用地指标保证金并取得相关指标保证金收款凭证。

2010年8月12日,全国首个土地指标交易成功,成都市蒲江县农村土地综合整治项目挂牌交易819.85亩,成交价为15.2万元/亩,融资约1.3亿元;9月15日,成都市首场耕地占补平衡指标交易会交易耕地占补平衡指标24宗共5752.98亩,总成交价2.594亿元。经由"占补平衡"和"增减挂钩",土地在城市化的带动下带来了级差收益,级差收益又进一步促使了农村闲散建设用地的整理和利用。在统筹城乡背景之下,城乡建设用地增减挂钩指标交易,不但让城市资本和农村闲散土地资源进行了有效整合和互动,而且大大减少了政府的土地整治和管理成本。

三、农业股份公司模式

在不改变集体土地所有权和土地承包经营权的前提下,农民自愿以土地承包经营权入股,村集体自愿以土地整理新增耕地入股,组建农业股份公司。具体做法是以村或者村民小组为基本单位,将土地承包经营权、集体未分配农地以及集体经营性资产等折股量化并明确、均等地分配到各农户,再按照现代企业制度的要求,以农户土地股份、集体土地股份、现金股份等入股组建股份合作公司,统一经营[②]。这种合作公司是独立的合作社法人,除了自身

---

① 李秀中. 社会资本涌入成都土地"增减挂钩"市场[DB/OL]. http://www.yicai.com/news/2010/11/614259.html.

② 郭晓鸣. 统筹城乡发展与农村土地流转制度变革——基于成都"试验区"的实证研究[M]. 北京:科学出版社,2012:145.

可以经营农业项目，也可以与其他有实力的企业合作进行农业项目开发，农户和集体分别从公司经营收益中按股权比例进行分红。

在成都周边区位条件好的丘陵地带龙泉，在政府引导和农民自愿的情况下，山区的农民自愿将土地承包经营权、宅基地使用权、自留地（山）使用权、林地使用权等流转给农村集体经济组织，农村集体经济组织再引进社会资本成立农业股份公司，大力发展生态产业、现代农业、休闲旅游等项目。农民下山后被分配到离城市更近的区位条件好的村庄居住，修建中心村，并大力发展第二、第三产业。对山上农民撤离后零星分布的宅基地进行复耕，获得采用"城乡建设用地增减挂钩指标"后带来的收益，除了用一部分进行新村建设和发展新村产业外，其余由政府统筹安排使用。

四、"拆院并院"的土地综合整治模式

成都市大力开展土地综合整治，修建中心村和聚居点，在节约集约利用农村集体建设用地的同时开发更多的耕地，增加耕地的总面积。让农民住进新村或新城镇的同时，在城镇拥有住房和社保。根据《成都市"拆院并院"工作实施细则》（成国土资发[2007]133号），"拆院并院"即以土地利用总体规划作为前提和依据成立建新拆旧项目区，在拆旧区拆除农民原有农村住宅或者其他建筑设施，并进行土地复垦和整理，同时在建新区进行新的建设。建新拆旧项目区由拟复垦为耕地的农村建设用地地块（拆旧区）和拟用于城镇建设用地地块（建新区）共同组成。"拆院并院"的目的是改善农民生产和生活条件，推进社会主义新农村建设，使城乡土地利用布局合理、结构优化。在项目区范围之内，不能增加建设用地总量，不能降低耕地和基本农田质量以及不能减少耕地总面积。土地整理要达到提高农业生产率和实现农业产业规模化经营的目标。具体做法如下：

政府对综合整治节约出来的宅基地和其他建设用地进行统筹安排使用。其中集体建设用地指标的30%优先用于安置农民集中居住区建设和产业发展；对农户退出的耕地实行区别管理、分类使用，对规划区内符合预征收储条件的土地,由区土地储备中心收储,确权后按照规划要求进行土地使用权拍卖[①]。对于自愿放弃农村土地承包经营权和农村宅基地使用权的农户(又称为"双放弃"),政府对其进行综合补偿,包括配套购房补贴优惠、居住费用补贴及社保、就业等优惠政策。

成都市温江区在"拆院并院"工作中表现突出。对自愿放弃土地承包经营权和宅基地使用权的农民,政府在城区集中安排他们居住,让他们用宅基地换取在城市拥有产权的住房;让他们用土地的承包经营权换取享受与城镇职工同等的社保待遇。同时,政府还对农民在城市的就业进行指导和安排,让他们在城市能就业,小孩能享受在城市接受教育的权利,享受城市居民享受到的社会公共服务。

6.6 对成都模式的评析

(一)在农村土地流转制度改革上,成都市政府从来没有搞"一刀切"。各个地方根据情况,因地制宜,在改革大方向统一的前提下走模式不同的改革之路。在各种形式的农村土地整理和流转过程中,农村居民的意愿得到了比较充分的尊重,因此整个农村土地管理体制改革基本是在平稳和谐之中进行的。根据笔者对温江、郫县、龙泉和蒲江等地农民的走访,农民们对目前新农村建设当中的土地整理和土地使用权流转试验普遍持欢迎态度。组建农业股份公司,解决了小农经济不规模瓶颈难题,带来了规模经济效益。让农民拥有农村土地使用权流转带来的稳定收益,而且青壮年还可以放下土地到经济发达地区务工,赚取在当地无法获得的高报酬;中老年人和妇女可以留在家乡,根据自己能力到本地的农业公司承担力所能及的工作,赚钱补贴家用。再加上在土地流转中获得的社会保险补贴,农民家庭的整体收入水平有很大改观。土地级差收入的释放[②],让农村集体经济组织和农民获得了不少建设资金。而且,成都市还引导商业性银行和担保机构参与到农村产权融资中去,

---

[①] 严金明,王晨.基于城乡统筹发展的土地管理制度改革创新模式评析与政策选择——以成都统筹城乡综合配套改革试验区为例[J].中国软科学,2011,(7):4.

[②] 周其仁.还权赋能——成都土地制度改革探索的调查研究[J].国际经济评论,2010,(2):88.

扩大了农村有效担保物范围,为现代农村建设和现代农业发展提供了金融保障[①]。

(二)锦江区政府成立集体建设用地储备中心,搭建了统一的农村产权交易平台,这为实现农村集体建设用地同城市国有建设用地同地同权创造了有利条件。这种主动适应社会经济发展情况的自上而下的改良,让长期存在的农村集体建设用地隐性市场公开化和规范化,是典型的"堵不如疏"的管理思维模式。同时,对农村集体建设用地价格进行分等定级评估,定期公布集体建设用地基准地价,对于长期存在的低地价侵害集体经济组织和农民合法权益的行为也能起到一定抑制作用,有利于农村集体建设用地使用权流转规范化运转和形成合理的城乡建设用地价格系统。在土地流转收益分配上,成都市能兼顾到政府、集体经济组织和农民的利益。但是,政府以"双放弃"方式让农民获得城市住房和社保的做法值得商榷。农村居民在城市的住房问题可以通过建立城乡统一的建设市场用市场机制进行解决,或者以公租房等国家住房保障措施进行解决,农村居民的社会保险也可以通过建立城乡统一的社会保障制度获取。"双放弃"方式行政性太多,市场性不足,政府主导太多。从长远看,不具有社会公平性,会对农村居民正当权益造成损害,对构建城乡统一建设用地系统和与之相配套的社会保障制度等也不利。

(三)成都在农村土地管理制度改革中,非常重视确权颁证工作,这是非常值得肯定的。由于农村集体建设用地管理落后,农村集体建设用地长期以来存在产权不明晰的情况。明晰的产权才具有排他性和激励功能,确权颁证工作繁琐,耗时耗力,但它却是农村土地制度改革重要的内容和先决条件。

(四)城乡建设用地增减挂钩指标交易模式,为解决我国由于人口众多、耕地资源紧张造成的粮食安全问题和社会经济发展对建设用地的大量需求之间的矛盾提供了较好的思路。但是这种制度并不是完美的,还存在一定的问题。

2006年3月,十届全国人大四次会议通过的《国民经济和社会发展第十一

---

① 郭晓鸣等.统筹城乡发展与农村土地流转制度变革——基于成都"试验区"的实证研究[M].北京:科学出版社,2012:45.

个五年规划纲要》提出，18亿亩耕地是一个具有法律效力的约束性指标，是不可逾越的一道红线。为了不跨越这道红线，国家严格控制新增建设用地数量指标。在城市化和现代化进程中，土地资源成了不少地方政府发展经济的瓶颈问题。在土地增减挂钩项目区大力开展土地综合整治，在实现耕地占补平衡的条件下获得城市建设需要的用地指标。土地增减挂钩的实质是让农村集体经济组织减少农村集体所有的存量建设用地，用节省的存量建设用地面积指标向城市用地单位换取农村所需要的建设和发展资金。拆旧区节省出来的土地复垦为耕地，建新区则占用农业用地进行城市建设。拆旧区新复垦的耕地质量很难在短时期达到耕种要求，建新区则把多年培育起来的沃土硬化为建设用地。通过增减挂钩项目的实施，政府将获取到的建设用地指标高价拍卖给需要用地的建设单位或个人，政府获取了高额的土地出让金收入。在项目运作过程中，城市用地单位或者个人为使用建设用地支付了农村的土地补偿费、劳动力安置费、耕地开垦费、征地拆迁费、农民新区建设安置费、土地出让金等一系列的费用。以上为获取建设用地使用权的成本费用再加上可观的利润，最后其实是让作为普通消费者的社会居民，特别是城市居民在进行房产和一系列生活品消费时买单。因此，城乡建设用地增减挂钩指标交易模式并没有突破政府对征地市场的垄断，并没有改变政府的"土地财政"模式，也并没有赋予农村集体建设用地和城市国有建设用地平等的权益。只不过是让地方政府在建设用地出让方面具有更大的选址自由权，让地方政府的土地出让金增值更快。

"拆院并院"模式实质上是在进行农村土地综合整理，和城乡建设用地增减挂钩模式非常相似之处在于，这两种模式都是政府需要农村集体经济组织复垦农村部分存量建设用地，用农村集体经济组织节省出来的建设用地面积换取土地级差收益。这种制度创新的好处在于，一方面农村集体建设用地通过土地综合整治提高了土地利用集约度，农村节省出来的存量建设用地面积可以交换到农村和农业的发展建设资金，农村的生态环境和生活居住环境也可以得到部分改善；另一方面，城市在不突破18亿亩"耕地红线"的前提下获得了城市工商业以及公共管理和公共服务发展需要的土地，城市建设用地需求在一定程度上得到了更大满足。这种制度创新在特定条件和特定历史时期

6 关于各地农村土地制度改革探索的评价与分析

发挥了极大魅力,以至于全国都有仿效和跟风之势,在这个过程中,上述两种模式带来的问题也日益显现。

2010年,国务院颁布了《国务院关于严格规范城乡建设用地增减挂钩试点切实做好农村土地整治工作的通知》(国发〔2010〕47号),坚决纠正有些地方片面追求增加城镇建设用地指标、擅自开展增减挂钩试点和扩大试点范围、突破周转指标、违背农民意愿强拆强建侵害了农民权益的行为。同时,"拆院并院"的农村新居建设,对农村和农民带来的副作用也日益显现。在地方政府的大力、全面的制度改革支持下,农民成功地变成了拥有城市住房和社会保险的城市人。但是根据笔者走访调查发现,农民就业质量普遍不高,在大学生都难以找到满意工作的社会大环境的现实情况下,失地农民就业问题就更为突出了,城市无法为失地农民提供足够数量的就业职位。每个月的楼房开销和城市生活开销对于习惯在农村生活的农民来讲,是很大的压力。有些农民在生活成本压力下自发选择缩小家庭自住面积,一大家人挤最小的房子,把多余的房子甚至房间出租出去获取租金。各种社会保险和农民缩小家庭自住面积带来房租等微薄收入根本无法维持农民曾经在广阔天地下无拘无束的生活幸福感。为避免失地农民在城市化发展进程中转变为永久性的城市贫民,让农民作为平等的国民真正分享到社会经济发展成果,需要建立城乡统一的建设用地市场系统,需要建立与城乡统一的建设用地市场系统相配套的社会制度,诸如城乡统一的社会保障制度和城乡统一的户籍制度等。

6.7 重庆地票模式

2007年5月,重庆被国家批准为统筹城乡综合配套改革试验区,被国土资源部批准为城镇建设用地增加与农村建设用地减少相挂钩的试点。重庆地票模式开始于2008年,《重庆农村土地交易所管理暂行办法》规定,农村宅基地可用于置换建设用地指标,但是置换的前提条件是农村居民家庭拥有除农村住房之外的稳定住房并且其家庭生活来源稳定。2008年12月4日,重庆农村土地交易所挂牌,"地票"成为该交易所主要的交易对象。2009年,国务院颁布了《关于推进重庆市统筹城乡改革和发展的若干意见》(国发〔2009〕3号),对重庆设立的农村土地交易所作出了批示:"设立重庆农村土地交易所,开展土地实物交易和指标交易试验,逐步建立城乡统一的建设用地市场,通过统一有形的土地市场、以公开规范的方式转让土地使用权,率先探索完善配套政策法规"。这标志着重庆农村土地实物交易和地票交易试验正式得到中央政府的许可。地票是指农民和农村集体经济组织在自愿的前提下,将闲置和废弃的农村集体建设用地进行综合整治并复垦为耕地,形成可在重庆市范围内进行交易的建设用地指标[①]。建设用地指标以票证的方式发行即称为地票。重庆市农村土地交易所是地票公开交易的平台。地票的实质和内涵与成都的"增减挂钩指标"相同。地票的具体运作过程如下[②]:

地票产生过程:农村集体经济组织或者农民向乡镇政府提出申请土地整理申请,乡镇府根据土地利用总体规划和土地整理复垦开发规划对申请进行审批。审批通过后,由乡镇政府与土地权利人、区县土地整理机构分别签订《农村建设用地复垦协议书》。然后区县土地整理机构组织复垦工作。在土地复垦完毕后,土地行政管理部门和农业等相关行政管理部门一起对复垦土地进行验收,如果复垦土地在质量、面积和规划等方面符合相关规定和要求,即视为验收合格。相关部门发放建设用地整理合格证。

(一)地票交易:重庆农村土地交易所负责编制土地年度计划并公布公开出让公告,以"招拍挂"方式组织地票交易。成交后由土地交易所负责组织签订《地票成交确认书》并办理《地票证书》。政府还设定了地票交易最低保护价,并定期进行动态调整。

(二)对地票价款分配方式进行分类划分:对来自宅基地及其附属设施复垦的建设用地指标,必须要扣除复垦成本、房屋和地上构筑物补偿、土地使用权补偿、农户购房补足等费用,剩余的部分按照85:15的比例分配给相关农户和农村集体经济组织;对于由乡镇企业用地整理复垦后形成的建设用地指标,地票收入在原建设用地所属的农村集体经济组织和原乡镇企业用地使用权人之间进行分配;对于由农村公共管理和公共服务设施用地复垦后形成

[①] 黄美均,诸培新.完善重庆地票制度的思考——基于地票性质及功能的视角[J].中国土地科学,2013,27(6):49.

[②] 郑凌志.中国土地政策蓝皮书[M].北京:中国社会科学出版社,2012:207.

的建设用地指标,如果无具体使用权人,地票收入在公示完成后全部归该建设用地所属的原农村集体经济组织。

(三)地票使用:地票持有人选择符合规划的待开发地块,以地票向选定地块所在区县政府提出用地申请,政府受理申请并组织办理农村集体土地征转用和前期开发。政府根据土地供应有关规定组织供地和实现指标落地,属于经营性用地和工业用地的,必须通过"招拍挂"确定土地使用者。地票持有人如果在政府以"招拍挂让"方式出让土地时竞标失败,地票则按原价转让给建设用地竞标成功者,由竞标成功者补足原地票持有人的前期总费用;地票价值可以冲抵新增建设用地有偿使用费和耕地开垦费。

6.8 对重庆地票模式的评析

(一)地票制度优化了耕地占补平衡制度,有利于保护耕地和增加耕地总面积。在地票制度下,农民经过集体经济组织同意后先进行土地复垦,复垦土地经过验收合格后,扣除本地农村发展所需建设用地后的剩余新增耕地经有关部门确认,才可以转化为可交易的建设用地指标。因此,地票制度实行的是先补充耕地,然后再到指标落地区征用土地的制度。这种"先补后占"的地票制度比"先建新后拆旧"的增减挂钩模式,更有利于保护耕地。地票制度还激励了地票来源地区复垦闲置土地的积极性。地票制度的运行,让用地单位在建设用地选址上有了很大的灵活度,打破了以前供给主导型的建设用地出让模式,转变成市场需求主导型模式。这种制度设计可以减少政府出让建设用地的流标率,增加建设用地出让的效率和增加政府的建设用地出让金。地票制度不但没有让当地政府突破国家下达的新增建设用地约束指标,甚至还新增加了不少耕地面积。自地票制度实施以来,重庆市累计复垦建设用地13.58万亩,新增耕地面积12万亩,扣除地票落地占用耕地3.4万亩,实际新增耕地面积8万余亩[①]。

(二)《国务院办公厅关于严格执行有关农村集体建设用地法律和政策的通

---

① 郑凌志. 中国土地政策蓝皮书[M]. 北京:中国社会科学出版社,2012:211.

知》(国办发〔2007〕71号)规定:"农村住宅用地只能分配给本村村民,城镇居民不得到农村购买宅基地、农民住宅或'小产权房'。单位和个人不得非法租用、占用农民集体所有土地搞房地产开发。"地票制度的设计,则让农村居民的宅基地和城市居民的房产用地巧妙绕过了法律法规的限制而有了联系,农民的闲置宅基地终于被盘活。通过地票的土地置换功能,农村土地的财产权得到了显化,农民财产性收入渠道顿时被拓宽。同时,根据《重庆农村土地交易所管理暂行办法》的规定,农民的农村住宅如果是家庭的唯一住房,农民家庭并没有其他稳定住房,如果农民家庭的就业情况和经济情况不好,生活来源不稳定,则不能申请将农村宅基地复垦进而置换成地票,这也就预防了农村社会不稳定因素的发生。根据构建城乡统一建设用地系统的新思路,笔者并不主张对农村宅基地入市设定诸多限制条件。原因在于笔者的主张是以完善和健全的建设用地市场体系和健全的社会配套制度为前提,而重庆的地票制度还处在试验阶段,各种社会配套制度还不健全,整个经济体制大环境还不能承载这种改革带来的风险。因此需要对地票的产生作一些限制。这也符合笔者提出的渐进型改革思路。

(三)地票制度在协调建设用地市场供需平衡中充分发挥了杠杆作用。重庆地票制度的实质和城乡建设用地增减挂钩总体上是一致的,但是也略有不同。最大的不同是地票制度让获得地票的单位或个人拥有建设用地指标落地的选择权。地票的持有者可以在重庆市各区县内寻找符合项目用地要求的土地,只要不违反土地利用总体规划和产业规划政策,都可以向政府申请建设用地指标落地。在政府完成一系列手续和完成补偿安置后,就可由国土部门按规定组织该地块的使用权"招拍挂"。这是地票制度最大的创新之处。并且,获得地票的用地单位或个人在土地补偿、耕地开垦和指标落地等后续事项中拥有相对多的主动权和话语权。地票制度能更好地调节建设用地年度配置与市场需求之间的关系,增强了建设用地供给的目的性和有效性。同时,由于地票的产生有一个农村居民或农村集体经济组织申请的过程,这就保证了对相关主体意愿的尊重,和谐了干群关系。因此地票制度可行性很强,受到了

6 关于各地农村土地制度改革探索的评价与分析

农民、用地单位或个人的欢迎。城乡建设用地增减挂钩项目一般是先确定建新区和拆旧区,由政府引导在大项目区内运作。用地单位或个人的选择权有限。无法完全避免出现土地征用后不符合土地开发者需求而发生的土地拍卖流标,因而无法避免政府征用的土地出现闲置。

(四)地票在落地之前,政府还要以"招拍挂"竞卖方式出让建新区的土地。如果地票持有者在竞买中胜出,地票持有者将获得相应地块的开发利用权。地票原有价值可用于冲抵新增建设用地有偿使用费和耕地开垦费。如果拍卖的这块地被其他单位或个人以更高的价格买到,那么竞得地票的单位取得地票时所支付的费用可以足额拿回。据统计,在使用地票并完成出让的 72 宗土地中,仅有 32 宗原地票持有人最终获得了土地使用权[1]。可见,原地票持有人最终成为土地使用权受让人的比例比较低。在这种情况下,社会资本参与地票的竞买动力的持续性会受到影响。今后应该探索更为科学合理的地票制度优化模式。

(五)地票制度在短期内解决了建设用地指标不足的问题,还解决了政府对农村土地进行综合整治的前期资金投入问题。在地票制度下,政府仍然难以回避对地票指标落地农民集体土地的征转用问题。土地征转用地区一直是矛盾和纠纷的集中爆发点。在涉及补偿利益公平合理性上,矛盾很多。同时,地票落地区都是离城市距离较近、区位条件好的城市郊区,这个地区是土地开发者热衷于进行开发和建设的地方。地票制度实质是绕过指标落地区域的土地利用年度计划指标,提前预支城镇规划范围内的土地。这样难免会引起城市发展摊大饼方式,不利于国家对城市建设用地规模的控制。这种挤压偏远农村建设用地而向城市郊区大肆扩张的城市发展模式,不利于城市土地的集约节约利用。

6.9 本章小结

为了改变城乡二元经济结构,国家设立了城乡统筹综合配套改革试验区,

---

[1] 郑凌志.中国土地政策蓝皮书[M].北京:中国社会科学出版社,2012:212.

各个地区积极探索有竞争力的发展模式。统筹城乡发展的最终目标是要使农村居民、进城务工人员及其家属与城市居民一样，享有各个方面平等的权利、均等化的公共服务和同质化的生活条件。而城乡居民户籍管理制度的统一、城乡土地管理和土地利用制度的统一、城乡居民社会保障制度的统一、公共财政制度和农村金融制度的深化改革、人性化和科学化的行政体制改革则是统筹城乡发展的主要内容。

在这些改革内容上，城乡土地管理和土地利用制度改革则是核心。土地是最重要的资源要素，土地制度演变一直伴随着人类社会制度的演变，在人类社会和经济发展中具有非常重要的地位。全国各个改革区在土地管理和土地利用制度改革上的探索和实践已经取得了不少成绩和经验，本章选取了具有典型性和代表性的土地使用制度改革模式进行介绍、分析和点评，其意义在于对于已经完成的工作进行总结，对未来的改革提供思路。

在严格保护耕地的土地政策约束之下，各个地方在国家允许的试点范围内，创新了农村集体土地使用制度。以"增减挂钩"、地票、"宅基地换住房，承包地换社保"等方式巧妙规避了政策限制，盘活了农村集体经济组织和农民的土地财产，使农村居住环境和风貌向好的方向改变，使城市土地资源和农村土地资源有机联系在一起，在改变城乡土地二元管理制度上有很大的进步。但是这些制度创新要么避免不了国家对农村集体土地的征收和征用矛盾，农民的土地产权权利得不到有效保护，要么和国家政策产生尖锐冲突，无法得到中央政府的认可。"拆院并院"、"增减挂钩"、"宅基地换住房、承包地换社保"、地票等创新模式，这些项目成功运作的资金来源都是在地方政府主导下，通过尽量压缩边远农村集体建设用地面积和让城市建设用地向郊区农村扩张为代价，利用土地的级差地租和地价换来的。这些制度创新并没有真正让农村集体所有建设用地和城市国有土地享有同等权益，农村集体建设用地并没有获得直接进入城市国有建设用地的直通道，只不过是绕了几道弯，给当地政府多创造了一些可以利用的建设用地指标而已。到最后指标落地的时候，还是要落实到征收和征用指标落地区的农村集体建设用地，这些制度创

6 关于各地农村土地制度改革探索的评价与分析

新并没有从根本上解决征地矛盾。但是，这些制度创新在对农村集体和农民的补偿金标准上有了一定提高，补偿方式更加多元化和人性化，这是值得肯定的地方。要解决农村集体建设用地管理和利用方面的问题，唯一的出路是构建城乡统一的建设用地系统，并建立城乡统一的户籍和社保等配套制度。

7 构建城乡统一建设用地系统的步骤和配套措施

由于我国人口众多，土地面积广袤，"三农问题"久疾难愈，因此城乡统一建设用地系统的建立需要分步骤分阶段进行。在没有做好改革准备之前，不可贸然放开全国土地市场，要确保改革的审慎性和循序渐进性。渐进性改革方式在我国是合乎理性的选择(张宇，1995)[①]。要建立与城乡统一建设用地系统运行有关的社会配套制度，确保新的土地市场机制高效、健康、顺利运转。法律制度、税收制度、户籍制度、社会保障制度等要配合城乡建设用地制度的改革而作出相应调整和完善。只有全社会各种社会力量和各职能部门共同配合，才能形成强大的改革合力，才能实现乡村融合与乡村振兴，才能成功建立城乡统一建设用地系统。

7.1 构建城乡统一建设用地系统的步骤

笔者认为，构建城乡统一建设用地系统的步骤应以先后顺序如下进行：

第一步，全国各地以县、市为单位，对农村集体建设用地进行一次普查。查清楚各市、县农村集体建设用地的布局、位置、面积、具体用途及权属关系。市、县土地行政管理部门对于合法取得的建设用地，必须在确定相关产权后颁发农村集体土地所有权证书或者农村集体土地使用权证书。对于违法违规使用的建设用地和有权属争议的建设用地，暂时不发任何土地权利证书，只分类依法对其进行登记和标注，建立农村集体土地信息和权属状况信息化数据库，等待新的土地立法颁布和实施后再依法进行具体处理。在处理历史遗留问题上，特别要重视对"小产权房"的普查登记和谨慎处理。

---

① 张宇. 中国：渐进式改革能否持续下去[J]. 经济理论与经济管理，1995，(6)：1-6.

7 构建城乡统一建设用地系统的步骤和配套措施

第二步，修订原有的与城乡统一建设用地系统建立目标不相符合的法律条款条文，为建立城乡统一集体建设用地系统提供法律支持和保障。为了保护耕地资源不在经济利益驱动下被随意侵占，特别要重点研究农村集体建设用地入市审批准入制度的建立，强化土地总体利用规划、土地用途管制和土地年度利用计划对于农村集体建设用地入市的强制约束作用。凡是不符合土地利用总体规划和违反土地用途管制的农村集体土地，坚决禁止其进入土地市场进行土地使用权流转和交易。在法律制度的制定上，要以法律明文规定对违法违规责任人员进行严厉的惩罚，加大土地违法成本。

第三步，为了维护社会的稳定和谐局面、把改革试错成本控制在可控范围之内和规避大的风险，国家应先选取局部地区作为建立城乡统一建设用地系统的改革试验区。在城乡统一建设用地系统的改革试验区大胆创新，放开手脚大胆改革，在取得经验和完善不足之处后，再推进全国性的城乡土地制度全面改革。可以先在以前经国家批准的统筹城乡综合改革配套区内和已经有集体建设用地制度改革基础的地方进行土地管理制度的改革深化，如在苏州、芜湖、成都、重庆等地开展全面改革试点。城乡统一建设用地系统试验区内的改革也应该做到循序渐进，先划定改革规划区，先在改革规划区内进行试验，取得经验后再把改革扩展到规划区外；先进行农村存量集体建设用地的改革，然后过渡到农村增量建设用地的改革；先进行经营性建设用地改革，然后进行乡镇、村公益事业用地和农村宅基地等使用制度改革。

第四步，在城乡统一建设用地系统试验区经过改革试错取得经验之后，国家全面修订《宪法》、《土地管理法》、《土地管理法实施条例》等与土地管理制度相关的法律法规，并制定全国层面上的城乡土地统一管理的新法律和新法规，对建立城乡统一建设用地系统提供法律支持和组织保障，对城乡统一建设用地市场的运行进行科学宏观调控和管理。

第五步，全面创新与城乡统一建设用地系统运行有关的社会配套制度，如法律制度、税收制度、户籍制度、社会保障制度等。同时还要大力培育农村集体建设用地流转中介服务组织及农村金融服务机构等。让集体建设用地管理制度与城镇国有建设用地管理制度配套、衔接直至全面融合。按照构建城乡统一建设用地系统的设想，城乡建设用地只有公益性用地、经营性用地和未利用储备用地的区分，土地的权益只和使用用途有关，与土地的归属和身份无关。农村集体建设用地管理制度全面实现与城市国有建设用地管理制度的平稳对接。自此，全国性的城乡统一的建设用地系统成功建立，制度变迁顺利完成。

7.2 修订相关法律法规，为建立城乡统一建设用地系统提供法律保障

我国的法律体系，以宪法为根本大法，按照不同的法律部门分类组合，是一个呈体系化的有机联系的统一整体。该体系由高到低依次由宪法、法律、行政法规、地方性法规和部门规章几个层次组成。为了建立城乡统一建设用地系统，必须对与建立城乡统一的建设用地市场改革目标相悖的法律条款进行系统的修订，避免各种法律之间出现矛盾，统一各个层级的法律法规的精神实质，从而为建立城乡统一建设用地系统提供法律基础和组织保障。

随着城市化、工业化的发展，农村集体建设用地也越来越多地参与到城市的建设与发展中来。城市以其强大的辐射功能带动了周边农村的发展。在城乡一体化发展进程中，城市从面积上在向郊区扩张，人口却向城市集中，因此城市中既会有城市国有的建设用地，也会有农村集体所有的建设用地，还会有农村集体所有的农用地经合法手续转为建设用途的土地。按照2019年修订后的《土地管理法》的规定，农村集体经营性建设用地可以在符合规划的前提下依法出让和出租给个人或单位使用，这实质上为农村建设用地直接入市放开了一个小口子，突破了旧《土地管理法》规定的城市建设用地必须使用国有建设用地的限制。这些地块不分所有权归属，不分城乡身份，享有平等权益。在2019年《土地管理法》被修订之后，已经有很多配套法律的修改进入了议事日程，比如《房地产管理法》、《城乡规划法》已经因《土地管理法》的修订而进行了修订。

相关法律法规还应该严格界定"公共利益"的内涵和外延，并列出"公共利益"的详细目录。把国家强制性征收、征用城乡土地的公共权利真正关进"公共利益"的笼子里。除了对"公共利益"进行界定，还有包括但不限于农村宅基地在内的建设用地使用权法律制度的修改和完善，这都有待于进一步的总结

现实和深入研究。

7.3 建立城乡建设用地统一的税收制度

笔者认为,改革征地制度和打破地方政府财政增长靠收取土地出让金的方式是社会文明进步发展的必然选择。根据建立城乡统一建设用地系统的构想,农村集体建设用地可以不通过政府的征收而被允许直接向城乡建设用地市场供给土地的使用权。政府对农村集体土地的征收和征用的垄断权随之被打破,政府在城市国有建设用地使用权一级出让市场上的土地供给垄断权也被打破。在城乡统一的建设用地市场中,将出现国家、集体两头出让土地使用权、城乡用地单位和个人转让土地使用权的多元化供地局面。这种制度变迁在短期内带来的直接后果是地方政府的土地出让金急剧减少,地方"土地财政"路线不可持续,地方财政急需寻求新的经济支撑点。允许地方政府发行地方政府债券,是有效解决政府在为提供社会公共产品而征收或征用土地时的资金来源的途径之一(李洁明等,2010)[①]。最重要的是要进行税收制度改革,扩大税基和适当提高税收比例。

土地出让金对于地方政府财政收入的重要意义可以用几个数据来表明。2012年,政府和银行从房地产获得收入约4.8万亿元,约占全年房地产业销售额6.4万亿元的75%。其中,土地出让金是政府从房地产行业中收取的最大比重收入,一般会占到房屋销售价值的40%左右[②]。2013年1—12月,地方政府性基金收入(本级)约4.8万亿元,比上年增长40.3%。主要是土地出让合同成交价款增加较多,国有土地使用权出让收入约4.1万亿元,比上年增长44.6%[③]。1994年进行分税制财政体制改革以后,中央和地方开始分灶吃饭。属于中央财政的收入包括关税、海关代征消费税和增值税,消费税,中央企业所得税,地方银行和外资银行及非银行金融企业所得税,铁道、银

[①] 李洁明,巨凡.公共产品视角的地方政府债券必要性和风险控制研究[J].云南财经大学学报(社会科学版),2010,25(6):57-60.

[②] 许正中.专家:有地方政府已准备"一房四吃"包括遗产税[DB/OL]. http://news.xinhuanet.com/fortune/2013-11/12/c_118097802.htm.

[③] 中华人民共和国财政部.2013年财政收支情况[DB/OL]. http://gks.mof.gov.cn/zhengfuxinxi/tongjishuju/201401/t20140123_1038541.html.

行总行、保险总公司等集中缴纳的营业税、所得税、利润和城市维护建设税，增值税的75%部分，证券交易税(印花税)的50%部分和海洋石油资源税。属于地方财政的收入包括营业税，地方企业所得税，个人所得税，城镇土地使用税，固定资产投资方向调节税，城镇维护建设税，房产税，车船使用税，印花税，屠宰税，农牧业税，农业特产税，耕地占用税，契税，增值税25%部分，证券交易税(印花税)50%部分和除海洋石油资源税以外的其他资源税。从税收归属来看，划归中央的税收属于宽税基和高税率的，划归地方的税种收入带来的收益要小得多，主要是便于地方征收的项目。而且，属于地方的税种还有很多可以根据情况减免。

2000年以后，整个地税系统业务范围因改革而进一步萎缩。2002年中央把原来属于地方财政的企业所得税变更为共享税，中央占50%，到2003年又提高到60%。按照国地税征管体制，一旦变成共享税，税种的征收就由地税局转移到国税局。2016年进行了营改增改革，营业税被取消，变成由国税局征收的增值税。营业税原来是地税局征收的第一大税种，征收权转移之后，人员规模未变，这增加了国税人员的征管压力。上述两次税收改革，成为国税地税合并的最根本的原因。2018年，全国各省(自治区、直辖市)以及计划单列市国税局、地税局合并且统一挂牌。地税与国税的合并，这并不直接和中央和地方税收分成比例挂钩，关于分成原则和比例可以另行规定，改革有一个过程，这需要一揽子政策的出台。

根据《中华人民共和国房产税暂行条例》(2011年)的规定，个人所有非营业用的房产可以免征房产税。《中华人民共和国城镇土地使用税暂行条例》(2019年)规定，在城市、县城、建制镇、工矿区范围内使用土地的单位和个人，为城镇土地使用税(以下简称土地使用税)的纳税人，应当缴纳土地使用税。因此，根据现行的法律法规，农村的宅基地和房产都是不用缴纳任何税费的。

根据构建城乡统一建设用地系统的构想，政府会部分失去因农村土地征转用而新增的城市建设用地出让金收入，而地方政府仍然拥有城镇存量国有建设用地的出让权，因而还可以继续获得城镇存量国有建设用地出让金收入。按照《土地管理法》(2019年修订)的规定，新增建设用地的土地有偿使用费，

7 构建城乡统一建设用地系统的步骤和配套措施

30%上缴中央财政，70%留给有关地方人民政府。那么，中央政府和地方政府都会因征地制度改革而在土地出让金收入上受到损失，而且地方政府受到的损失最大。李洁明等(2010)认为，国有土地出让金收入是地方财政预算外收入最主要的来源，2007年之前占地方财政预算外收入的60%以上[①]。为了减轻地方政府的财政压力和维持地方政府的正常运转，笔者认为，一方面，中央政府应适当加大转移支付的力度，支持地方的发展；另一个最重要和最根本的解决办法是地方政府扩大土地征税税基，适当增大税率。这不仅仅是地方政府弥补财政损失的渠道之一，还是促使城乡土地节约集约利用的重要经济调节手段，还能增强城乡居民的纳税意识，养成依法纳税的习惯。更重要的，这也是建立城乡统一建设用地系统的要求，即既然城乡建设用地享有平等的权益，那么城乡建设用地的使用人就应该有同等的义务，凡是使用建设用地的，都应该依法纳税。具体可从以下几方面入手：

第一，制定统一的城乡土地使用税法律法规。除了对城镇土地收取土地使用税，取得农村集体建设用地使用权的使用人也应缴纳土地使用税。农村工、商业用地都必须缴纳土地使用税。但农村公益性事业用地和农村集体划拨建设用地除外，如Ⅰ型宅基地可免除缴纳土地使用税。随着社会主义市场经济体制改革的深化，农村宅基地Ⅰ型用地会越来越少，Ⅱ型宅基地在将来会占绝大部分。因此，地方政府的税基会不断扩大。

第二，改革城乡房产税收制度。城市和农村个人所有非营业房屋和营业性房屋均需缴纳房产税，缴纳比例由各地根据当地经济情况在国家统一规定的比例范围内浮动。刘佐(2013)认为，房产税指对房地产征收的税收。房产税以房地产为征税对象、以房地产的持有者或者使用者为纳税人、以房地产的评估值或者面积为纳税依据、采用比例税率或者一定的税额标准进行收税。它是实行分税制财政体制国家的地方税中的一个主要税种[②]。房地产税属于财产税类税收，在城乡范围内收取房产税，可以极大扩宽地方政府的税基，转移地方政府的"土地财政"压力。尹伯成(2013)等认为，房产税能提供稳定的

---

① 李洁明，巨凡. 公共产品视角的地方政府债券必要性和风险控制研究[J]. 云南财经大学学报(社会科学版)，2010，25(6)：57-60.

② 刘佐. 厘清房地产税[J]. 中国地产市场，2013，(9)：44.

税源,有利于建立楼市调控长效机制、让地方政府摆脱对土地财政的依赖和有利于国民经济的健康发展[①]。房产税增加了城乡房地产的持有成本,因此有利于节约集约利用土地,加速土地资源的高效流转。但是农村Ⅰ型宅基地由于其福利划拨性质,建议对农村Ⅰ型宅基地上的房产免征房产税。由于地方政府向社会居民让渡了大部分土地出让金,房价也会因地价成本的下降而回归正常水平。因此,城乡居民不会因为房产税的增收而经济负担变重。征地市场的改革、政府让渡部分土地出让金收入和城乡居民缴纳房产税具有带来社会总福利水平提升的综合效应,会带来国家经济体制的长期良性循环,是经济体制的帕累托改进。

2011年,上海和重庆开始进行房产税的试点改革。鉴于我国的房产税改革试验已经进行了将近三年的时间,已经取得了一定经验。今后的改革应该加快步伐,不宜再"裹足"向前。上海征收对象为本市居民新购房且属于第二套及以上住房和非本市居民新购房,税率暂定0.6%;重庆征收对象是独栋别墅高档公寓,以及无工作户籍无投资人员所购的二套房,税率为0.5%~1.2%。考虑到税制的公平性和目前各国通行的做法,除国家特殊规定的公益性住房外,房地产税应当适用于所有的房地产所有人或者使用人,依法纳税是每个公民的义务,不应当对住房是否纳税采取差别化政策。除了不公平之外,差别化收取房产税还容易造成社会不稳定因素,比如社会上出现了各种"假离婚"或者"假结婚"的现象,这是在经济利益诱使下对伦理道德和社会风俗的破坏。而且社会民众对于进一步扩大试点城市的猜想和恐惧也是不稳定因素。鉴于以上理由,笔者建议全国所有地区统一时间开征房产税,无论是存量住房还是增量住房都必须征收房产税,取消非公益性房屋的免税政策及免税面积政策,取消按套数来确定是否收税的方法,但必须采用差别化税率。差别化税率只体现在住房面积大小的差别和住房价格的高低差别上。在人均居住面积以下的面积,采用低税率收税,超过人均面积以上的面积,实行累进税率;不同品质的住房价格不同,相同面积适应的税率也因此不同。

第三,有效执行城乡居民自有房屋出租必须缴纳税收的规定。《中华人民

---

① 尹伯成,尹晨. 论房产税的基本功能[J]. 现代经济探讨,2013,(9):8-10.

共和国房产税暂行条例》规定,房产出租的,以房产租金收入为房产税的计税依据,依照房产租金收入计算缴纳的,税率为12%。我国城市投资炒房占的比例很大,很多房屋是用于出租的。但是由于对于房屋出租的税收监管制度不健全,目前对城市居民的出租行为很难进行界定并收税。居民出于自身利益最大化考虑,一般隐瞒不报自有的出租房。房地产中介交易机构为了迎合客户的需求,也采取隐瞒不报的方式。国家税务机关由于管理手段不够先进,也很难对出租房进行完全排查和监管。因此国家流失了不少税收。今后政府税收部门应该研究先进的管理办法和采取先进的技术手段,从而改进对出租房屋的界定和收取相应税金的技术手段。

第四,对农村居民和城市居民统一征收土地流转环节的各种税收。不管是城市国有建设用地还是农村集体建设用地,在土地进入流转环节时,都应该向国家缴纳土地增值税、契税、印花税等,如果是占用耕地的,还要缴纳耕地占用税。农村居民自愿将自用建设用地或者地上建筑物转让之后,将会获得一笔不小的地价收入,他们也应该和城市居民一样,向政府交纳一定比率的土地增值税。允许农村集体建设用地与城市国有建设用地享有平等权益,保护了农民的土地财产性收入。因此农村居民也有义务履行自己的纳税义务。履行好纳税义务才能更好维护其土地权益和财产权益。这也是当地政府有足够财政支出为地方提供法规制度、基础设施等公共服务产品的保障,也也是城乡融合与乡村振兴的要求。

总之,构建城乡统一的建设用地市场制度需要建立与之相配套的城乡一体化的税收制度,把广大农村土地和农村居民纳入统一的国家税收体系,从拓宽税基和适当提高税收比例入手,可以极大弥补地方政府在土地出让金上的损失,使地方政府的财政收支更加健康和平稳。采用现代土地税收工具对土地市场关系和收益进行调节符合城乡融合与乡村振兴的要求。

7.4 建立不附带任何利益分配功能的城乡统一的户籍制度

7.4.1 我国城乡二元户籍制度形成的历史原因

1958年,我国颁布了《中华人民共和国户口登记条例》,确立了严格的户口管理制度。该条例规定,婴儿从出生一个月以内就必须到常住地方的公安机关登记户口。户口跟随每个人的一生,稳定性很强,而且有继承性。农村居民的子女自然是农村户口,城市居民的子女自然就是城市户口。户口可以由农村迁往城市,也可以在不同区域和城市之间迁移,但是迁移限制性条件非常严格。户口制度是我国计划经济时代的产物。在商品短缺的年代,户口对于政府的人口和治安管理起了很大的正面作用。我国户口可以划分为农业户口和非农业户口,在粮食统购统销的年代,国家的政策是以农业支持工业,农村支持城市,因此农业户口和非农业户口的区别很大。具有城市户口的人可以低价买到很多生活必需品,还享有各种社会福利保险。而具有农业户口的人常常吃不饱饭,因为国家管制粮食之后,返还给他们的粮食很少。为了保证粮食产量,国家还限制农村人口从农业土地上的迁移,不能到城市另谋职业。计划经济时代,城市户口和农业户口之间的区别实质上就是身份和地位的区别。这种城乡分割的二元化户口制度的影响力,渗透到了城乡居民生活的方方面面,甚至影响了婚姻择偶观。在那个时代,非农业户口的人基本不和农业户口的人通婚。相对于农业户口的农村人,非农业户口的城市人从出生开始就具有较强的优越感。在那个时代,只有通过升学、参军和招工等很少的途径能让农村人转变身份成为城里人。

7.4.2 我国城乡二元户籍制度的弊端

改革开放以来,我国的经济体制改革促进了社会的极大进步和生产力的高速发展,工业化、城市化和现代化的步伐让户籍制度对人口流动的限制作用也不断减弱。家庭联产承包责任制让农村居民得以从农业土地上解放出来,城市工商业飞速发展提供了巨大的就业机会,于是农村的剩余劳动力不断向大中小城市转移,于是"农民工"、"民工潮"成为了中国特有的流行词汇。具有农业户口的农村人口在改革开放之后,为城市的建设和发展作出了巨大贡献。但是,我国户籍制度仍然保留着政治、社会和经济功能,户籍制度上所负载的利益和权利远远超过户籍制度本身,这也是户籍制度改革难以推进的根本原因[1]。在经济体制改革日益深化的今天,虽然农业户口和非农业户口之间的经济和政治权益的区别已经不像计划经济时代那么巨大,但是户口对城

---

[1] 彭希哲等. 户籍制度改革的政治经济学思考[J]. 复旦学报(社会科学版),2009,(3):1.

7 构建城乡统一建设用地系统的步骤和配套措施

乡居民的影响还是比较大的。城乡居民的住房、就医、婚姻登记、子女上学、计划生育政策、最低生活保障等都与户口制度有关。涉及到与户口相关的法律法规大致有：《中华人民共和国治安管理处罚法》、《中华人民共和国人口与计划生育法》、《中华人民共和国居民身份证法》、《中华人民共和国兵役法》、《中华人民共和国农村土地承包法》、《婚姻登记条例》、《城市居民最低生活保障条例》、《中华人民共和国民法通则》、《全国人民代表大会常务委员会关于县级以下人民代表大会代表直接选举的若干规定》等等。可见，户口制度目前仍然没有退出历史舞台，依然制约着城乡居民的生活、工作、学习等方方面面。

目前我国户口制度的弊端不在于其对人口自由流动造成的阻碍，而是在于户口制度承载着的政治、经济利益分配功能导致的社会不公正性凸显。焦必方(2005)认为，农村剩余劳动力转移方式应该由个人的分散式转移向以家庭为单位的定居式集中转移转变。配合劳动力转移方式的转变，必须深化户籍制度改革[①]。在现有户口制度下，"户口"本身并不值钱，值钱的是"户口"背后负载的权益和利益。在城乡之间、地区之间、城市之间、部门之间劳动力流动速度逐渐加快的今天，社会各个阶层的人都出现了离开户口所在地到外地生活和工作的情况。他们长期生活和工作的地方并不是户口所在地。农民工喜欢到沿海工业区寻求更高的劳动报酬，很多在大城市工作的白领都属于外地户口，还有大量从事工商业的人大部分都是外地户口。大城市成了一个来自各个城市和地区的城乡居民聚居大场所。这些人为长期工作和生活的城市贡献了青春热血，但却因户口问题在买房、就医、子女入学、社会福利保障等等方面遇到很多难题。这表明，源于计划经济时期的户口制度已经不适应时代的需要，导致了社会不公正，是影响社会和谐稳定的因素之一。

1998年7月，国务院转发了公安部《关于解决当前户口管理工作中几个突出问题的意见》，目的是逐步改进现行户口管理制度。1999年，有些城市又采取了降低进入门槛的措施。1999年3月底，北京取消了收取城市增容费，取得北京户口的人不再支付一笔庞大的费用。1999年4月，广州市也宣布准备

---

① 焦必方. 三农问题：一个影响中国经济发展的瓶颈[J]. 世界经济文汇，2005，(4)：122-127.

取消城市增容费，颁布了一系列吸收外地高层人才的优惠政策[①]。后来浙江、河北、成都、重庆都先后推出了一系列户口改革措施。各级政府高度重视户籍制度带来的弊端，并积极进行户籍制度改革。政府户籍制度改革的思路是改革城乡分割体制和取消对农民进城就业的不合理限制，逐步剥离在计划经济体制下赋予户籍的诸多不合理功能。但是改革效果并不好，改革附带的苛刻条件使农民工获得城市户籍的可能性极小。一部分省份即使统一了城乡户籍称谓，但城乡户籍的实际利益分配功能差别并未消失[②]。因此，我国的户籍制度改革重点应该是剥离户籍制度背后承担的政治和经济利益功能，彻底改革户籍制度，让户籍跟随人口的流动而自然变动，建立新的人口登记制度。基于建立城乡统一建设用地市场的构想，城市居民可以到农村购买农村居民的住房，农村居民也可以到城市购买住房。城乡建设用地要素在市场自愿公平交易的基础上在城乡之间自由流动。为了达到上述目的，必须建立与城乡建设用地制度改革相统一和相配套的户籍制度，才能真正实现城乡统筹，让城市与农村在土地、劳动力、资金、技术、文化等方面自然融合，才能消除城乡制度和体制上的差别。

7.4.3 建立新型的城乡统一的户籍管理制度

新的户籍制度应该保证城乡居民的自由迁徙权，他们可以自由选择自己喜欢的职业，可以自由选择自己乐意居住的地方。包括农村居民选择进城从事工商业的择业自由和城市居民选择到农村从事农业经营开发的自由。人口的流动由原来的由农村单向流向城市，转变为城市和农村之间的自由双向流动。"农民"只代表了职业而不是身份或地位。然而，要建立这样的户籍制度在农村还有特别难度。难点在于农村集体经济组织成员身份的确认和退出问题，这同时关系到农村集体经济组织内部的利益分配问题。根据陈宵(2013)对重庆户籍制度改革的案例研究数据表明，转户农民共计 144 420 人，已转户进城定居农民共计 3 087 人，占已转户农民总比例达 2.7%；已转户未进城定

---

① 杨继绳. 中国当代社会各阶层分析[M]. 兰州：甘肃人民出版社，2006：37.
② 孙文凯等. 户籍制度改革对中国农村劳动力流动的影响经济研究[J]，2011，(1)：40.

7 构建城乡统一建设用地系统的步骤和配套措施

居农民共计 11 123 人,占已转户农民总比例达 78.3%[①]。因此,城乡户籍的迁移涉及到更复杂的利益分配问题,户籍随人走的原则在短期内很难做到。

首先,城市居民到农村购买了农村的住房,就有了长期在农村生活和工作的场所,可以成为农村的常住人口。按照构建城乡统一的户籍制度的思路,户籍随人口的流动而变动,那么这样的城市居民就可以在当地登记户籍。那么这个在农村购买了住房的城市居民是否算作该房屋所属地的农民集体经济组织的成员呢?能否在该房屋所属地的农民集体经济组织内享受内部利益分配呢?那他在长期居住的农村是否有选举权和被选举权呢?对于这三个问题的回答是仁者见仁,智者见智。笔者认为,该城市居民不能算作农民集体经济组织的成员,他不能享受该房屋所属地的农民集体经济组织的内部利益分配。但是他有选举权和被选举权。

理由是该购房者购买的是农村Ⅱ型宅基地,是公平市场机制配置资源的结果,购买的是宅基地的使用权,并不是所有权。因此,到农村购房的城市居民不属于农村集体经济组织成员,和农民集体经济组织没有经济上的合作往来。但是他有自由的户籍登记选择权。如果他在城市还有住房,她可以选择继续把户籍保留在原来的城市,也可以选择把户籍从城市迁移到农村。一旦他以常住人口的方式把户籍迁往农村,那么他作为公民在当地就有了选举权和被选举权。新的户籍制度与政治和经济利益是分离的,只是起到登记常住人口的作用而已,所以当地农村也不会排斥外来人口的迁入。

其次,如果农村居民在城市已经有了稳定的职业和收入,更喜欢城市的生活方式,那么他可以卖掉自己的住房。用卖掉住房的收益到城市买房或者租房。他在城市安家后,长期在当地城市生活和工作。按新的户籍制度,户籍随人口的流动而变动,这个卖掉住房的农民是该城市的常住人口,可以在当地登记户口。那么,这个人还是否算作集体经济组织的成员呢?他的农村土地承包经营权是否还可以继续保留呢?根据旧《农村土地承包法》(2002 年)的规定,"承包期内,承包方全家迁入设区的市,转为非农业户籍的,应当将

[①] 陈宵. 户籍制度改革与土地资本化——基于重庆案例的分析[J]. 财经科学, 2013, 302(50): 79.

承包的耕地和草地交回发包方。承包方不交回的，发包方可以收回承包的耕地和草地。"旧《农村土地承包法》(2002年)的上述条款和构建城乡统一建设用地系统的目标不相符合，而且不适应现实经济社会发展的实际情况。该法把农民户籍迁入城市的等级和大小作为是否收回承包地的标准，这其实是对劳动力自由流动的变相干涉，也加强了户口承担的政治和经济功能，不符合国家户籍制度改革的指导思想，不符合社会公平原则，也不符合社会主义市场经济的原则。这种规定还产生了两个效应：一个是承包地和户籍挂钩对农村居民户口迁移到城市的下拉效应，为了保留承包地，农村居民即使长期生活在大城市，也不愿意把户籍迁往城市；另一个是承包地和户籍挂钩对于城市居民把户籍迁移到农村的排挤效应，城市居民的户口难以迁移到农村，城市居民到农村投资和定居必然受到排挤。如果不修订上述规定，城乡二元户籍管理体制和城乡土地二元管理体制都难以从根本上改变，统筹城乡和构建城乡统一的建设用地系统也将难以从根本上实现。2018年12月，国家对《农村土地承包法》进行了修订。《农村土地承包法》(2018年修订)第27条规定，国家保护进城农户的土地承包经营权。相关部门不得设置以退出土地承包经营权作为农户进城落户的条件。承包农户在承包期内进城落户的，引导支持其按照自愿有偿原则依法转让土地承包经营权或者将承包地交回发包方，也可以鼓励其流转土地经营权。《农村土地承包法》的修订，对于有效整合农村土地资源，提高农地利用效率起了巨大作用，更重要的意义是极大鼓励和支持了构建城乡统一的户籍制度，为实现城乡融合与乡村振兴从制度层面打下了坚实的基础。

那么现在回到对刚才提出问题的回答：对于卖掉了农村宅基地及住房的农村居民，他转让的是宅基地的使用权，而非农村集体土地所有权，农村居民仍然有分享农村集体土地所有权的权利。根据第5章笔者阐述过的对集体经济组织成员权的确定原则，该农村居民仍然是农村集体经济组织的成员。因此尽管其户籍已经迁往了大城市，在承包期内他还可以保留农地的承包经营权资格。当其转让的宅基地使用权到期之后，集体经济组织可以收回该宅基地的使用权并再次以某种法定方式赋予该农村居民该宅基地的使用权。至于他是否已经把户籍从农村迁往城市，与他是否为农村集体组织成员没有任何关系。他可以选择在常住地或者户籍所在地登记行使选举权和被选举权。但是到大城市生活后,该农村居民必须妥善依法处置其承包的农地。土地承包经营权是一种具有物权化变迁趋向的债权(王小映,2000)[①]。承包经营地不能撂荒,撂荒则会被集体经济组织收回土地承包经营权。不管原农地承包农户的户口迁移到哪里,他享有对承包地进行转让、出租、入股、联营、抵押的权利。同时,该农户在转让了其农地承包经营权之后,也始终对他所属的集体经济组织负责,必须要对其转让出去的农地利用情况进行监管。当然,该农户也可以自愿有偿退出集体经济组织,放弃其分享的集体土地所有权或使用权,从而不再负有监管农地利用情况的责任。

在构建城乡统一建设用地系统过程中,农村集体土地的所有权和使用权之间的关系是应该考虑的关键,这涉及到土地市场中各个经济利益的关系定位问题。户籍制度直接和政治及经济利益分离,才能促使城乡土地、劳动力、资金等生产要素的自由高效流转,才能和城乡统一建设用地系统相配套。户籍制度改革必须以城乡融合和去利益化为方向[②],剥离户籍所承担的政治和经济功能,真正实现与城乡融合和乡村振兴要求相符合的城乡户籍管理制度。

7.5 建立城乡居民统一的社会救济和保障制度

社会保障制度以其作为社会稳定器的功能在现代社会中扮演了重要作用,没有社会保障制度的社会是不可想象的。社会保障制度让社会成员相互帮助,互相合作,有利于实现社会公平、保证社会劳动生产力的再生产,最终达到保证社会和谐稳定发展的目的。完善和健全的社会保障体系对于我国构建城乡统一的建设用地系统意义尤其重大。农村的土地一直以来对农村居民承载着巨大生活保障功能,农村的土地自古以来就是农民的"命根子"。因此,必须用完善和健全的社会保障制度代替土地对于农民的保障功能,让农民从土地中真正解放出来,让城乡居民可以自由选择职业,让市场机制自动调整他们是"进城"还是"下乡"。农业的现代化、农村生产力的提高、农村土地资源

---

① 王小映.土地制度变迁与土地承包权物权化[J].中国农村经济,2000,(1):45.
② 黄锟.深化户籍制度改革与农民工市民化[J].城市发展研究,2009,16(2):97.

的高效流转以及农村土地的集约节约利用和完善的农村社会保障制度不无关系。我国目前的基本保险实行在地域和城乡之间分隔的管理形式，包括了多套社会保险种类。这种保险体制存在着一些问题，还需要完善和改进。

7.5.1 我国现行社会保障体系的现状及问题

《中华人民共和国社会保险法》(2018年修正)规定的险种有基本养老保险、基本医疗保险、工伤保险、失业保险、生育保险。其中，基本养老保险又分为城镇居民社会养老保险和新型农村社会养老保险。基本医疗保险分为城镇职工基本医疗保险、城镇居民基本医疗保险和新型农村合作医疗保险。工伤保险和生育保险由用人单位缴纳，因此，没有工作单位的人享受不了上述两种保险。城镇居民社会养老保险由统筹养老金和个人账户养老金组成。单位就职人员的社会养老保险由用人单位和个人按比例缴纳；城镇没有固定单位而以其他形式就业的城镇居民自己缴纳全部养老保险金。新型农村社会养老保险实行个人缴费、集体补助和政府补贴相结合的方式缴费。公务员和以公务员标准管理的工作人员的养老保险金不纳入社会基本养老保险进行统一管理。城镇职工基本医疗保险由用人单位和职工共同缴纳基本医疗保险费。无雇工的个体工商户和未在用人单位参加职工基本医疗保险的人员以及其他灵活就业人员自愿参加职工基本医疗保险，保险费用全部由自己承担缴纳。城镇居民基本医疗保险实行个人缴费和政府补贴相结合。新型农村合作医疗保险，是指由政府组织和引导、农民自愿参加，个人、集体和政府多方筹资，以大病统筹为主的农民医疗互助制度。采取个人缴费、集体扶持和政府资助的方式筹集资金。

长期以来，我国社会保险是以统筹地为单位进行保险金的收取与支付的。不同保险统筹地区之间的相同保险种类无法对接，主要是由于不同地区社会保险的缴纳金额和支取金额及管理办法不同。统筹地可划分为城市居民统筹地和农村居民统筹地，还可划分为不同省、市之间的分别统筹地。保险体制僵化，不同统筹地的社会保险有违社会公平并造成社会资源的浪费，无法实现对接。而且社会保险总是和城乡居民的户籍紧密联系，社会保险福利制度和居民户籍地的紧密联系对于城乡居民的利益是一种损害，不利于形成全国统一的城乡劳动力要素市场、不利于社会公平以及和谐稳定，保险对于社会的稳定器作用也因此被弱化。2018年,《社会保险法》被修订,规定基本养老保险基金逐步实行全国统筹,其他社会保险基金逐步实行省级统筹,具体时间、步骤由国务院规定。相关法律法规的修订对于构建城乡统一的社会保障制度是巨大利好。

农村居民享受到的社会保险种类少,保险金水平低,社会保险目前还无法完全替代土地对农村居民的生活保障功能。根据《社会保险法》(2018年修订)的规定,我国农村居民目前能参与的社会保险有农村新型社会养老保险和农村新型合作医疗保险。工伤保险和生育保险主要是针对有固定工作单位的城镇居民设置,失业保险也是针对城镇职工而设置。也就是说,农村居民只能领到养老费和部分住院大病医疗费。没有与农村居民生活息息相关的失业保险和生育保险。如果农民没有了土地,在没有失业保险的情况下,农村居民在失业时将无法生活。农村的现行社会保险种类无法替代土地对农民生活的保障作用。

7.5.2 建立城乡统一的社会保障体制,加大社会保障力度

应加快我国各个保险统筹地的统一和衔接,避免出现过多的保险基础机构和设施。尽快形成城乡统一、全国各地域统一和对接的社会养老保险、医疗保险体系。升级社会保险管理的现代信息化技术和管理水平,以身份证作为城乡居民的终身唯一社会保障号码,隔断户口和社会福利保障之间的联系,城乡居民实现全国各地均可缴费和领取保险金的一卡通制度。同时应该提高国家在社会保障方面的财政支付金额,减轻单位和个人的缴费压力,提高社会保障福利水平,让全体人民共享改革开放带来的社会经济、文明成果。我国工业化和城市化飞速发展带动着我国农村经济制度的巨大变革。为此,为了配合城乡统一建设用地系统的建立,必须加大对农村居民的社会保障力度,用新的社会保障制度代替土地对农民天然的保障作用。

综上所述,目前农村居民享受的保险种类少,保险金待遇低。现有的农村社会保险起不到对失地农民生活的保障作用。因此笔者建议必须要拓宽农民的社会保障形式。

首先,建议让农民参加失业保险,可称为新型农村失业保险金。失业保险经费由政府、集体和农民共同负担,分为政府、集体缴纳的基础失业保险

金和农民缴纳的个人账户失业保险金。农民失业保险分为两种。一种情况是转让了房地产的农村居民的失业保险的购买办法。政府、集体和农民都需缴纳失业保险金。农民以市场价格转让了农村住房和承包经营地时，也就出卖了宅基地上的住房所有权，转让了宅基地使用权和农地的承包经营权。除了上缴国家和集体的税费之外，农民还能有一笔可观的收入。那么，国家必须强行规定转让房地产的农民把一部分房地产转让收益用于购买失业保险，而且失业保险的缴费比例和金额必须满足今后农民万一失业之后每个月的基本生活需求。政府可根据各个地方的生活水平具体制定标准，笔者认为，农民每月领取到的失业金至少不能低于当地城镇职工的平均水平。失业保险金可由政府在农民领取到房地产转让收益之前先强行一次性划转到指定保险账户。第二种情况是未转让房地产的农村居民失业保险的购买办法。未转让房地产的农民，其失业保险费只由政府和集体经济组织缴纳基础失业保险金，农民自己不用缴纳。

其次，农民的宅基地和承包地还可以入股、联营的形式参与分红。更重要的是，即使农民卖了宅基地使用权和农村承包地的经营权，户口迁移到了城市，也应算做农村集体经济组织的成员，可以享受集体经济组织内部利益分配。这个问题在前面有过详细论述，此处不再赘术。这样的制度安排对农民的生活起了双保险作用。当土地使用权转让期限到期时，农村集体经济组织还能收回原转让出去的土地的使用权，原使用该土地的农村居民还能以某种法定方式再次取得该土地的使用权。当农村集体土地被国家征收时，转让了房地产的农民还能得到由于集体土地所有权发生改变的补偿。

新型的农村社会保障体系包括了农民最低生活保障、新型农村社会养老保险、新型农村医疗合作保险和新型农村失业保险、农民作为集体经济组织的终身成员享有农村集体经济组织内部的利益分配保障等。从长期看，农村社会保障体系必须和城镇社会保障体系接轨和统一，建立城乡统一的社会保障体系。

7.6 提高农村集体建设用地入市交易服务水平

农村集体土地流转中介服务机构，是指向农户提供土地流转政策和土地

7 构建城乡统一建设用地系统的步骤和配套措施

流转信息咨询,将农地的供给和需求联结起来,为土地流转中的谈判和合同签订起桥梁和辅助作用的组织。目前我国农村的土地流转中介服务机构数量很少,基本上可以分为政府部门兴办和农民自己兴办两大类[①],民间经营性质的专业中介机构几乎为空白。2006年,成都市政府对农村分散的土地流转进行集中引导,为土地市场交易主体提供市场交易信息和政策咨询,成立了首家市级农村土地承包流转服务中心。成都市农村工作领导小组办公室和农业委员会是该组织的发起者和主办者。2008年,成都市拓宽了农村土地产权交易范围,又成立了农村产权交易所,交易流转对象包括农村土地承包经营权、农村房屋产权、农村林权、集体建设用地使用权、集体经济组织股权等[②]。上述两种土地流转交易机构是层次比较高的由政府主办的,其行政性比较强,市场性不够。这两个交易机构的建立并没有对农村土地流转起到太大的带动和促进作用。实践表明,农村土地产权在上述中介机构流转数量极其有限。农民自发兴办的土地流转中介机构也都是在村委会的发起和组织下成立的,有以农业股份合作社命名的,也有以现代农业公司命名的。农民以自己的土地承包经营权或者宅基地使用权入股,获得土地出租和股权分红收益等。如成都市郫县唐昌镇战旗村和龙泉驿区龙华社区都分别成立了农业股份合作社,青白江区龙王庙镇双埝村成立了龙王贡韭现代农业发展有限公司,成都市温江区永宁镇开元社区成立了开元股份经济合作社。但是这些农民自发兴办的土地流转组织机构专业性不强,服务面较窄,并不是严格意义上的土地流转中介组织。一般都只以村为单位,为自身的集体经济组织服务。除此之外,目前面向农村土地流转的金融服务机构也非常少,传统的农村信用合作社因为其面向农村居民贷款额度低和贷款手续复杂、放款要求超过大多数农村居民所能提供的条件等弊端,难以满足农村经济社会发展的需要。农村土地流转中介组织数量是否多、形式是否多样和专业分工是否细致直接反映了农村土地市场的市场化发育程度,同时它们对农村土地市场的市场化程度和繁荣程度又起到极大的促进作用。

[①] 钟涨宝,狄金华.中介组织在土地流转中的地位与作用[J].农村经济,2005,(3):35.
[②] 任勤,李福军.农村土地流转中介组织模式:问题及对策——基于成都市的实践[J].财经科学,2010,(267):120.

为了促进城乡统一建设用地市场的良性运转和繁荣,必须培育完善的土地流转中介服务体系,提供集体建设用地流转政策、法律和信息咨询服务,集体建设用地价格评估服务,土地流转合同订立和过户登记服务,土地流转融资服务等。政府应该在政策上鼓励民间投资进入农村集体建设用地流转中介领域,政府逐渐从农村集体建设用地流转中介领域退出,让市场化行为逐渐取代政府的行政主导行为。政府从宏观政策上加强对农村集体建设用地流转中介机构从业行为的引导和规范,培养相关专业人员,实行从业人员资格考试制度等。应借鉴城市房地产市场的经纪中介机构和金融担保机构的组织和运营模式,探索建立形式多样的农村集体建设用地流转中介机构,提高农村集体土地流转的服务水平。成立诸如农村集体土地流转经纪公司、农村住宅交易中介公司、农村集体土地投资经营公司、农村集体建设用地银行、农村集体建设用地保险公司、农村土地评估公司、农村土地托管公司等。

同时,农村居民贷款难一直对农业和农村经济发展起着很大的制约作用(王志伟,2007)[①],因此在加大农村土地流转和建立城乡统一的建设用地系统中还要大力发展农村金融信贷组织,进行金融产品和机制创新等,为土地流转提供融资渠道。

7.7 本章小结

为了构建城乡统一的建设用地系统,必须要完善社会各个方面的配套制度改革。本章选取了社会法律制度、土地税收制度、户籍制度、城乡社会保障制度、农村集体土地流转中介服务体系等六个方面的制度配套进行了论述和分析。笔者分别在这些配套保障制度方面提出了建设性改进意见,以期形成全体社会改革的一致合力,为城乡统一建设用地系统的健康运转提供制度环境支撑。

---

① 王志伟. 农户贷款、公司担保、金融"输血"[J]. 中国动物保健,2007,106(12).

研究结论

构建城乡统一建设用地系统的改革是在坚持我国土地公有制的前提下优化和完善城乡建设用地产权体系结构的改革，是赋予农村集体建设用地和城市国有建设用地平等权益的改革，是对农村集体建设用地和农民权益进行有力保护的改革，是实现社会和谐稳定与城乡经济共同健康发展的本质要求。

新型的城乡统一建设用地系统表现为市场在土地资源配置中起决定性作用，市场机制与国家对土地市场的科学宏观调控有机相结合，城乡建设用地要素在统一市场中自由高效流转，城乡土地资源节约、集约和高效利用，城乡土地市场进入统一、有序、健康和良性运转。但是，构建城乡统一建设用地系统不能只局限于土地管理制度内部的改革，它还是各种社会经济制度配套改革的系统工程。因此还必须注意其他社会制度的跟进改革，其他社会制度的改革是否及时配套直接影响到构建城乡统一建设用地系统是否成功。城乡统一建设用地系统的建立同时又能促进和加速社会其他制度的改革，加速城乡劳动力、资金、技术的融合和交流。因此，构建城乡统一建设用地系统既是城乡融合与乡村振兴的内在要求，又是提升我国城市化、工业化和农业现代化质量和水平的必由之路。

参考文献

[1] 马克思恩格斯全集,第 2 卷[C]. 北京:人民出版社,1995:24.

[2] 马克思恩格斯全集,第 3 卷[C]. 北京:人民出版社,1960:57.

[3] 马克思恩格斯全集,第 4 卷[C]. 北京:人民出版社,1958:370-371.

[4] 马克思恩格斯全集,第 23 卷[C]. 北京:人民出版社,1995:916.

[5] (德)卡尔·马克思. 资本论,第三卷[M]. 北京:人民出版社,1975.

[6] 列宁全集,第 2 卷[C]. 北京:北京人民出版社,1984:197.

[7] (英)亚当·斯密. 国民财富的性质和原因的研究[M]. 北京:商务印书馆,2007.

[8] (英)马歇尔. 经济学原理,上卷[M]. 北京:商务印书馆,1964:157.

[9] (美)伊利等. 土地经济学原理[M],北京:商务印书馆,1982:19.

[10] (美)阿瑟. 刘易斯. 二元经济论[M]. 北京:北京经济学院出版社,1989.

[11] (美)萨缪尔森. 经济学(中)[M]. 北京:商务印书馆,1986.

[12] (奥)弗·冯·维塞尔. 自然价值[M]. 北京:商务印书馆,1987.

[13] (美)伊利等. 土地经济学原理[M]. 北京:商务印书馆,1982.

[14] (美)舒尔茨. 制度与人的经济价值不断提高[M]. 上海:上海三联书店,1994.

[15] (美)菲吕博腾,配杰威齐. 产权与经济理论:近期文献的一个综述[M]. 上海:上海三联书店,1994:204.

[16] (美)德姆塞茨. 一个研究所有制的框架[M]. 上海:上海三联书店,1994.

[17] (美)诺思. 经济史中的结构与变迁[M]. 上海:上海三联书店,1991.

[18] (英)戴维 M. 沃克. 牛津法律大辞典[M]. 北京:北京出版社,

1988：729.

[19](美)诺思. 制度、制度变迁与经济绩效[M]. 上海：上海三联书店，1994.

[20]R. 科斯，A. 阿尔钦等. 财产权利与制度变迁—产权学派与新制度学派译文集[C]. 上海：上海三联书店，1991：204.

[21]杨继瑞. 中国城市地价论[M]. 成都：四川大学出版社，1998：79-85.

[22]周诚. 土地经济学原理[M]. 北京：商务印书馆，2003：291.

[23]毕宝德等. 土地经济学[M]. 北京：中国人民大学出版社，2005.

[24]李明义，段胜辉. 现代产权经济学[M]. 北京：知识产权出版社，2008.1.

[25]刘伟，李风圣. 产权通论[M]. 北京：北京出版社，1998：9-10.

[26]卢现祥. 西方新制度经济学[M]. 北京：中国发展出版社，2003.

[27]谭崇台. 发展经济学概论[M]. 武汉：武汉大学出版社，2001：80-81.

[28]胡元坤. 中国农村土地制度变迁的动力机制[M]. 北京：中国大地出版社，2006.

[29]郭晓鸣. 统筹城乡发展与农村土地流转制度变革—基于成都"试验区"的实证研究[M]. 北京：科学出版社，2012.

[30]郑凌志. 中国土地政策蓝皮书[M]. 北京：中国社会科学出版社，2012.

[31]杨继绳. 中国当代社会各阶层分析[M]. 兰州：甘肃人民出版社，2006：37.

[32]杨继瑞. 城乡一体化：推进路径的战略抉择[J]. 四川大学学报(哲学科学版)，2005，(4)：5-10.

[33]杨继瑞. 农村土地产权制度创新与市场化配置[J]. 经济理论与经济管理，1996，(3)：42-46.

[34]杨继瑞. 我国农村土地资源配置市场化的理论思考[J]. 四川大学学报(哲学社会科学版)，1996，(1)：14.

[35]杨继瑞，任啸. 农地"隐性市场化"：问题、成因与对策[J]. 中国农村经济，2002，(9)：27.

[36]杨继瑞，汪锐. 征地制度的来龙去脉及其变革路径找寻[J]. 改革，2013，(4)：68.

[37] 杨继瑞. 中国农村集体土地制度的创新[J]. 学术月刊, 2010, 42(2): 64.

[38] 杨继瑞. 我国农村集体土地所有权改革的探析与思考[J]. 农村经济, 2008, (5): 4.

[39] 杨继瑞. 统筹城乡背景的农民集中居住及其制度重构: 以四川为例[J]. 改革, 2010, (8): 91-99.

[40] 袁文平, 李义平. 价格、产权与市场机制[J]. 财经科学, 1994, (2): 1-8.

[41] 郑景骥. 股份合作制的属性与功能[J]. 经济学家, 1997, (6): 16-17.

[42] 郑景骥. 我国农村土地制度的改革[J]. 财经科学, 1988, (12): 9-12.

[43] 胡小平. 严格的土地管理制度是保证我国长治久安的一项根本大计[J]. 财经科学, 2008, 249(12): 11-13.

[44] 李萍. "三农"问题与财政政策取向[J]. 社科纵横, 2005, 20(20): 55-56.

[45] 杜受祜. 城乡统筹建设社会主义新农村—对成都市深入推进城乡一体化的思考和建议[J]. 西南民族大学学报(人文社科版), 2006, 182(10): 52-54.

[46] 贾志永. 地方政府在制度变迁中的作用分析[J]. 西南民族大学学报(哲学社会科学版), 1999, 20(3): 158-160.

[47] 王志伟. 二元体制下中国经济周期波动理论[J]. 经济学家, 1989, (4): 106-114.

[48] 王志伟. 农户贷款、公司担保、金融"输血"[J]. 中国动物保健, 2007, 106(12).

[49] 白暴力. 产权理论与产权制度改革的若干思考[J]. 福建论坛(人文社会科学版), 2005, (7): 70-74.

[50] 张东辉, 徐启福. 农业、制度变迁与经济转型: 中国地区差距的一种解释[J]. 动岳丛论, 2001, 22(1): 78-80.

[51] 李国平. 新型城镇化与收入倍增[J]. 河南社会科学, 2013, 21(7): 1-5.

[52] 钟昌标, 李富强等. 经济制度和我国经济增长效率的实证研究[J]. 数量经济技术经济研究, 2006, (11): 13-20.

[53] 白永秀. 坚持集体所有制是农村土地制度改革的前提[J]. 汉中师院学报

(哲学社会科学版),1991,(4):1-8.

[54]白永秀,王颂吉.城乡发展一体化的实质及其实现路径[J].复旦学报(社会科学版),2013,(4):149-171.

[55]严法善,刘杰.中国高房价问题的成因及对策—基于经济、制度、心理三个维度进行分析[J].上海市经济学会学术年刊,2010:205-218.

[56]陈学彬,李忠等.二元经济下中国城乡 CPI 差异变动及其原因探究[J].西南民族大学学报(人文社会科学版),2012,(6):105-111.

[57]李慧中.市场、价格与分配不公[J].上海经济研究,1991,(5):64-69.

[58]李洁明,巨凡.公共产品视角的地方政府债券必要性和风险控制研究[J].云南财经大学学报(社会科学版),2010,25(6):57-60.

[59]焦必方.三农问题:一个影响中国经济发展的瓶颈[J].世界经济文汇,2005,(4):122-127.

[60]尹伯成,尹晨.论房产税的基本功能[J].现代经济探讨,2013,(9):8-10.

[61]吴易风.产权理论:马克思和科斯的比较[J].中国社会科学,2007,(2):4-18.

[62]简新华、何志扬、黄琨.中国城镇化与特色城镇化道路[M].济南:山东人民出版社,2010:1.

[63]夏大慰,史东辉.市场经济条件下的政府规制:理论、经验与改革[J].上海社会科学院学术季刊,2001,(4):81-90.

[64]郑云峰,李建建.城乡建设用地市场一体化问题探究[J].上海房地,2013.

[65]李建建.我国征地制度改革与农地征购市场的构建[J].当代经济研究,2002,(10):51-55.

[66]李建建.试论土地构成与土地价值[J].发展研究,2002,(10):8-10.

[67]张宇.中国:渐进式改革能否持续下去[J].经济理论与经济管理,1995,(6):1-6.

[68]李忠民,周弘.基于发展视角的社会贫富差距分析[J].经济学家,2008,(1):124-125.

[69] 郝团虎,姚慧琴. 我国城市化进程的现实表征及其制度变迁[J]. 改革, 2012, 221(7): 19-25.

[70] 赵学增. 必须重视和解决我国城市化过程中的圈地依赖问题[J]. 经济纵横, 2011, (9): 1-5.

[71] 周其仁. 体制转型、结构变化和城市就业[J]. 经济社会体制比较, 1997, (3): 8-15.

[72] 萧竞华. 改善城乡二元经济结构是农民增收的强大动力——以江苏省为例[J]. 南京社会科学, 2001, (11): 79-84.

[73] 刘炜,黄忠伟. 统筹城乡社会发展的战略选择及制度构建[J]. 改革, 2004, (4): 10-18.

[74] 王国敏. 乡统筹: 从二元结构向一元结构的转换[J]. 西南民族大学学报(人文社科版), 2004, (9): 54-58.

[75] 吕萍. 统筹城乡发展,促进农民增收[J]. 贵州师范大学学报, 2005, (2): 70-74.

[76] 张红宇. 城乡统筹推进过程中若干问题的思考(之二)[J]. 管理世界, 2005, (9): 59-69.

[77] 蒋永穆. 双重二元经济结构下的城乡统筹发展[J]. 教学与研究, 2005, (10): 22-29.

[78] 邹小蓉,蓝光喜. 城市化: 统筹城乡经济协调发展的根本出路[J]. 江西行政学院学报, 2005, (3): 52-54.

[79] 朱宝树. 人口城镇化与城乡统筹发展[J]. 华东师范大学学报: 哲社版, 2006, (4): 28-34.

[80] 李晓冰. 推进城乡统筹发展建设社会主义新农村的思考[J]. 经济问题探索, 2007, (11): 98-102.

[81] 刘成玉. 内驱式城乡统筹: 概念与机制构建[J]. 经济理论与经济管理, 2010, (10): 27-33.

[82] 曾福生. 论我国目前城乡统筹发展的实现形式——城镇化和新农村建设协调发展[J]. 农业现代化研究, 2010, (1): 19-23.

[83] 程又中,李睿. 城乡统筹发展试验: 成都"样本"考察[J]. 华中师范大学

学报：人文社会科学版，2011，(1)：15-21.

[84]杜明义. 城乡统筹发展中农地产权正义与农民土地权益保护[J]. 现代经济探讨，2011，(6)：20-24.

[85]高帆. 中国城乡二元经济结构转化的影响因素分解：1981-2009年[J]. 经济理论与经济管理，2012，(9)：5-18.

[86]周诚. 论我国城镇土地资源配置的宏观调控和市场调节[J]. 中国土地科学，1994，(3)：1-6.

[87]李中. 农地入市流转对土地资源配置效率的影响[J]. 财经问题研究，2012，(12)：139-143.

[88]王万茂. 市场经济条件下土地资源配置的目标、原则和评价标准[J]. 自然资源，1996，(1)：24-28.

[89]石晓平，曲福田. 土地资源配置方式改革与公共政策转变[J]. 中国土地科学，2003，(12)：18-22.

[90]柳随年. 关于推进城镇化进程若干问题的思考[J]. 管理世界，2001，(6)：1-5.

[91]朱莉芬，黄季. 城镇化对耕地影响的研究[J]. 经济研究，2007，(2)：137-144.

[92]梁书民. 基于耕地保护的中国城镇化发展战略研究[J]. 土地科学，2009，23，(5)：41-46.

[93]简新华，黄锟. 中国城镇化水平和速度的实证分析与前景预测[J]. 经济研究，2010，(3)：28-38.

[94]杨勇、郎永建. 开放条件下内陆地区城镇化对土地利用效率的影响及区位差异[J]. 土地科学，2011，25(10)：19-26.

[95]陈锡文. 工业化、城镇化要为解决"三农"问题做出更大贡献[J]. 经济研究，2011，(10)：8-10.

[96]周战强，乔志敏. 工业化、城镇化与农业现代化[J]. 城市发展研究，19，(10)：12-15.

[97]徐宪平. 面向未来的中国城镇化道路[J]. 求是，2012，(5)：37-39.

[98]李圣军. 城镇化模式的国际比较及其对应发展阶段[J]. 改革 2013，(3)：

81-90.

[99]曲福田、冯淑怡等.土地价格及分配关系与农地非农化经济机制研究—以经济发达地区为例[J].中国农村经济,2001,(12):54-60.

[100]朱奎.农业与非农业地租的动态均衡分析[J].上海财经大学学报,2006,8(6):71-76.

[101]靳涛.引资竞争、地租扭曲与地方政府行为—中国转型期经济高速增长背后的"不和谐"分析[J].学术月刊,2008,40(3):83-88.

[102]谭永忠等.城中村问题产生的微观动因—基于对"土地租金剩余"的分析[J].中国土地科学,2009,23(7):4-8.

[103]李明月,史京文.征地区片综合地价补偿制度创新研究[J].宏观经济研究,2010,(8):58-60.

[104]赵松,肖晓俊.宏观框架下的地价影响因素分析[J].中国土地科学,2012,26,(9):4-11.

[105]兰宜生,郭利平.我国东中西部大城市土地出让金体现的级差地租问题研究—以上海、郑州、西安为例[J].中国经济问题,2012,(1):59-64.

[106]赵娅."限地价,竞配建"土地出让方式的理论分析与实证研究[J].中国土地科学,2012,26(11):27-32.

[107]曹飞.从农地到市地的地租理论分析—兼对征地低补偿和高房价问题的思考[J].中国经济问题,2013,(1):35-42

[108]童列春.中国农村经济实现中的地租机制[J].农业经济问题,2013,(3):25-32.

[109]黄贤金等.中国农村土地市场运行机理分析[J].江海学刊,2001,(2):9-15.

[110]曲福田.城市国有土地市场化配置的制度非均衡解释[J].管理世界,2002,(6):46-53.

[111]李娟、吴群.土地市场成熟度及其量度体系研究[J].理论探讨,2006,(11):12-14.

[112]叶剑平等.中国农村土地流转市场的调查研究—基于2005年17省调查

的分析和建议[J]. 中国农村观察, 2006, (4): 48-55.

[113] 张合林, 郝寿义. 城乡统一土地市场制度创新及政策建议[J]. 中国软科学, 2007, (2): 28-39.

[114] 付光辉等. 论城乡统筹发展背景下城乡统一土地市场构建[J]. 中国土地科学, 2008, 22(2): 36-41.

[115] 赵珂等. 我国土地市场发育程度测算与实证研究—以东、中、西部为例[J]. 经济地理, 2008, 28(5): 821-825.

[116] 李慧中. 保增长亦需控制建设用地[J]. 中国地产市场, 2009, (9): 20-21.

[117] 李永乐、吴群. 土地市场发育与农地非农化—基于省际面板数据的估计与测算[J]. 中国土地科学, 2009, 23(11): 45-49.

[118] 曲福田、陈志刚. 工业化、城镇化进程中的农村土地问题：特征、诱因与解决路径[J]. 经济体制改革, 2010, (5): 93-98.

[119] 贾生华. 论我国农村集体土地产权制度的整体配套改革[J]. 经济研究, 1996, (12): 57-62.

[120] 曹钢. 产权理论的历史发展与西方产权经济学在中国改革中的价值[J]. 陕西师范大学学报(哲学社会科学版), 2002, 31(2): 5-16.

[121] 杨明洪, 刘永湘. 压抑与抗争：一个关于农村土地发展权的理论分析框架[J]. 财经科学, 2004, 207(6): 24-28]

[122] 杜明义, 赵曦. 农地租值耗散与农民土地权益保护[J]. 贵州社会科学, 2009, 229(1): 89-94.

[123] 曲福田, 田光明. 城乡统筹与农村集体土地产权制度改革[J]. 管理世界, 2011, (6): 34-46.

[124] 成德宁, 候伟丽. 产权经济学视角下我国农村土地产权结构问题研究[J]. 南都学坛(人文社会科学学报), 2013, 33(3): 105-111.

[125] 杨瑞龙. 我国制度变迁方式转换的三阶段论—兼论地方政府的制度创新行为[J]. 经济研究, 1998, (1): 3-10.

[126] 温铁军. 半个世纪的农村制度变迁[J]. 战略与管理, 1999, (6): 76-82.

[127] 姚洋. 集体决策下的诱导性制度变迁—中国农村地权稳定性演化的实证

分析[J]. 中国农村观察, 2000, (2): 11-18.

[128] 王小映. 土地制度变迁与土地承包权物权化[J]. 中国农村经济, 2000, (1): 43-49.

[129] 张红宇. 农村土地使用制度变迁: 阶段性、多样性与政策调整(二)[J]. 农业经济问题, 2002, (3): 17-23.

[130] 姜开宏等. 集体建设用地流转制度变迁的经济分析[J]. 中国土地科学, 2005, 19(1): 34-37.

[131] 程世勇, 李伟群. 农村建设用地流转和土地产权制度变迁[J]. 经济体制改革, 2009, (1): 71-75.

[132] 袁铖. 城乡一体化进程中农村宅基地使用权流转研究[J]. 农业经济问题, 2010, (11): 57-61.

[133] 赵之枫, 张建. 城乡统筹视野下农村宅基地与住房制度的思考[J]. 城市规划, 2011, (3): 72-76.

[134] 杨明洪, 刘永湘. 压抑与抗争: 一个关于农村土地发展权的理论分析框架[J]. 财经科学, 2004, (6): 24-28.

[135] 曲福田, 田光明. 城乡统筹与农村集体土地产权制度改革[J]. 管理世界, 2011, (6): 37.

[136] 刘永湘. 中国农村集体土地产权研究综述[J]. 国土经济, 2003, (1): 16.

[137] 曲福田, 田光明. 城乡统筹与农村集体土地产权制度改革[J]. 管理世界, 2011, (6): 38.

[138] 尹峰, 李慧中. 建设用地、资本产出比率与经济增长—基于1999－2005年中国省际面板数据的分析[J]. 世界经济文汇, 2008, (2): 13-27.

[139] 田光明, 曲福田. 中国城乡一体土地市场制度变迁路径研究[J]. 中国土地科学, 2010, 24(2): 27.

[140] 甘藏春, 崔岩等. 土地管理体制改革势在必行—论我国现行土地管理体制的缺陷[J]. 中国土地科学, 1998, 12(2): 15.

[141] 张合林, 郝寿义. 城乡统一土地制度创新及政策建议[J]. 中国软科学, 2007, (2): 32.

[142]程世勇,李伟群.农村建设用地流转和土地产权制度变迁[J].经济体制改革,2009,(1):73.

[143]田光明,曲福田.中国城乡一体土地市场制度变迁路径研究[J].中国土地科学,2010,24(2):26.

[144]刘云生.农村土地国有化的必要性与可能性探析[J].河北法学,2006,24(5):66.

[145]叶明.城乡社会保障制度一体化的法制前提:农村土地国有化[J].西南民族大学学报(人文社会科学版),2013,(5):94.

[146]邓大才.效率与公平:中国农村土地制度变迁的轨迹与思路[J].经济评论,2000,(5):41.

[147]赵伟鹏.实行土地私有化,解决农民增收问题[J].WTO与我国农业系列研讨会论文集,2001,(12):155-156.

[148]李永民,李世灵.农村改革的深层障碍与土地产权构建—兼述我们同流行的理论观点的分歧[J].中国农村经济,1989,(6):48.

[149]钱忠好.中国农村土地制度变迁和创新研究[J].中国土地科学,1998,12(5):30.

[150]鄂玉江.农村土地制度深化改革模式选择[J].农业经济问题,1993,(4):22.

[151]周诚.经营形式、规模经济、土地制度[J]中国人民大学学报,1989,(2):38.

[152]曲福田.城乡统筹与农村集体土地产权制度改革[J].管理世界,2011,(6):42.

[153]孙飞,齐珊.马克思产权理论的当代价值[J].当代经济研究,2012,(3):15.

[154]曹之虎.对马克思所有制理论的系统研究[J].中国社会科学,1987,(6):31.

[155]曲福田,田光明.城乡统筹与农村集体土地产权制度改革[J].管理世界,2011,(6):34-46.

[156]石晓平,曲福田.经济转型期的政府职能与土地市场发育[J].2005,2

(1): 75.

[157]戴威. 农村集体经济组织成员权制度构建中的难点及其对策[J]. 中国集体经济, 2012, (4): 10-11.

[158]余梦秋, 陈家泽. 固化农村集体经济组织成员权的理论思考[J]. 财经科学, 2011, 284(11): 87-91.

[159]王小映. 土地股份合作制的经济学分析[J]. 中国农村观察, 2003, (6): 31-39.

[160]朱新华等. 土地股份合作制效率的经济学分析—基于国家、产权和契约的视角[J]. 中国土地科学, 2010, 24(6): 40-44.

[161]姜爱林, 陈海秋. 农村土地股份合作制研究述评—主要做法、成效、问题与不足[J]. 社会科学研究, 2007, (3): 40-46.

[162]李晓冰. 论公有制框架内的农村土地制度改革问题—农村集体土地所有制实现形式: 土地股份合作制探索[J]. 中国集体经济, 2011, (6): 1-2.

[163]姜爱林, 陈海秋. 农村土地股份合作制研究述评—主要做法、成效、问题与不足[J]. 社会科学研究, 2007, (3): 40-46.

[164]钱忠好. 中国农村土地制度变迁和创新研究[J]. 中国土地科学, 1998, 12(5): 32.

[165]夏桂祥. 我国农业非农业人口统计存在的问题及对现有农业人口的估计[J]. 人口与经济, 1989, (2): 56.

[166]严焰."小产权房"的形成原因与出路探究[J]. 特区经济, 2008, (2): 213.

[167]朱嘉蔚. 我国乡镇企业持续发展的制约因素及对策[J]. 企业经济, 2011, (6): 27-28.

[168]王万茂. 土地用途管制的实施及其效益的理性分析[J]. 中国土地科学, 1999, 13(3): 9-12.

[169]陆红生, 韩桐魁. 土地用途管制的难点和对策研究[J]. 中国土地科学, 1999, 13(4): 18-30.

[170]黄贤金等. 区域土地用途管制的不同方式[J]. 南京大学学报(自然科

学），2003，39(3)：411-422.

[171]程久苗.试论土地用途管制[J].中国农村经济，2000，(7)：22-30.

[172]汪晖，黄祖辉.公共利益、征地范围与公平补偿—从两个土地投机案例谈起[J].经济学季刊，2004，4(1)：249-262.

[173]王小映.平等是首要原则—统一城乡建设用地市场的政策选择[J]，中国土地，2009，(4)：32.

[174]钱忠好等.农民土地产权认知、土地征用意愿与征地制度改革—基于江西省鹰潭市的实证研究[J].中国农村经济，2007，(1)：28.

[175]史清华等.征地一定降低农民收入吗：上海7村调查—兼论现行征地制度的缺陷与改革[J].管理世界，2011，(3)：77-82.

[176]陈其林.公共产品、公共利益及其不确定性[J].中国经济问题，2007，(4)：7-16.

[177]杨杰，任绍敏.广东省农村集体建设用地定级与基准地价评估探讨[J].安徽农业科学，2010，38(17)：9141.

[178]巫文强.城市郊区土地规划、征管和产权变异对经济发展的影响及其对策[J].改革与战略，1998，(6)：17.

[179]姜爱林."苏州模式"与农村集体建设用地制度创新[J].数量经济技术经济研究，2001，(7)：35.

[180]许恒周，曲福田等.集体建设用地流转模式绩效分析—基于SSP范式对苏州、芜湖的解释[J].经济体制改革，2008，(2)：108.

[181]严金明，王晨.基于城乡统筹发展的土地管理制度改革创新模式评析与政策选择—以成都统筹城乡综合配套改革试验区为例[J].中国软科学，2011，(7)：2.

[182]严金明，王晨.基于城乡统筹发展的土地管理制度改革创新模式评析与政策选择—以成都统筹城乡综合配套改革试验区为例[J].中国软科学，2011，(7)：4.

[183]周其仁.还权赋能—成都土地制度改革探索的调查研究[J].国际经济评论，2010，(2)：88.

[184]黄美均，诸培新.完善重庆地票制度的思考—基于地票性质及功能的视

角[J]. 中国土地科学, 2013, 27(6): 49.

[185]刘佐. 厘清房地产税[J]. 中国地产市场, 2013, (9): 44.

[186]彭希哲等. 户籍制度改革的政治经济学思考[J]. 复旦学报(社会科学版), 2009, (3): 1.

[187]孙文凯等. 户籍制度改革对中国农村劳动力流动的影响经济研究[J], 2011, (1): 40.

[188]陈宵. 户籍制度改革与土地资本化——基于重庆案例的分析[J]. 财经科学, 2013, 302(50): 79.

[189]王小映. 土地制度变迁与土地承包权物权化[J]. 中国农村经济, 2000, (1): 45.

[190]黄锟. 深化户籍制度改革与农民工市民化[J]. 城市发展研究, 2009, 16(2): 97.

[191]杨元庆、刘荣增. 土地财政与土地市场管理[J]. 城市问题, 2011, (3): 87-90.

[192]乌日图. 关于当前社会保险重大问题的研究[J]. 社会保障研究, 2013, (3): 3.

[193]钟涨宝, 狄金华. 中介组织在土地流转中的地位与作用[J]. 农村经济, 2005, (3): 35.

[194]任勤, 李福军. 农村土地流转中介组织模式: 问题及对策—基于成都市的实践[J]. 财经科学, 2010, (267): 120.

[195]马林靖, 周立群. 快速城市化时期的城市化质量研究—浅谈高城市化率背后的质量危机[J]. 云南财经大学学报. 2011, 152(6): 119-125.

[196] Nancy McCarthy, Alain de Janvry, Elisabeth Sadoulet. Land Allocation under Dual Individual-collective Use in Mexico[J], Journal of Development Economics, 1[998, 56(2): 239-264.

[197]Christopher P. Chambers. Allocation Rulesfor Land Division[J]. Journal of Economic Theory, 2005, 121(2): 236-258.

[198] Futian Qu, Nico Heerink, Wanmao Wang. Land Administration Reform in China[J]. Land Use Policy, 1995, 12(3): 193-203.

参考文献

[199] M. Raggi, L. Sardonini, D. Viaggi. The Effects of the Common Agricultural Policy on Exit Strategies and Land Re-allocation[J]. Land Use Policy, 2013, (31): 114-125.

[200] Yoav Gala, Efrat Hadas. Land Allocation: Agriculture vs. Urban Development in Israel[J]. Land Use Policy, 2013, (31): 498-503.

[201] Sènakpon. E. Haroll Kokoye, SilvèreD. Tovignan, Jacob A. Yabi. Econometric Modeling of Farm House hold Land Allocation in the Municipality of Banikoara in Northern Benin[J]. Land Use Policy, 2013, (34): 72-79.

[202] Pengjun Zhao. Too Complexto Be Managed? New Trendsin Peri-urbanisationand Its Planning in Beijing[J]. Cities, 2013, (30): 68-76.

[203] Mingxing, Chena, Weidong Liu, Xiaoli Tao. Evolution and Assessment on China's Urbanization 1960—2010: Under-Urbanization or Over-urbanization? [J]. Habitat International, 2013, (38): 25-33.

[204] Ruong Thien Thu, Ranjith Perera. Consequences of the Two-price System for Land in the Land and Housing Marketin Ho Chi Minh City, Vietnam[J]. Habit atInternational, 2011, 35: 30-39.

[205] StevenC. Bourassa. Land Leverageand House Prices [J]. Regional Science and Urban Economics. 2011, (41): 134-144.

[206] DingshengZhang. Increasing Returns, Land Use Controls and Housing Prices in China[J]. Economic Modelling. 2013, (31): 789-795.

[207] SivalaiV. Khantachavana. On the Transaction Valuesof Land Use Rightsin Rural China[J] Journal of Comparative Economics. 2013, (41): 863-878.

[208] Songqing Jin, Klaus Deininger. Productivity and Equity Impacts from China[J]. Journal of Comparative Economics, 2009, (37): 629-646.

[209] Klaus Deininger et al. Land Fragmentation, Cropland Abandonment, and Land Market Operation in Albania[J]. World Development, 2012, 40(10): 2108-2122, 2012.

[210] Nesru H. Koroso, Paul van der Molen. Does the Chinese market for urban land use rights meet good go vernance principles? [J]. Land Use Policy, 2013, (30): 417-426.

[211] Yani Lai et al. Industrial Land Development in Urban Villages in China: A Property Rights Perspective[J]. Habitat International, 2014, (41): 185-194.

[212] Chernina E. et al., Property Rights, Land Liquidity, and Internal Migration[J]. Journal of Development Economics (2013), http://dx.doi.org/10.1016/j.jdeveco.2013.03:010

[213] Klaus Deininger et al. Moving Off the Farm: Land In stitutions to Facilitate Structural Trans for mation and agricultural Productivity Growth in China[J]. World Development(2014), http://dx.doi.org/10.1016/j.worlddev.2013.10:009

致　　谢

这是一场艰辛而漫长的思想之旅，在写作过程中，我得到了各位师长、各位领导、同事和朋友家人的鼓励和支持，我对他们的指导、关心、鼓励表示万分感谢！

首先，我要感谢我的恩师杨继瑞教授。这本书从选题、提纲拟定、调查研究、书稿编写、修改到最终定稿，无不凝聚着恩师杨继瑞教授的心血和汗水。杨继瑞教授严谨的治学态度和孜孜不倦的科学研究精神是我学习的榜样。他为人正直大气、思维敏捷而缜密、求真务实、勤奋敬业，他强大的人格魅力让我终生敬仰！

同时我非常感谢本书中参考和引用过的文献的所有作者，他们在各个层面上的相关科学研究给我提供了科学研究的平台和养分。虽然我和大部分作者未曾谋面，但是文以载道，在本书写作过程中，他们智慧的思想火花总在启发和激励着我，让我在艰辛的科学研究道路上没有感到孤单！

本书的编写，得到了成都理工大学管理科学与工程学科组的大力支持，淳伟德教授在本书编写过程中给予了充分指导和帮助！吉林大学出版社的领导和编辑在本书修改和出版中给予了大力支持和帮助！作者在此表示衷心感谢！

谨以此书献给所有爱护我、关心我和帮助过我的人们！